中华人民共和国史研究文库

新中国经济发展的理论与实践研究

武力 著

当代中国出版社
Contemporary China Publishing House

2020年·北京

图书在版编目(CIP)数据

新中国经济发展的理论与实践研究 / 武力著 . -- 北京：当代中国出版社, 2020.8
　ISBN 978-7-5154-1055-5

　Ⅰ.①新… Ⅱ.①武… Ⅲ.①中国经济—经济发展—研究 Ⅳ.① F124

中国版本图书馆 CIP 数据核字（2020）第 148898 号

出 版 人	曹宏举
责任编辑	聂文聪　周显亮
责任校对	康　莹
印刷监制	刘艳平
封面设计	胡椒书衣
出版发行	当代中国出版社
地　　址	北京市地安门西大街旌勇里 8 号
网　　址	http://www.ddzg.net　邮箱：ddzgcbs@sina.com
邮政编码	100009
编 辑 部	（010）66572264　66572154　66572132　66572180
市 场 部	（010）66572281　66572161　66572157　83221785
印　　刷	北京润田金辉印刷有限公司
开　　本	720 毫米 ×1020 毫米　1/16
印　　张	22.5 印张　2 插页　335 千字
版　　次	2020 年 8 月第 1 版
印　　次	2020 年 8 月第 1 次印刷
定　　价	68.00 元

版权所有，翻版必究；如有印装质量问题，请拨打（010）66572159 转出版部。

《中华人民共和国史研究文库》编辑委员会

编委会

主　任： 姜　辉

副主任： 武　力　李正华　管明军　曹宏举

编　委： 张星星　张金才　郑有贵　钟　瑛　欧阳雪梅　刘　仓
　　　　　李　文　姚　力　吴　超　王巧荣　宋月红　王爱云
　　　　　刘志男　于俊霄　杨文利　徐国林

办公室

办公室主任： 于俊霄

成　　　员： 狄　飞　王　宇　王　敏

《中华人民共和国史研究文库》
总　序

历史研究是一切社会科学的基础，重视历史、研究历史、借鉴历史是中华民族5000多年文明史的优秀文化传统。中国共产党继承了这一优秀文化传统，积极倡导学习历史、研究历史，尤其是学习中共党史、中华人民共和国史（或简称"新中国史"）、改革开放史和社会主义发展史。习近平总书记指出："重视历史、研究历史、借鉴历史，可以给人类带来很多了解昨天、把握今天、开创明天的智慧。"

党的历史、新中国的历史，是中国共产党为中国人民谋幸福、为中华民族谋复兴的奋斗史，是我们党、国家和民族的宝贵精神财富。中华人民共和国的成立，开启了中华民族发展进步的历史新纪元。从那时起，即有学者开始对中华人民共和国史进行研究。1956年6月，黄炎培在一届全国人大三次会议上提出，应"及时收集和保存建国史料"，并"加以整理"。

党的十一届三中全会后，伴随党的思想路线的重新确立和对中华人民共和国正反两方面历史经验的深刻总结，新中国史研究逐渐引起党和国家以及学术界的高度关注。经过多年的艰辛探索与开拓创新，新中国史研究取得了众多学术成果，成为中国历史研究中一个最年轻的学科。

党的十八大以来，以习近平同志为核心的党中央高度重视历史，特别是党史和新中国史。习近平总书记强调："历史是最好的教科书。""学习党史、国史，是坚持和发展中国特色社会主义、把党和国家各项事业继续推向前进的必修课。这门功课不仅必修，而且必须修好。"在开展"不忘初心、牢记使命"的主题教育中，党中央专门印发通知，要求各地区各部门各单位把学习党史、新中国史作为主题教育重要内容，不断增强守初心、担使命的思想自觉和行动自觉。

当代中国研究所于1990年6月28日经中共中央批准成立，研究和编纂中华人民共和国史、收集和编辑国史资料、出版国史研究著作，是当代所的主要职责，也是当代所人的崇高使命。当代中国研究所成立30年来，撰写并经中央审定出版了《中华人民共和国史稿》序卷和一至四卷，目前正在撰写五至七卷；编纂出版了每卷100万字的《中华人民共和国史编年》，该书为集资料性、研究性和学术性为一体的大型编年史书。在此期间，当代中国研究所和其主管的当代中国出版社，还参与组织编辑出版了152卷、210册、总计1亿字的大型史料性丛书——《当代中国》丛书；与中国大百科全书出版社合作编写了《中华人民共和国国史百科全书》。为迎接新中国成立70周年，受中央委托，当代中国研究所组织编写出版了《新中国70年》《中华人民共和国简史（1949—2019）》《新中国社会主义发展道路70年》等新中国史基本著作和六卷本《中华人民共和国史研究丛书》。此外，为了普及国史知识和消除历史虚无主义的影响，还编写出版了大众读物《中华人民共和国史小丛书》，并计划到 2022 年出版 80 种，向党的二十大献礼。上述图书均在国内外产生了重要影响，树立了新中国史研究的学术标杆，成为全国干部群众学习新中国史的基础性教材。

今天，我们已经进入中国特色社会主义新时代，正在向着社会主义现代化强国迈进，并日益走近世界舞台的中心，为整个人类社会做出越来越大的贡献。新中国的发展不是一帆风顺的，在探索建设社会主义的过程中，中国共产党遇到许多困难，也遭遇不少挫折。一些别有用心的人抓住新中国史上的曲折失误不放并夸大渲染，使一些领域成为历史虚无主义的重灾区。当代中国正经历着我国历史上最为广泛、深刻而急剧的社会变革，也正进行着人类历史上最为宏大而独特的实践创新。习近平总书记指出："当代中国是历史中国的延续和发展。新时代坚持和发展中国特色社会主义，更加需要系统研究中国历史和文化，更加需要深刻把握人类发展历史规律，在对历史的深入思考中汲取智慧、走向未来。"

历经 30 年不懈努力，当代中国研究所已经成为以马克思主义为指导、具有一流学术水平、汇聚一流科研人才的国史研究基地。30 年来，当代所人始终以为国家写史、为人民立传为己任，牢记党和人民重托，真实记录中国共产党带领全国人民进行社会主义革命、建设和改革的光辉历程，全面反映中华民族从站起来、富起来到强起来的历史性进步，科学总结新中国每个历史阶段各方面建设的经验教训。

今年是当代中国研究所的"而立之年"，为进一步落实中央赋予当代中国研究所"存史、资政、育人、护国"的神圣职责，当代中国研究所决定设立《中华人民共和国史研究文库》(以下简称《文库》)，为当代中国研究所以及国内外从事新中国史研究的专家学者提供一个发表学术成果的平台。入选本《文库》的标准为：以毛泽东思想、邓小平理论、"三个代表"重要思想、科学发展观和习近平新时代中国特色社会主义思想为指导，坚持辩证唯物主义和历史唯物主义的立场、观点、方法，坚持实事求是、论从史出的原则，书写和记录中国共产党领导中国人民进行社会主义和新中国建设与发展的理论创新和伟大实践，总结历史经验。《文库》的目标是打造一个能够充分展示中华人民共和国史研究成果，发挥经世致用、资政育人功能的高端权威学术平台。

"装点此关山，今朝更好看。"伴随着新中国前进的步伐，中华人民共和国史研究空间广阔，任重道远。我们希望中华人民共和国史研究工作者继承优良传统，以高度的历史自觉和历史意识、宽广的历史视野和唯物史观、强烈的文化自信和历史担当，总结历史经验，揭示历史规律，把握历史趋势，服务当代，垂鉴后世，承先启后，继往开来。当代中国研究所作为党中央赋予职能、中国社会科学院直接领导的专门研究中华人民共和国史的科研机构，有责任努力构建中华人民共和国史的学科体系、学术体系、话语体系，打造史学研究的中国学派。这一目标的实现，不仅有赖于所内全体人员的不懈奋斗，也需要所外各个方面的支持和参与。本《文库》就是这样一个服务于上述目标的开放的、持久的学术成果前沿阵地，我们期待所内外的学者写出无愧于时代和人民的历史著作并列入本《文库》，在存史、资政、育人、护国工作中做出更大贡献。

姜　辉

2020 年 5 月 22 日

目　录

前　言……………………………………………………………（ 1 ）

第一篇　综合与改革开放

新中国历史使我们坚定"四个自信"………………………………（ 3 ）
新中国70年：社会主义的创新与发展 ……………………………（ 9 ）
新中国70年的经济发展和辉煌成就 ………………………………（ 21 ）
一以贯之　坚持走自己的路…………………………………………（ 29 ）
改革开放：中国走出自己的发展道路………………………………（ 35 ）
不均衡与均衡：中国经济发展的历史与逻辑………………………（ 46 ）

第二篇　工业化与政府经济职能

中国工业化路径转换的历史分析……………………………………（ 67 ）
论中国现代化过程中的工业化与市场化……………………………（ 84 ）
改革开放以来政府、市场、社会关系的演变………………………（ 96 ）
中国改革与发展中的政府与市场关系………………………………（113）
略论工业化过程中政府角色的适时转换……………………………（124）
1949—2002年中国政府经济职能演变述评 ………………………（137）

第三篇 "三农"问题和城市化

农民意识·家庭经营·土地制度……………………………（155）
我国农业经营规模的转变历程及其发展趋势………………（166）
革命与改造：经济史视角下的乡村社会治理演变…………（178）
试论中国城乡统筹发展的宏观经济条件……………………（192）
改革开放以来中国城乡关系的两次转变……………………（207）
从传统到现代：中国农村和农民的复兴梦…………………（220）
1978—2000年中国城市化进程研究 ………………………（226）
1949—1978年中国劳动力供求与城市化关系研究 ………（241）

第四篇 若干问题的思考

全球视野和唯物史观下的历史虚无主义刍议………………（263）
怎样认识新中国第一个历史时期的国有经济………………（270）
陈云对遏制投资饥渴的贡献…………………………………（277）
论国民经济恢复时期的宏观计划管理………………………（289）
新中国成立初期经济史研究的若干思考……………………（302）
从1956年前后农村自由市场兴衰看原有体制的局限 ……（315）
中国共产党对外经济思想的一次飞跃………………………（328）

后　记……………………………………………………………（339）

前　言

一

马克思在《〈政治经济学批判〉序言》中曾经指出："我们判断一个人不能以他对自己的看法为根据，同样，我们判断这样一个变革时代也不能以它的意识为根据；相反，这个意识必须从物质生活的矛盾中，从社会生产力和生产关系之间的现存冲突中去解释。"又说："所以人类始终只提出自己能够解决的任务，因为只要仔细考察就可以发现，任务本身，只有在解决它的物质条件已经存在或者至少是在生成过程中的时候，才会产生。"① 怎样认识新中国70年的经济发展和制度变迁，并由此形成我们对这段历史的解释，做到历史与逻辑的一致，始终是新中国历史研究者的责任，这个文集就试图从新中国所肩负的工业化重任、发展经济的目标和途径，为之建立的制度和采取的政策等方面，来论述新中国在经济发展中要处理好的几个重大关系。例如，

---

① 《马克思恩格斯选集》第2卷，人民出版社1995年版，第33页。

政府与市场的关系，均衡发展与非均衡发展的关系，农业与工业的关系，重工业与轻工业的关系，沿海与内地的关系，积累与消费的关系，城市与乡村的关系，公有制经济与私有制经济的关系，国内与国外的关系，按劳分配与多种要素参与分配的关系，以及经济发展与社会治理的关系，争取外援与对外援助的关系，等等。

新中国经济的复杂性、不平衡性，以及 70 年来一直处于急剧的经济结构转型、经济体制转型、对外经济关系转型、社会结构转型，使得我们对其认识也常常陷于"不识庐山真面目""睫在眼前常不见"的困境，唯一的办法，就是运用马克思辩证唯物主义和历史唯物主义的立场、观点和方法，从历史实际入手，静下心来，首先弄清楚历史真貌、全貌和前后关系，然后上升到理论层面。当历史事实与我们的理论和逻辑不一致的时候，不是历史错了，而是我们的理论和认识出了问题。产生于西方并随着资本主义生产方式和上层建筑发展而逐渐成熟起来的现代经济学，如果以亚当·斯密的《国富论》为开端，已经 240 多年了，应该说发展至今天，已经可以比较好地解释资本主义市场经济，并被绝大多数国家的经济学界所接受，也成为我国经济学界用来认识和分析市场经济的重要理论和方法。但是，这个产生和成熟于资本主义发达国家的主流经济学，却不能很好地解释改革开放以来形成的中国特色社会主义市场经济，因此如何在国际经济学界确立我们的话语体系，为世界经济发展和社会治理提供中国方案和中国智慧，就成为一个有待解决的问题，以至产生这样一种奇特景象：中国作为当今世界第二大经济体，作为发展最快、最活跃的经济体，作为一个消除了贫困的发展中国家，又能够长期保持社会稳定，但是对它的经济体制和运行机制，对它的政府与市场关系，却缺乏为世界所普遍接受的经济学解释，我们还没有完全解决"有理说不出"和"挨骂"的问题。这无论对于中国经济实践，还是对于经济学理论研究，都是一种缺憾。之所以会产生这种脱节的现象，是因为新中国经济发展道路与资本主义国家相去甚远，因此就需要从中国的实际出发，以新中国经济发展的历史为根基，来丰富和发展经济学。

"究天人之际，通古今之变"是历代国人修史的最高追求。习近平总书记指出："今天，我们回顾历史，不是为了从成功中寻求慰藉，更不是为了躺在功劳簿上、为回避今天面临的困难和问题寻找借口，而是为了总结历史经验、把握历史规律，增强开拓前进的勇气和力量。"今天我们一定要秉持这一原则，坚持以历史唯物主义的基本立场看待新中国70年的经济发展和制度变迁，以历史事实证明：只有社会主义才能救中国，只有坚持和发展中国特色社会主义才能实现中华民族的伟大复兴。

二

古人说："物有本末，事有终始，知所先后，则近道矣。"1949年中华人民共和国的成立标志着中国人民从此站立起来，国家的独立和人民的解放实现了，接下来最紧迫也是最重要的问题是实现工业化，解决富强问题。而朝鲜战争爆发后的严峻国际形势和落后的国防工业，使得以毛泽东为核心的中共第一代领导集体自然将国家安全放在首位，更需要加快工业化的步伐，尤其是基础非常薄弱的重工业，这就促成了党中央优先快速发展重工业的决心。正如经过毛泽东亲自修订的党在过渡时期总路线宣传提纲所说："因为我国过去重工业的基础极为薄弱，经济上不能独立，国防不能巩固，帝国主义国家都来欺侮我们，这种痛苦我们中国人民已经受够了。如果现在我们还不能建立重工业，帝国主义是一定还要来欺侮我们的。"①

但是当时新中国工业化所面临的约束条件却十分苛刻。对内，重工业发展所急需的资金是我们最稀缺的资源之一。中国当时是一个典型的传统农业大国，早在清朝后期，人口与耕地的矛盾就已经十分尖锐。当时就有人形象地说："人多之害，山顶已植黍稷，江中已有洲田，川中已辟老林，苗洞已开深箐，犹不足养，天地之力穷矣。种植之法既精，糠核亦所吝惜，蔬果尽以助食，草木几无孑遗，犹不足养，人事之权殚矣。"②美国国务卿艾奇逊在1949年7月30日送呈《美国与中国的关系》白皮书致总统杜鲁门的信中即说："在形成现代中国之命运中，有两个因素起了重要的作用。（第一个因素）是中国的人口，在18、19世纪增加了一倍，因此对于中国成为一种不堪重负的压力。（近代史上）每一个中国政府必须面临的第一个问题，是解决人民的吃饭问题，到现在为止，没有一个政府是成功的。"③

把非常有限的剩余和资金集中在政府手里，优先快速发展重工业，以解决国家安全问题，这是实行社会主义工业化、计划经济和公有制一个很重要的依据。当时中国经济非常落后，经营分散，在这么落后的条件下，不把有限的资金集中在国家手里就无法优先快速发展重工业，尤其是国防工业。计划经济和单一公有制解决了这个问题，

---

① 《建国以来重要文献选编》第4册，中央文献出版社1993年版，第705页。
② 汪士铎：《乙丙日记》，转引自《中国近代资产阶级经济发展思想》，福建人民出版社1998年版，第3页。
③ 《美国与中国的关系》上卷，中国现代史资料编辑委员会根据国务院档案翻印，1957年9月印刷，第4页。

解决了有限资金的集中和使用问题，把资金优先用于国家发展重工业，即我们常说的"集中力量办大事"。在20世纪50年代那样一种发展水平和条件下能够快速建立完整的工业体系，能够解决国家安全问题。单一公有制和计划经济确实保障了剩余索取和投资达到了最大限度。根据发展经济学和"贫困陷阱"假说，一个国家经济起飞的重要条件之一是投资超过GDP的11%。旧中国经济最好的1931—1936年，资本积累率6年中有4年为负数，最高的1936年也仅为6.0%。①而新中国1978年以前的资本积累率远远高于11%，最低为1963—1965年的22.7%，最高为"四五"计划时期的33.27%，被认为最合理的"一五"计划时期则为24.2%。

必须看到，在改革开放以前，单一公有制和以行政命令为特征的计划经济，有关中国发展道路的探索中，确立了高积累和社会稳定这个突破"贫困陷阱"的制度前提，从而保证了以优先快速发展重工业为目标的非均衡超常规发展，这虽然导致了各个方面的紧张和工农业关系的失调，但是也的确达到了传统社会主义发展模式的部分预期目标：第一，在短时期内建立起相对完整的现代工业体系；第二，实现了跨越式发展，建立起强大的国防工业，拥有了"两弹一星"；第三，通过大规模的基础设施改造和投资，为后来的发展奠定了基础，其中尤其以农田改造、水利建设和重工业发展最为突出，它们保证了20世纪80年代农业的高速增长和城乡轻工业的快速发展；第四，通过强制性地推广低成本、覆盖全社会的初等教育和医疗保障，提高了人力资本。但是单一公有制和计划经济体制也有两个不可克服的弊病：

---

① 巫宝三主编：《中国国民所得（1933年）》上册，中华书局1997年版，第20页。

第一，从宏观经济来看，单一公有制下的计划经济基本上是指令性计划，这种计划管理很难做到准确、及时、灵活；第二，从微观经济来看，缺乏调动人民群众积极性的激励机制和应对变化的灵活性。

按照马克思主义唯物史观，公有制和计划经济是建立在高度的生产社会化基础之上的，是在工业化完成并锻造出强大的、具有高度组织性和纪律性的无产阶级以后，是在资本主义私有制已经不能容纳生产的社会化条件下实行的生产关系。列宁根据帝国主义的特征，提出无产阶级革命可以首先从帝国主义最薄弱环节取得胜利，通过十月革命成功地建立起无产阶级政权。但是列宁也认识到，没有高度发达的生产力，社会主义不可能取得最终的胜利，因此他提出了苏维埃加电气化的目标。同样，斯大林根据当时严峻的国际形势和帝国主义战争的威胁，为加快工业化步伐而采取了社会主义改造和高度集中的计划经济体制，这个体制保证了苏联在20世纪30年代实现了有限快速发展重工业的战略，从而为第二次世界大战中战胜法西斯奠定了物质基础。而这种模式由于与战后建立的社会主义国家所面临的国际环境和国内发展要求很相似，即这些国家普遍没有完成工业化，同时又普遍面临西方的威胁，因此需要集中资源以加快工业化步伐，因此单一公有制和计划经济这个在特殊条件下的暂时的制度选择，就被当成社会主义经济的基本特征。实际上，从1956年社会主义改造在中国凯歌行进、即将胜利完成之时，中国共产党第一代领导集体就发现了单一公有制和计划经济的弊病。到20世纪70年代，当中国拥有了"两弹一星"和核潜艇，国家安全问题得到解决，同时完整的工业体系也基本形成，计划经济和单一公有制的弊病就不可容忍了，就阻碍了经济的进一步发展和调动各种积极因素。这是实行改革开放和经济体制转型的根本原因。

三

1976年"文革"结束以后，国际、国内环境都发生了很大变化，"什么是社会主义，怎样建设社会主义"这个重大而紧迫的问题再次摆在了中国共产党和中国人民面前。1978年，中国在经历了"真理标准大讨论"和中共十一届三中全会确立了正确的思想路线、政治路线和组织路线以后，中国开启了改革开放的大门。

从1978年的三中全会到1987年党的十三大，中国共产党终于解决了什么是适合中国国情的社会主义这个最重大的问题，形成了中国特色社会主义理论和党的基本路线。由此，中国实现了马克思主义在中国发展创新的第二次历史性飞跃。

解决了中国特色社会主义这个重大问题并确立了党的基本路线以后，并不意味着完全解决了如何建设中国特色社会主义的问题，在事实证明单一公有制和计划经济体制不能适应中国特色社会主义的发展要求后，建立什么样的经济体制就成为突出问题。邓小平南方谈话和党的十四大解决了这个问题，那就是建立多种经济成分并存发展的社会主义市场经济。

社会主义市场经济马上显示出它的巨大活力，但是市场主体的多样化同时催生了社会阶层和结构的变化，这又对执政的中国共产党的代表性提出了挑战。于是在改革开放和经济社会发展经验的基础上，中国共产党在十六大上正式提出了"三个代表"重要思想，从而对社会主义建设中"党的建设"这个关键问题实现了重大理论突破和创新。

当中国实现了小康社会目标和进入21世纪后,中国经济实现了由卖方市场向买方市场的转变,不仅市场竞争和区域竞争加剧,而且资源和环境对发展的约束也越来越突出。如果说改革开放初期的25年是解决温饱问题和短缺问题,是以外延型的经济扩张为主,那么现在则面临着如何优化产业结构、提高全员劳动率和节约资源、保护环境。

在这个背景下,中国共产党适时提出了"科学发展观",解决了中国今后要实现什么样的发展以及怎样实现这种发展的重大理论和实践问题。

但是经济发展是有不以人们意志为转移的客观规律的。经济发展、消费升级和市场规律,推动了自2003年以来的又一波以投资和出口拉动为主要动力的10年经济高速发展,即使世界金融危机,仍然没有阻挡住这个势头。这10年被称为"重化工业化",其突出特点是房地产和"铁路、公路、基本设施"的建设突飞猛进,显示出工业化在最后阶段的"填平补齐"规律,即最后向资本和资金密集型领域扩张,当然也开始走出国门,寻找国外的机会。因此建设"和谐社会"和"资源节约型、环境友好型"社会的目标仍然没有实现。

2012年党的十八大以后,中国的发展开始进入一个新时代。经过新中国70多年的发展,特别是改革开放40多年的快速发展,中国已经基本实现了工业化,不仅改变了贫穷落后的面貌,整体达到了小康水平,第一产业比重大幅度下降,第三产业比重超过第二产业,而且社会结构发生了很大变化,城市人口超过农村人口。从国际比较来看,中国已经成为世界第二大经济体、第一制造业大国、第一外汇储备国、第一进出口货物贸易大国、第三对外投资国,中国提出的"一带一路"倡议成效显著,这些都标志着中国正日益接近世界舞台的中央,而以信息化、人工智能、新能源、新材料为代表的第四次工业革命兴起,则为中国的发展提供了新的机遇。以习近平同志为核心的党中央科学把握国内外发展大势,顺应实践要求和人民愿望,举旗定向,谋篇布局,迎难而上,开拓进取,取得了改革开放和社会主义现代化建设的历史性成就,推动党和国家事业发生历史性变革。在此基础上,形成了"习近平新时代中国特色社会主义思想",解决了在中国进入新时代后如何实现"两个一百年"目标,建设社会主义现代化强国的思想、理论路径和战略问题,以及未来世界发展的目标和方案,从而不仅将中国特色社会主义思想理论推到一个新的高度,也同时丰富和发展了人类社会发展的思想和理论。

"今天,社会主义中国巍然屹立在世界东方,没有任何力量能够撼动我们伟大祖国的地位,没有任何力量能够阻挡中国人民和中华民族的前进步伐。"①

四

习近平同志指出:"重视历史、研究历史、借鉴历史,可以给人类带来很多了解昨天、把握今天、开创明天的智慧。"70年来,中国已经从一个传统农业为主的经济落后国家变成基本实现工业化和世界第一制造大国,从一个被发达国家看不起的半殖民地半封建社会转变为令世界瞩目的社会主义文明国家,并日益走近世界舞台的中心。在这个伟大的历史转变中,几代人为之奋斗和作出的牺牲,应该被记载

---

① 习近平:《在庆祝中华人民共和国成立70周年大会上的讲话》,2019年10月1日。

下来。70年的历史经验应该加以总结。70年的历史告诉我们：

第一，新中国70年的历史是中国人民不甘落后，奋发图强，追赶和超过发达国家的历史。从新中国成立之日起，中国共产党就选择了赶上和超过发达国家的发展战略。中国20世纪50年代选择了社会主义，就是因为这个制度比资本主义制度先进，并且能够加快中国的发展。从50年代毛泽东提出要用50—60年时间赶上和超过美国，到60年代周恩来在三届人大提出"四个现代化"目标，再到党的十九大提出"两个一百年"的奋斗目标，都反映出中国人民不甘落后、奋发图强的精神。

第二，70年的历史反映了中国共产党以人民为中心，全心全意为人民服务。从新中国成立第一天起，它的定位就是人民的国家、人民的政府。70年来，中国共产党始终秉持着全心全意为人民服务的宗旨，殚精竭虑。从1949年新中国成立前夕毛泽东提出"两个务必"告诫全党，到党的十八大以来习近平提出"以人民为中心"和"不忘初心，牢记使命"，70年的中国政治都体现出真正的民主政治思想，这是新中国70年所形成的最重要的民族精神，也是中国提供给世界的政治智慧和方案。

第三，不断探索求变的创新精神。新中国70年的历史，还塑造出中华民族的"改革创新"精神。新中国的成立，就是中国共产党创新马克思主义民主革命的理论和方法，走出一条农村包围城市、最后夺取全国胜利的道路。新中国成立后，在恢复国民经济、社会主义革命和建设问题上，中国共产党和全国人民也在不断地探索。改革开放以来，探索和创新更是成为发展的重要动力，以改革促发展已经成为中国共产党和全国人民的共识。从什么是社会主义、怎样建设社会主义,到建设一个什么样的党、怎样建设党,再到实现什么样的发展、怎样实现发展,一直到党的十八大以来,以习近平同志为核心的党中央提出改革只有进行时没有完成时,提出新的发展理念和"五位一体"总体布局和"四个全面"战略布局,以及十九大以来的一系列深化改革措施,都反映出这种改革创新精神。

第四,中国应该为人类作出贡献的国际精神。新中国的70年,虽然是从贫穷落后中走来,至今仍然是发展中国家,但是中国始终抱着中国应该为人类作出更大贡献的理念。20世纪50—70年代,中国在自己非常困难的条件下,仍然积极支持和援助亚非拉地区的国家独立、民族解放和经济发展。改革开放以来,中国随着自身的快速发展,始终想与其他国家和民族分享发展成果,其中最突出的表现就是提出并带头实施"一带一路"倡议,在发达国家经济因进入深度调整期而引发贸易保护主义时,继续引领经济全球化,并提出建设"人类命运共同体"的主张。

习近平总书记回顾新中国历史时指出:"中华民族从站起来、富起来到强起来,经历了多少坎坷,创造了多少奇迹,要让后代牢记,我们要不忘初心,永远不可迷失了方向和道路。"① 通过研究和学习新中国经济发展和制度变迁的历史,我相信历史智慧之光一定能够为我们照亮未来前进的道路。

---

① 习近平:《在十三届全国人大第一次会议山东代表团的发言》,《人民日报》2018年3月9日。

第一篇

综合与改革开放

新中国历史使我们坚定"四个自信"

再过几天就是中华人民共和国成立 67 周年的国庆节，中华人民共和国从哪里来，要到哪里去？怎样看待我们走过的路？这些都需要我们认真回答，以坚定我们的道路自信、理论自信、制度自信和文化自信。

一、此路不通：资本主义在中国的失败

甲午战争的中国惨败，宣告了"中学为体，西学为用"观念和政策的破产，日本成功的经验证明了中国不仅需要在技术上学习西方，还需要从制度上学习西方。随后掀起的戊戌变法及其失败，则反映出封建顽固势力仍然把持着政权和不愿意全面彻底学习西方的制度。但是在随后出现的义和团运动和八国联军入侵的双重危机压力下，清政府在 1903 年以后也不得不推行实质上是瓦解封建政权基础的经济和政治改革。在戊戌变法失败至 1911 年辛亥革命前，虽然在资产阶级中对改变现有政治体制问题上始终存在着"革命"与"改良"的争论，但无论是主张共和制还是君主立宪制，在中国应实行资本主义经济制度却是一致的。

辛亥革命以后，清王朝被推翻，中国名义上建立了资产阶级共和国，但是这个政权却把持在带有封建性质的军阀手中，袁世凯称帝、张勋复辟、曹锟贿选以及不断的军阀混战，使得社会黑暗到了极点，而巴黎和会成为分赃会议则进一步暴露出帝国主义的丑恶面目。这些都使中国的先进知识分子开始寻找比资本主义更好的制度。在这个背景下，俄国的

十月革命对中国产生了巨大的影响，不仅导致了中国共产党的诞生，也最终促成孙中山"以俄为师"和国共合作。

在以蒋介石为首的国民党统治中国时期，也正是帝国主义列强发动战争、重新瓜分世界的时代。就南京国民政府来说，其目的还是要建立一个资产阶级共和国，但是这种目标受到来自三个方面的挤压：一是大地主、大资产阶级等旧势力的挤压，他们反对真正意义的经济改革和政治改革；二是以中国共产党为代表的人数众多的工农的挤压，他们因贫困、甚至没有活路而对现政权严重不满，要求进行激烈的改革，例如迅速实行"耕者有其田"；三是日本帝国主义侵略和欧美绥靖政策的挤压，它们不能容许一个独立完整的中国存在，而帝国主义，尤其是日本对中国的不断侵略和灭亡中国的野心，甚至威胁到南京国民政府的统治。南京国民政府基本上是代表大地主、大资产阶级利益，对工农大众实行镇压，对帝国主义势力实行妥协，中国仍然是一个半封建半殖民地社会。

由于以蒋介石为首的国民党统治集团的腐败，其独裁统治不仅遭到了以中国共产党为代表的工人和农民的反对，也遭到了小资产阶级和民族资产阶级的反对，因此在抗战胜利后爆发的内战中，貌似强大的国民党很快被中国共产党打败，被赶出大陆。历史最终选择了中国共产党和新民主主义。

二、突破"贫困陷阱"：选择了社会主义制度

以美国为首的西方经济封锁和战争威胁，使得刚刚成立的新中国需要建立起保障国家安全的现代工业，特别是国防工业，但是中国作为一个经过百余年战乱、经济上贫穷落后的国家，资金非常匮乏。因此，从发展的角度来看，以内部积累为特点和优先发展重工业为战略的苏联创建的社会主义经济体制，对新中国就具有了非常强的吸引力。

新中国成立时，一百多年的战乱、帝国主义的侵略掠夺以及封建主义、官僚资本主义的压迫剥削，使得中国本来就落后的经济更加衰弱。以旧中国最好的发展时期1931—1936年为例，其消费率和投资率分别依次为：104.1% 和 -4.1%，97.5% 和 2.5%，102.0% 和 -2.0%，109.1%

和 –9.1%，101.8% 和 –1.8%，94.0% 和 6.0%。这说明投资率极低，6 年中甚至有 4 年为负数。因此，中国经济学界在抗日战争胜利前后探讨战后恢复和发展经济时，几乎一致认为仅靠中国自己不能解决恢复和发展经济的资金匮乏问题。1949 年，美国政府有关中国政策的白皮书也认为中国共产党不能解决人民的吃饭问题。美国国务卿艾奇逊在 1949 年 7 月 30 日关于送呈《美国与中国的关系》白皮书致总统杜鲁门的信中即说："在形成现代中国之命运中，有两个因素起了重要的作用。（第一个因素）是中国的人口，在 18、19 世纪增加了一倍，因此对于中国成为一种不堪重负的压力。（近代史上）每一个中国政府必须面临的第一个问题，是解决人民的吃饭问题，到现在为止，没有一个政府是成功的。"

新中国成立之初是一个典型的农业国，人口众多是基本国情之一，这决定了中国人均资源的相对稀少。由于中国历史悠久，人口与耕地的矛盾由来已久。清代中期以后，人口的增加又进一步加剧了人口与农业资源的矛盾，形成农业的过度开发。新中国成立时，中国有 5.4167 亿人口，其中 4.8402 亿是农民，靠传统农业吃饭，而当时中国的人均耕地仅 2.65 亩，人均粮食仅 209 公斤（毛粮），甚至低于清中期水平，尚不能解决温饱。

1953 年中国转入大规模经济建设后，资金和物资供给立即捉襟见肘，成为经济发展的"瓶颈"。在这种情况下，一种办法是放慢工业发展速度，即由市场化配置资源，按照工业化和产业结构升级的一般规律：先发展农业，再发展轻工业，最后大规模发展重工业。这在今天看也未尝不可，甚至从长期看可能经济发展速度并不慢。但是当时条件下，一方面粮食等生活必需品需求弹性很小，市场化的分配可能会导致社会不稳定，另一方面，"落后就要挨打"的历史教训和朝鲜战争、台海危机的现实，中国又不能放慢工业化速度。第二种办法是尽可能地将剩余产品拿到国家手里，压低和平均分配消费品，并采取行政办法配置资源，使投资向重工业倾斜，优先快速发展重工业。这是当时社会主义国家的办法。因此，中国在 20 世纪 50 年代选择了社会主义道路。

三、柳暗花明：中国开辟了社会主义新道路

根据科学社会主义理论，社会主义是比资本主义更高级的制度。但是在实践中，社会主义制度并不是诞生于发达的资本主义国家，而是诞生于那些资本主义发展受到阻碍的经济落后国家。因此这些社会主义国家建立后的主要任务，是完成本来应该由资本主义来完成的工业化，并且要与发达的资本主义国家进行竞争，因此不得不实行赶超战略和提高内部积累率，即当年苏联的普列奥布拉任斯基所说的"社会主义原始积累"。这是无产阶级在夺取政权后利用强大的社会动员能力而建立起单一公有制和计划经济的根本原因。当单一公有制和计划经济建立起来后，虽然它具有保证国家安全（发展国防工业）、社会稳定和实现高积累的优势，但是随着经济发展和复杂性的增加，以及国际形势的缓和，这些优势就被单一公有制和计划经济所固有的僵化和低效所抵消，成为进一步发展的障碍。因此"文革"结束后，改革单一公有制和计划经济体制就成为必然，问题只是改革的目标和步骤怎样确定，这种变革需要支付多大成本，如何顺利进行。

在20世纪后半期，苏联作为世界上第一个社会主义国家和社会主义阵营的领袖，对内没有解决好三个问题：公有制与私有制的关系、计划与市场的关系、党与人民群众的关系，导致了经济衰退和党脱离人民；在对外方面，也没有处理好三个问题：一是与社会主义国家的关系（中苏分裂），二是与发达资本主义国家的关系（冷战），三是与发展中国家的关系（侵略阿富汗）。因此苏联内外交困，终于在20世纪90年代初解体了。

中国的改革开放，从根本上来说，一开始是对单一公有制和计划经济弊病的纠正。这种纠正是受到来自三个方面的压力和诱导：一是开眼看世界感到落后的压力，二是人民生活贫困的压力，三是新中国成立以来自己的经验教训和整个世界市场化趋势。

1978年以后的改革开放是建立在两个重要认识转变基础之上的。一是对社会主义的判断：社会主义的本质是解放和发展社会生产力。邓小

平对社会主义本质的反思和重新界定，使一切阻碍改革开放的论点都失去了合理性。当然，这也得益于当时全党和全国人民对"文革"错误的反思这个大背景。二是对战争问题的认识：邓小平提出和平与发展是当今世界主题。

正是根据上述两个重要认识和判断，中国共产党逐步认识到市场经济不是资本主义的专利，认识到和平、发展是世界主流，不仅认识到国内私营经济的存在和发展将是长期的，而且认识到与资本主义世界的长期共存、共同发展也将是长期的。这才使得中国走上了改革开放的道路，实现了经济转型与和平崛起。

四、四个自信：实现中华民族伟大复兴

经过改革开放以来30多年的快速发展，中国创造了世界经济发展的奇迹：在拥有13亿人口和人均资源匮乏的条件下，人均收入由改革开放初期的不到200美元，达到了今天的8000多美元，经济总量位居世界第二，其中货物贸易额居世界第一，制造业产值居世界第一，外汇储备世界第一，占世界经济总量的比重由改革开放之初的不到4%提高到接近14%。2014年，中国提出"一带一路"倡议，是在中国由自古以来的被动开放转变为1978年以后的主动向西方世界开放的基础上，第一次提出自东向西开拓交流通道和惠及沿途国家，这标志着自1492年哥伦布发现新大陆以来的历史和资本主义工业文明自西方向东方传播的历史发生了根本性的转折。

自从17世纪资本主义工业文明兴起以来，中国从来没有像现在这样处于世界的潮头，并担负起引领世界发展的历史责任。20世纪的苏联作为世界第一个社会主义大国失败了，21世纪的中国作为世界最大的社会主义发展中大国，不仅要解决自己的发展问题，还面临着回答和解决资本主义世界正面临的难题，日前召开的"二十国集团领导人杭州峰会"，即显示出中国有这个信心。

"行百里者半九十"，虽然我们从来没有像今天这样接近中华民族伟大复兴的目标，但是，还应该看到这最后冲刺的30多年里，并不是轻而

易举就能够达到目标的。贯彻落实习近平总书记提出的"四个全面"战略布局，还有很多困难。

从经济发展来看，如何实现"双中高"目标，如何从世界产业链条中的第三梯队上升到第二梯队，以及在创新能力上与美国比肩，还有很长的路要走。

在解决"贫富分化"这个世界性难题面前，中国能否提出解决办法并为全球提供榜样，最终决定着社会主义能否复兴。

在生态文明建设方面，在城乡关系方面，在区域经济发展不平衡乃至世界经济发展不平衡方面，以及如何完善民主政治并充分显示出比西方民主政治更具优势方面，都存在一些难题，解决这些问题是中华民族伟大复兴以及由此带动社会主义伟大复兴的关键所在。

总之，资本主义世界所固有的矛盾得不到解决并愈演愈烈，是社会主义生存和发展的必要条件和动力，而社会主义彻底取代资本主义，则是一个长期的历史过程。从根本上和全球来看，一方面是世界发展的不平衡，另一方面是作为资本主义掘墓人的无产阶级还不够成熟，还没有真正掌握和驾驭资本主义所创造的文明成果：高度发达的生产力、市场经济和政治民主。中国今天的发展就是在创造这些条件。

资本主义的发展过程，同时也是社会主义不断成熟的过程。中国的每一步发展，每一个阶段目标的实现，都是社会主义在前进，中国可以发扬光大社会主义，并为人类社会的发展作出更大的贡献，这就是我们坚定"四个自信"的历史定力。

［原载《北京日报》2016年9月26日第13版《理论周刊》］

新中国70年：社会主义的创新与发展

中国新民主主义的胜利和中华人民共和国的成立，是中国共产党将马克思主义基本原理与中国具体实践成功结合的结果，并在这个过程中形成了毛泽东思想。但是在新中国成立后，则面临着如何快速发展生产力，实现从落后农业国向先进工业国转变这个艰巨任务。而马克思主义经典作家，没有为中国这个经济落后农业大国如何实现工业化、如何建设社会主义提供现成的方法和经验。

一、"一化三改"：向社会主义过渡的创新

新中国成立以后，首先完成了民主革命任务，在推翻了长期压在中国人民头上的帝国主义、封建主义和官僚资本主义"三座大山"后，迅速建立起中国共产党领导的、广大人民群众充分参政议政的各级民主政府。

从1949年9月召开的第一届中国人民政治协商会议通过《共同纲领》，到1954年召开第一届全国人民代表大会通过《中华人民共和国宪法》，新中国仅仅用5年的时间，就确立起人民当家作主的国体和人民代表大会、政治协商制度和少数民族区域自治制度为政体的基本政治制度，彻底扫除了旧中国"官以贿成，刑以钱免"的政治黑暗、法治窳败，从而为新中国的经济发展、社会安定和文化繁荣提供了政治前提和保障。

在经济方面，根据《共同纲领》的规定，中国实行的是新民主主义

经济体制和方针政策，即在所有制结构上，实行国营经济领导下多种经济并存发展、"分工合作，各得其所"；在经济运行上，实行政府计划管理与市场调节相结合；发展经济的总方针为："公私兼顾、劳资两利、城乡互助、内外交流。"首先，通过彻底的土地改革，消灭了封建剥削制度，实现了孙中山提出而没有实现的"耕者有其田"，这也是广大农民几千年的梦想。与此同时，人民政府还通过没收官僚资本，建立起真正为国家和全体人民所有的国营企业（后来也被称为"全民所有制企业"），这些企业掌握了国家的经济命脉，主要集中于现代工业、交通和金融、外贸方面。对于广泛存在于城乡中的私营工商业，政府则采取了保护、利用和限制的政策，即保护民族工商业，利用和鼓励那些有利于国计民生的企业及经营，限制和改造那些不利于国计民生的企业及经营。

在社会治理方面，人民政府通过乡村"清匪反霸"和土地改革，清除了寄生于封建经济上的土豪劣绅和地痞流氓；通过"城市民主改革"和"镇压反革命"，清除了长期形成的"盗匪横行"和黑社会组织猖獗；同时清除了诸如吸毒、嫖妓、赌博、纳妾等陋习和丑恶现象，使得社会面貌风气和人民的精神面貌焕然一新。

在外交政策方面，由于以美国为首的西方大部分国家对新中国采取了敌视政策，特别是朝鲜战争爆发后对中国实行了经济"封锁"和"禁运"，因此新中国采取了"一边倒"的政策，即坚定地站在以苏联为首的社会主义和民主国家阵营里，但是仍然愿意和与中国发展友好关系的国家发展政治、经济和文化交流关系。

1950年6月，朝鲜战争爆发，中国的国家统一和安全受到威胁，加快工业化，尤其是加快重工业发展，成为关系到国家安全和统一的根本性问题。1952年，中国经济从战争创伤中走出来，开始转入大规模建设。但是此时国内温饱问题尚未解决，每年春荒时节全国尚有2000多万人食不果腹，国内资本积累能力非常低。

在这种条件下，中国共产党面对当时的国情、世情、党情，选择了可以发挥政府优势、集中有限财力和保证社会稳定的社会主义工业化道路，这就是1953年中共中央提出的"党在过渡时期总路线"。这是中国共产党在新中国成立后的第一次重大思想和理论创新。

在社会主义改造过程中，中国共产党也从中国存在汪洋大海般的农业和手工业个体经济，以及民族资产阶级的进步性和人民性的国情出发，对个体经济实行了在自愿基础上示范引导的"合作化"，并实行了由低级到高级的逐步过渡，即从私有制基础上的互助组，到股份分红的半社会主义性质的初级合作社，再到按劳分配的社会主义性质的高级合作社。对私人资本主义工商业的改造，也不是采取苏联当年的"没收"方式，而是实行国家与私人合作的全行业"公私合营"的"赎买"方式，即确定资本额，给予5%的年息10—15年，资方人员安排适当工作，生活资料和存款一律保留不动。从而实现了在改造过程中不仅生产增长，而且社会平稳。这种在工人阶级通过民主革命掌握政权的经济落后国家，如何采取和平的方式实现向社会主义的过渡，丰富和发展了社会主义。

由于中国共产党的号召力和领导能力，中国在经济领域的社会主义改造大大超过了原来预期，准备在10—15年完成的社会主义改造，在中国这样一个人口多、底子薄、发展非常不平衡的大国，仅用了3年多的时间就实现了。这种急剧的社会经济变迁，使得原来就缺乏经验的中国共产党对如何建设社会主义就显得更加准备不足了。因此，在探索什么是社会主义、怎样建设社会主义方面走了弯路。这期间尽管取得了不少成绩，也积累了不少宝贵的经验，尽管在所有制结构和计划管理方面进行了积极探索，但是总的来说尚未突破单一公有制和计划经济的局限，并为了实现这个体制的预期优越性，政治运动不断升级，直至发动所谓"无产阶级专政下继续革命"的"文化大革命"。

二、改革开放：创立中国特色社会主义

1976年"文革"结束以后，国际、国内环境都发生了很大变化，"什么是社会主义，怎样建设社会主义"这个重大而紧迫的问题再次摆在了中国共产党和中国人民面前。1978年，中国在经历了"真理标准大讨论"和中共十一届三中全会确立了正确的思想路线、政治路线和组织路线以后，中国拉开了改革开放的大幕。

1978年12月13日，邓小平在中央工作会议的闭幕会上，针对会议

要求确立实事求是思想路线的呼声,作了题为《解放思想,实事求是,团结一致向前看》的讲话。他指出:"首先是解放思想,只有思想解放了,我们才能正确地以马列主义、毛泽东思想为指导,解决过去遗留的问题,解决新出现的一系列问题。"[1] "一个党,一个国家,一个民族,如果一切从本本出发,思想僵化,迷信盛行,那它就不能前进,它的生机就停止了,就要亡党亡国。"[2] 他还提出改革经济体制的任务,语重心长地告诫全党:"再不实行改革,我们的现代化事业和社会主义事业就会被葬送。"[3] 在中国面临向何处去的重大历史关头,这篇讲话是开辟新时期新道路的宣言书。它受到与会者的热烈拥护,实际上成为随后召开的中共十一届三中全会的主题报告。

1978年12月18—22日,中共十一届三中全会在北京召开。全会认为,应当结束揭批林彪、"四人帮"的运动,及时、果断地把党和国家的工作重心转移到社会主义现代化建设上来。这次全会彻底否定"两个凡是"的方针,重新确立解放思想、实事求是的指导思想,实现了思想路线的拨乱反正,开始了中国从"以阶级斗争为纲"到以经济建设为中心、从僵化半僵化到全面改革、从封闭半封闭到对外开放的历史性转变。

经过中共十一届三中全会以来改革开放和现代化建设的实践,中国共产党对于在中国这样一个人口多、底子薄的发展中国家如何开展社会主义现代化建设的认识越来越深刻。

1982年9月,中国共产党第十二次全国代表大会在北京召开。邓小平在开幕词里正式提出了"建设有中国特色的社会主义"的崭新命题。他指出:"我们的现代化建设,必须从中国的实际出发。无论是革命还是建设,都要注意学习和借鉴外国经验。但是,照抄照搬别国经验、别国模式,从来不能得到成功。这方面我们有过不少教训。把马克思主义的普遍真理同我国的具体实际结合起来,走自己的道路,建设有中国特色的社会主义,这就是我们总结长期历史经验得出的基本结论。"[4] 这个崭新

---

[1] 《邓小平文选》第2卷,人民出版社1994年版,第141页。
[2] 《邓小平文选》第2卷,人民出版社1994年版,第143页。
[3] 《邓小平文选》第2卷,人民出版社1994年版,第150页。
[4] 《十二大以来重要文献选编》上,人民出版社1986年版,第3页。

命题的提出，是以邓小平为核心的第二代中央领导集体在总结中国社会主义建设正反两方面经验的基础上，对"什么是社会主义，怎样建设社会主义"的科学回答。它一经提出，就成为新时期中国社会主义现代化建设和改革开放的指导思想，为中国的发展指明根本方向和道路。全面开创社会主义现代化建设的新局面，必须加强党的自身建设。党的十二大提出"把党建设成为领导社会主义现代化事业的坚强核心"，标志着党开始用一种新的思路指导自身建设。

1987年10月25日—11月1日，中国共产党召开第十三次全国代表大会。党的十三大的突出贡献，是比较系统地阐述了关于社会主义初级阶段的理论，完整地概括了党在社会主义初级阶段的基本路线。大会指出："正确认识我国社会现在所处的历史阶段，是建设有中国特色的社会主义的首要问题，是我们制定和执行正确的路线和政策的根本依据。"[①] 我国处在社会主义初级阶段包括两层含义：第一，我国社会已经是社会主义社会，我们必须坚持而不能离开社会主义；第二，我国的社会主义社会还处在初级阶段，我们必须从这个实际出发，而不能超越这个阶段。党在社会主义初级阶段的基本路线是："领导和团结全国各族人民，以经济建设为中心，坚持四项基本原则，坚持改革开放，自力更生，艰苦创业，为把我国建设成为富强、民主、文明的社会主义现代化国家而奋斗。"[②] 社会主义初级阶段理论的提出，为建设有中国特色的社会主义事业提供了有力的思想武器，是中国共产党人对科学社会主义理论的又一重大贡献。

根据邓小平提出的设想，大会确定了经济发展三步走的战略部署：第一步，实现国民生产总值比1980年翻一番，解决人民的温饱问题；第二步，到20世纪末，使国民生产总值再增长一倍，人民生活达到小康水平；第三步，到21世纪中叶，人均国民生产总值达到中等发达国家水平，人民生活比较富裕，基本实现现代化。

为了解决好香港、澳门和台湾问题，邓小平在继承毛泽东、周恩来

---

① 《十三大以来重要文献选编》上，人民出版社1991年版，第9页。
② 《十三大以来重要文献选编》上，人民出版社1991年版，第211页。

和平解决台湾问题基本设想基础上,提出了"一国两制"的构想,这是世界政治制度史上的首创。1984年12月和1987年4月签署了中英《关于香港问题的联合声明》和中葡《关于澳门问题的联合声明》,成功地解决了历史遗留下的领土主权问题,也为和平统一台湾提供了思路。在此基础上,经过努力,到1997年,中国政府顺利恢复了在香港的主权,1999年又恢复了在澳门的主权,并实现了台湾海峡两岸的"三通"。在国际关系方面,邓小平根据战后30多年来国际政治经济格局的变化,对中国外交进行了重大的具有实质意义的战略调整。邓小平对时代主题认识的转变,认为和平与发展是当今世界的主题是对外战略调整的重要依据,超越意识形态的全方位外交、独立自主的不结盟外交政策、务实的外交风格则是此次对外战略调整的实质内容。

从1978年的中共十一届三中全会到1987年党的十三大,中国共产党终于解决了什么是适合中国国情的社会主义这个最重大的问题,形成了中国特色社会主义理论和党的基本路线。由此,中国实现了马克思主义在中国发展创新的第二次历史性飞跃。

三、市场经济:社会主义经济体制的创新

解决了中国特色社会主义这个重大问题并确立了党的基本路线以后,并不意味着完全解决了如何建设中国特色社会主义的问题,在事实证明了单一公有制和计划经济体制不能适应中国特色社会主义的发展要求后,建立什么样的经济体制就成为突出问题。邓小平南方谈话和党的十四大解决了这个问题,那就是建立多种经济成分并存发展的社会主义市场经济。

1992年1月18日—2月21日,邓小平先后视察武昌、深圳、珠海、上海等地。视察途中,他多次发表谈话强调,党的"基本路线要管一百年,动摇不得";改革开放胆子要大一些,敢于试验;"判断的标准,应该主要看是否有利于发展社会主义社会的生产力,是否有利于增强社会主义国家的综合国力,是否有利于提高人民的生活水平";"计划多一点还是市场多一点,不是社会主义与资本主义的本质区别";"社会主义的本质,是解放生产力,发展生产力,消灭剥削,消除两极分化,最终达

到共同富裕"。①

上述谈话科学地总结了中共十一届三中全会以来的基本实践和基本经验，从理论上深刻回答了长期困扰和束缚人们思想的许多重大认识问题，是把改革开放和现代化建设推向新阶段的又一个解放思想、实事求是的宣言书。中共中央迅速将邓小平的南方谈话传达到全党，国务院也相继作出一系列加快改革开放和经济发展的决定。中国共产党以邓小平南方谈话精神为指导，进一步统一思想，为开好党的十四大做了充分准备。1992年10月，中国共产党召开了第十四次全国代表大会。这次大会作出三项具有深远意义的决策：一是确立了邓小平建设有中国特色社会主义理论在全党的指导地位；二是明确我国经济体制改革的目标是建立社会主义市场经济体制；三是要求全党抓住机遇，加快发展，集中精力把经济建设搞上去。

计划与市场的关系，实质上是政府与市场的关系。可以说许多社会主义国家都进行过探索，中国共产党从建立新中国起，就在新民主主义经济体制下进行过探索，1956年基本完成社会主义改造后又继续探索这个问题，但是在1992年之前始终没有突破"计划经济是社会主义，市场经济是资本主义"的观念束缚。在世界社会主义理论发展过程中，虽然早在20世纪20年代就有人提出"市场社会主义"，但是在实践上没有突破，只是停留在理论上。80年代，东欧一些社会主义国家虽然进行了市场化改革，但是最终丧失了社会主义。直到1992年中国共产党无论在理论上还是实践上都实现了突破，并取得了成功，建立起社会主义市场经济体制。这是1917年十月革命建立社会主义国家以来社会主义最重大的发展之一。

以邓小平南方谈话和党的十四大为标志，中国社会主义改革开放和现代化建设事业进入新的发展阶段。

四、"三个代表"：党的建设创新

社会主义市场经济马上显示出它的巨大活力，但是市场主体的多样

---

① 《改革开放三十年重要文献选编》上册，人民出版社2008年版，第633、634、1414、635页。

化同时又催生了社会阶层和结构的变化,这对执政的中国共产党的代表性提出了挑战,于是在改革开放和经济社会发展经验的基础上,中国共产党在十六大上正式提出了"三个代表"重要思想,从而对社会主义建设中"党的建设"这个关键问题实现了重大理论突破和创新。

从1978年中国开启了利用市场机制、利用国际资源和市场的"改革开放"以来,中国不仅在经济上发生了巨大变化,在政治体制、法治建设、社会结构以及文化思想上也发生了巨大变化,随着温饱问题的解决,民众的政治诉求增加,阶层分化加快,收入差距拉大,环境压力加大,加上市场经济体制尚未健全,政府职能必须转变,这些都对中国共产党的组织建设和执政能力提出了新的要求。基于对国内外形势、党肩负的历史任务、党自身建设实际的清醒认识和准确把握,江泽民在2000年首次提出了中国共产党应该做到"三个代表":只要我们党始终成为中国先进社会生产力的发展要求、中国先进文化的前进方向、中国最广大人民的根本利益的忠实代表,我们党就能永远立于不败之地。上述"三个代表"的思想和要求,进一步回答了在改革开放和发展社会主义市场经济条件下,"建设一个什么样的党和怎样建设党"这一直接关系党和国家前途命运的重大问题。它是深入思考世界社会主义运动历史经验,深刻总结中国共产党近80年历史经验作出的科学结论;是对党的性质、根本宗旨和根本任务的新概括,对马克思主义建党学说的新发展,对新时期党的建设和建设有中国特色社会主义事业各项工作提出的新要求;是中国共产党的立党之本、执政之基、力量之源。

五、科学发展观:社会主义发展的创新

自中共十一届三中全会实行改革开放以来,中国经济实现了持续的快速增长,经过20多年的发展,到20世纪末,中国经济和人民生活已经达到了小康水平,实现了温饱,创造了令世界惊奇的伟大成就。但是,正如2002年党的十六大政治报告指出的那样:"必须看到,我国正处于并将长期处于社会主义初级阶段,现在达到的小康还是低水平的、不全面的、发展很不平衡的小康,人民日益增长的物质文化需要同落后的社

会生产之间的矛盾仍然是我国社会的主要矛盾。我国生产力和科技、教育还比较落后，实现工业化和现代化还有很长的路要走；城乡二元经济结构还没有改变，地区差距扩大的趋势尚未扭转，贫困人口还为数不少；人口总量继续增加，老龄人口比重上升，就业和社会保障压力增大；生态环境、自然资源和经济社会发展的矛盾日益突出；我们仍然面临发达国家在经济科技等方面占优势的压力；经济体制和其他方面的管理体制还不完善；民主法制建设和思想道德建设等方面还存在一些不容忽视的问题。"①

当中国实现了小康社会目标和进入21世纪后，中国经济实现了由卖方市场向买方市场的转变，不仅市场竞争和区域竞争加剧，而且资源和环境对发展的约束也越来越突出。如果说改革开放初期的25年是解决温饱问题和短缺问题，是以外延型的经济扩张为主，那么现在则面临着如何优化产业结构、提高全员劳动率和节约资源、保护环境。

在这个背景下，中国共产党适时提出了"科学发展观"，解决了中国今后要实现什么样的发展以及怎样实现这种发展的重大理论和实践问题。

但是经济发展是有其不以人们意志为转移的客观规律的。经济发展、消费升级和市场规律，推动了自2003年以来的又一波以投资和出口拉动为主要动力的10年经济高速发展，即使世界金融危机，仍然没有阻挡住这个势头。这10年被称为"重化工业化"，其突出特点是房地产和"铁路、公路、基本设施"的建设突飞猛进，显示出工业化在最后阶段的"填平补齐"规律，即最后向资本和资金密集型领域扩张，当然也开始走出国门，寻找国外的机会。因此建设"和谐社会"和"资源节约型、环境友好型"社会的目标仍然没有实现。

六、习近平新时代中国特色社会主义思想：社会主义的全面创新

2012年党的十八大以后，中国的发展开始进入一个新时代。经过新中国70年的发展，特别是改革开放40多年的快速发展，中国已经基本

---

① 《十六大以来重要文献选编》上，中央文献出版社2005年版，第14页。

实现了工业化，不仅改变了贫穷落后的面貌，整体达到了小康水平，第一产业比重大幅度下降，第三产业比重超过第二产业，而且社会结构发生了很大变化，城市人口超过农村人口。从国际比较来看，中国已经成为世界第二大经济体、第一制造业大国、第一外汇储备国、第一进出口货物贸易大国、第三对外投资国，中国提出的"一带一路"倡议成效显著，这些都标志着中国正日益接近世界舞台的中央，而以信息化、人工智能、新能源、新材料为代表的第四次工业革命兴起，则为中国的发展提供了新的机遇。以习近平同志为核心的中共中央科学把握国内外发展大势，顺应实践要求和人民愿望，举旗定向，谋篇布局，迎难而上，开拓进取，取得了改革开放和社会主义现代化建设的历史性成就，推动党和国家事业发生历史性变革。在此基础上，形成了"习近平新时代中国特色社会主义思想"，解决了在中国进入新时代后如何实现"两个一百年"奋斗目标，建设社会主义现代化强国的思想、理论路径和战略问题，以及未来世界发展的目标和方案，从而不仅将中国特色社会主义思想理论推进到一个新的高度，同时也丰富和发展了人类社会发展的思想和理论。

尤其需要指出的，是以习近平同志为核心的党中央面对世界百年未有之变局，基于对科学社会主义诞生170多年、十月革命100年，特别是苏联东欧社会主义阵营解体以来，世界资本主义与社会主义的斗争、竞争和交融发展趋势的深刻把握，提出了构建人类命运共同体的理念，这是对社会主义时代化的重大突破和发展。党的十八大以来，中国先后提出构建人类命运共同体和"一带一路"倡议，并积极发挥中国的主导作用，在合作共赢中日益走近世界舞台的中心，开始改变自第一次工业革命以来，西方资本主义文明自西向东传播并处于主导地位的世界政治、经济和文化格局。

2013年3月23日，习近平在俄罗斯莫斯科国际关系学院发表的演讲中指出："这个世界，各国相互联系、相互依存的程度空前加深，人类生活在同一个地球村里，生活在历史和现实交汇的同一个时空里，越来越成为你中有我、我中有你的命运共同体。"[①]2015年9月28日，习近平在

---

① 《习近平谈治国理政》第1卷，外文出版社2018年版，第272页。

纽约联合国总部出席第 70 届联合国大会一般性辩论时，发表题为《携手构建合作共赢新伙伴　同心打造人类命运共同体》的演讲，提出"携手构建合作共赢新伙伴，同心打造人类命运共同体"[①]。十九大报告提出："我们呼吁，各国人民同心协力，构建人类命运共同体，建设持久和平、普遍安全、共同繁荣、开放包容、清洁美丽的世界。"[②]

在联系日益紧密、矛盾日趋复杂的国际形势下，中国所倡导的"人类命运共同体"理念，是对国际秩序观的创新和发展，开辟了国际关系新愿景，被越来越多的国家所接受。国际社会普遍认为"人类命运共同体"是一种取代西方模式的新型国际关系，它摒弃丛林法则，不搞强权独霸，超越零和博弈，开辟一条合作共赢、共建共享的文明发展新道路。构建人类命运共同体理念 2017 年 2 月 10 日首次载入联合国决议，3 月 17 日首次载入联合国安理会决议，3 月 23 日首次载入联合国人权理事会决议。

2013 年 9 月和 10 月，习近平在出访中亚和东南亚国家期间，先后提出共建"丝绸之路经济带"和"21 世纪海上丝绸之路"，得到国际社会高度关注。2016 年 11 月，联合国 193 个会员国协商一致通过决议，欢迎共建"一带一路"等经济合作倡议，呼吁国际社会为"一带一路"建设提供安全保障环境。2017 年 3 月，联合国安理会一致通过了第 2344 号决议，呼吁国际社会通过"一带一路"建设加强区域经济合作。

为推进共建"一带一路"倡议的实施，中国政府发布《推动共建丝绸之路经济带和 21 世纪海上丝绸之路的愿景与行动》，明确以政策沟通、设施联通、贸易畅通、资金融通、民心相通为主要内容。

首届和第二届"一带一路"国际合作高峰论坛先后于 2017 年 5 月和 2019 年 4 月在北京成功召开。这是"一带一路"框架下最高规格的国际活动，也是由中国首倡、中国主办的层级最高、规模最大的多边外交活动，其成功举办标志着中国国际地位和国际影响力显著提升。"一带一路"国际合作高峰论坛成为推动全球发展合作的机制化新平台。仅第二

---

① 《习近平谈治国理政》第 2 卷，外文出版社 2017 年版，第 526 页。
② 习近平：《决胜全面建成小康社会　夺取新时代中国特色社会主义伟大胜利》，人民出版社 2017 年版，第 58 页。

届"一带一路"国际合作高峰论坛期间，各方达成了共6大类283项成果，论坛筹备进程中和举办期间，签署了总额640多亿美元的项目合作协议。

共建"一带一路"倡议成为中国参与全球开放合作、促进全球共同发展繁荣、推动构建人类命运共同体的中国方案。截至2019年4月底，中国政府已与127个国家和29个国际组织签署"一带一路"合作文件。事实证明，共建"一带一路"不仅为中国开放发展提供了新机遇，也为世界社会主义的和平发展与各国发展开辟了新天地。

[原载《马克思主义与现实》2019年第5期]

新中国 70 年的经济发展和辉煌成就

习近平同志指出:"重视历史、研究历史、借鉴历史,可以给人类带来很多了解昨天、把握今天、开创明天的智慧。"抚今追昔,回顾新中国70年经济发展的历程,对于提升和坚定"四个自信"、批驳历史虚无主义都是非常必要的。

新中国经济发展的历史,大致可以分为三个时期,即从1949年新中国成立到1978年中共十一届三中全会前,为向社会主义过渡和计划经济时期;1978年中共十一届三中全会到2012年党的十八大前,为改革开放和中国特色社会主义形成新时期;2012年党的十八大至今,进入中国特色社会主义新时代。

一、新中国的成立为中国经济发展奠定了基础

70年在人类发展史上只是瞬间,但是,中国人民在这70年里,却创造了波澜壮阔、惊天动地的历史,中国发生了翻天覆地的变化。

1949年中华人民共和国成立,标志着中国人民从此站起来了,具有5000多年文明历史的中华民族从此进入了发展进步的历史新纪元。

在经济上,新中国成立初期通过没收封建地主土地归农民所有、没收官僚资本归人民国家所有和保护民族工商业,建立起在国营经济领导下多种经济成分分工合作、各得其所的新民主主义经济体制,促成了国民经济的迅速恢复。随后在开展大规模经济建设过程中,出于国家安全

和资本积累的需要，加上当时的重工业已经成为经济发展的"瓶颈"，1953年选择了优先发展重工业的社会主义工业化道路，即在快速推进工业化的同时，实行了社会主义改造，建立起计划经济体制。

新中国成立时，中国还是一个传统农业为主的国家，当时5.4亿人口中，4.8亿是农民，当时中国的人均耕地仅2.65亩，人均粮食仅209公斤。实际上，早在清代中期以后，中国的传统农业下人口与耕地的矛盾已经十分尖锐。当时就有人形象地说："人多之害，山顶已植黍稷，江中已有洲田，川中已辟老林，苗洞已开深箐，犹不足养，天地之力穷矣。种植之法既精，糠核亦所吝惜，蔬果尽以助食，草木几无孑遗，犹不足养，人事之权殚矣。"①费孝通在20世纪30年代的农村调查中也指出："中国农村的基本问题，简单地说，就是农民的收入降低到不足以维持最低限度生活水平所需的程度。中国农村真正的问题是人民的饥饿问题。"②即陷入了发展经济学所说的"贫困陷阱"。据1954年国家统计局的调查，全国农户土地改革时平均每户拥有耕畜0.6头、犁0.5部，多数农户从事以家庭为单位的经营都很困难，在正常年景下，每到青黄不接的春季，全国尚有2000万以上农民缺少口粮。

再看工业，1949年新中国成立时，中国的原煤、原油、发电量、生铁、钢、水泥总产量与美国相比，美国分别是中国的13.63倍、2074.33倍、80.26倍、199.28倍、447.72倍、54.45倍，人均产量美国则分别是中国的49.47倍、7531.46倍、291.39倍、723.54倍、1625.58倍、197.71倍。③即使1952年国民经济恢复任务完成时，我国人均产量也仅为钢2公斤，煤115公斤，原油0.8公斤，电13千瓦/小时，而同期世界主要国家和地区人均工业产品产量为：钢82公斤，煤724公斤，原油242公斤，电448千瓦/小时。拿钢产量来说，尽管1952年已经是1949

---

① 汪士铎：《乙丙日记》，转引自《中国近代资产阶级经济发展思想》，福建人民出版社1998年版，第3页。
② 费孝通：《江村经济——中国农民的生活》，江苏人民出版社1986年版，第200页。
③ 国家经贸委编：《中国工业五十年》第1卷，中国经济出版社2000年版，第9页。本文计算人均数量用到的人口数据来源：中国人口数据参见《中国人口和就业统计年鉴》，中国统计出版社1998年版，第198页。美国人口数据参见http://www.census.gov/population/estimates/nation/popclockest.txt。

年的3倍,但是同期美国的钢产量仍然是中国的57倍,人均产量则是中国的224倍。毛泽东在1955年曾感慨地说:"现在我们能造什么?能造桌子椅子,能造茶壶茶碗,能种粮食,还能磨成面粉,还能造纸,但是,一辆汽车、一架飞机、一辆坦克、一辆拖拉机都不能造。"①

表1　1949年中国主要工业产品产量与美国、印度比较

产品名称	中国		美国				印度			
	总产量	人均产量	总产量	人均产量	总产量为中国倍数	人均产量为中国的倍数	总产量	人均产量	总产量为中国倍数	人均产量为中国的倍数
原煤*	0.32	0.06	4.36	2.92	13.63	49.47	0.32	0.09	1	1.53
发电量**	43	7.94	3451	2313.19	80.26	291.39	49	13.85	1.14	1.74
原油***	12	0.00022	24892	1.6685	2074.33	7531.46	25	0.00071	2.08	3.19
钢***	15.8	0.00029	7074	0.4742	447.72	1625.58	137	0.00387	8.67	13.27
生铁***	25	0.00046	4982	0.33394	199.28	723.54	64	0.00181	6.56	3.92
水泥***	66	0.00122	3594	0.24090	54.45	197.71	186	0.00526	2.82	4.31

说明:*表示在总产量栏下单位为亿吨,在人均产量栏下单位为吨;**表示在总产量栏下单位为亿度,在人均产量栏下单位为度;***表示在总产量栏下单位为万吨,在人均产量栏下单位为吨。

资料来源:国家经贸委编:《中国工业五十年》(第1卷),中国经济出版社2000年版,第9页。

1952年中国才有了比较完整准确的统计数据,当年中国的GDP仅为679亿元人民币,人均119元;财政收入97.69亿元;年末全国城乡储蓄存款8.6亿元,人均1.5元人民币;国家外汇储备1.09亿美元;货币供应量仅27.5亿元。再从人民生活来看,1952年,农村居民家庭人均纯收入为57元,城镇职工年均工资收入为445元。当年全国居民人均消费水平为76元。

苏联:一战前夕,俄国工业产量占世界的8.2%,但很大部分是来自外国投资的轻工业,本国重工业仅占20%,被称为"泥足巨人"。经过苏

---

① 《毛泽东文集》第6卷,人民出版社1999年版,第329页。

联优先快速发展重工业的工业化,到二战前夕,苏联的工业已经占世界工业总产量的17.6%,二战期间,苏联共生产了10.8万辆坦克和自行火炮,14.4万架飞机。美国:二战前夕工业产量占世界总量的38.7%。二战期间,美国平均每两个月建成一支航母舰队,每年生产4万架飞机、2万辆坦克。日本:1937年,日本工业产值占世界的4%,居第六位。全面侵华前,日本每个月可造2000架飞机,二战期间,生产了吨位庞大的航母舰队。中国:二战期间,中国工业生产仅占世界总量的0.3%,一辆坦克、一架飞机都不能制造。

二、改革开放开启了致富之门

单一公有制和计划经济体制虽然保证了高积累下的社会稳定和优先快速发展重工业,研制出"两弹一星"和核潜艇,为国家安全提供了保障,并在短短的20多年里建立起相对独立完整的工业体系。但是它的另一个调动各种积极因素、提高经济效益的目标没有实现,人民的生活水平改善不多,人均收入和消费水平整体上还处于贫困状态。1957—1976年,全国职工在长达20年的时间里几乎没涨过工资。1957年全国职工平均货币工资624元,1976年下降到575元,不进反退,还少了49元。上海180万住户中,住房困难户90万户,其中人均居住2平方米以下的268650户,占将近1/6。[①]在农村,1978年,全国农民每人年均从集体分配到的收入仅有74.67元,其中2亿农民的年均收入低于50元。有1.12亿人每天能挣到一角一分钱,1.9亿人每天能挣一角三分钱,有2.7亿人每天能挣一角四分钱。相当多的农民辛辛苦苦干一年不仅挣不到钱,还倒欠生产队的口粮钱。

西德一个年产5000万吨褐煤的露天煤矿只用2000名工人,而中国生产相同数量的煤需要16万名工人,相差近80倍。瑞士伯尔尼公司一个低水头水力发电站,装机容量2.5万千瓦,职工只有12人。我国江西省江口水电站,当时装机2.6万千瓦,职工却有298人,高出20多倍。

---

① 曾培炎主编:《新中国经济50年》,中国计划出版社1999年版,第897—898页。

法国马赛索尔梅尔钢厂年产 350 万吨钢只需 7000 名工人，而中国武钢年产钢 230 万吨，却需要 67000 名工人，相差 14.5 倍。法国戴高乐机场，1 分钟起落 1 架飞机，1 小时 60 架；而北京首都国际机场半小时起落 1 架，1 小时起落 2 架，还搞得手忙脚乱。

1978 年 10 月，邓小平在参观日产汽车公司工厂时，该厂刚引入了机器人生产线，使之毫无争议地成为世界上自动化程度最高的汽车生产厂。在参观过程中，邓小平得知该厂人均每年汽车生产量为 94 辆后，深有感触地说，这个工厂比中国最先进的长春第一汽车制造厂的人均年产量竟多出 93 辆。在参观结束后，邓小平发表即席讲话中提道："我懂得了什么是现代化了。"国务院副总理谷牧为团长的赴西欧五国（法国、瑞士、比利时、丹麦、西德）考察团，于 1978 年 5 月 2 日出发，6 月 6 日回国，行程 36 天。访问期间，欧洲经济的自动化、现代化、高效率，给考察团成员留下了深刻印象。代表团成员之一、时任广东省副省长的王全国 20 年后提及这次出访，仍激动不已，他说："那一个多月的考察，让我们大开眼界，思想豁然开朗，所见所闻震撼每一个人的心，可以说我们很受刺激！闭关自守，总以为自己是世界强国，动不动就支援第三世界，总认为资本主义腐朽没落，可走出国门一看，完全不是那么回事，你中国属于世界落后的那三分之二！"[①]

1978 年 12 月召开的中共十一届三中全会开启了改革开放的大门，邓小平率先提出了"贫穷不是社会主义"这个引导中国社会主义走向创新发展的最重大命题，在有利的国际形势下，中国对内"搞活"，通过"放权让利"和引入市场调节机制，鼓励多种经济成分并存发展，不仅形成了党的"以经济建设为中心"的基本路线，而且确立了社会主义市场经济体制。

1978 年 10 月 21—28 日，美国通用汽车公司代表团访问中国。在谈判中谈到 10 种合作方式，其中第 7 种是办合资企业。该公司董事长汤姆斯·墨菲提出合资经营就好比"结婚"，建立一个共同的"家庭"。中方代

[①] 宋晓明、刘蔚主编：《追寻 1978——中国改革开放纪元访谈录》，福建教育出版社 1998 年版，第 558 页。

表李岚清回忆说,"一是不懂,二是不敢",你是大资本家,我是共产党员,我能同你"结婚"吗?材料报到中央后,其他领导都一一圈阅,唯有邓小平写了批语:"合资经营可以办。"

这个时期,改革开放不仅充分调动了国内的各种积极因素,发挥了政府这只"看得见"的有为之手,而且很好地发挥了"市场机制"这只"看不见"的灵活之手,优化了资源配置,充分发挥了中国劳动力资源丰富低价的优势;并且通过扩大开放,特别是加入世界贸易组织,实现了充分利用国外资源和国际市场。这种政府与市场"双轮驱动"、国内国外资源市场"统筹兼顾"的方针政策,使得1978—2012年34年间国民经济年均增长接近10%,创造了世界经济发展的奇迹。1978年中国的国内生产总值为3624亿元,居世界第11位;1986年突破1万亿元,居世界第9位;2000年突破10万亿元,居世界第6位;2010年突破40万亿元,居世界第2位。我国在对外贸易方面,也获得了飞速发展。1977年,中国内地的货物贸易进出口总额只有148亿美元,甚至低于同期香港的196亿美元,而到2012年,中国大陆的货物贸易进出口总额已经达到38668亿美元。随着经济的快速发展和工业化的推进,中国的城市化率也由1978年的17.78%提高到2012年的52.57%,城市人口超过了农村人口,中国大陆已经由长期以来的农民为主的社会转变为以市民为主的社会。

三、新时代新发展

根据2018年的统计数据,我国的GDP已经达到90万亿元,人均64644元;财政一般公共预算收入18.3万亿元;年末全部金融机构本外币各项存款余额182.5万亿元;年末国家外汇储备达到3.07万亿美元;广义货币供应量为182.7万亿元。2018年,全国居民人均可支配收入28228元,其中城镇居民人均可支配收入36413元,农村居民人均可支配收入14617元;全年全国居民人均消费支出为19853元。另根据国际货币基金组织公布的2017年数据,中国的GDP总量已经达到131735.85亿美元,排在世界第2位,超过排在第3位至第5位的日本、德国、英国三国之和（111698.47亿美元）。

随着社会主要矛盾的变化和2035年基本实现现代化的目标，中国经济发展和结构优化面临着三大转变：（1）经济增长由粗放型向集约型转变，加快增长方式创新；（2）推进产业结构由中低端向中高端转变，构建现代产业体系；（3）推进城乡二元经济向城乡一体化转变，实现农业现代化。

应该看到，中国经济下一步的发展还面临着如下困难和挑战：一是实体经济内部结构失衡，传统中低端产能过剩和高端产能供给不足；二是实体经济与金融、房地产业关系失衡，"脱实向虚"严重，存在金融风险；三是财富占有和收入分配失衡，贫富差距过大，有效需求不足，人力资本与物质资本积累失衡；四是资源和环境形势严峻，传统经济增长方式和外延型扩张受到约束；五是国际经济竞争趋于激烈，中国经济和科技正从跟跑者向并跑者和领跑者转变，竞争对手主要转向经济发达国家，特别是美国。

但是，中国经济发展所具备的独特优势和有利条件，大大超过了不利因素和困难。（1）中国共产党的全面领导和自我革命；（2）政府与市场"双轮驱动"，避免双重失灵；（3）中国经济规模大，创新空间大，回旋余地大；（4）中国人力资本雄厚，重视教育，充分利用海外教育资源；（5）中国人民勤劳的品质和文化传统（高储蓄率）。

四、中国不仅改变了自己，也影响了世界

新中国70年发生的巨大变化，不仅改变了自己的面貌，还如初升的太阳，照耀着全世界。中国的发展不仅为世界上的发展中国家提供了一个不同于西方发达国家的工业化道路，证明了社会主义的生命力和优越性，而且通过首倡和积极推进"一带一路"建设，以及多种形式的国际合作，在世界的发展、稳定和公平方面作出越来越大的贡献。正如习近平同志在中华人民共和国成立65周年国庆招待会上的讲话所说："中国由新民主主义走向社会主义，开创和拓展中国特色社会主义道路，使社会主义这一人类社会的美好理想在古老的中国大地上变成了具有强大生命力的成功道路和制度体系。这不仅为中华民族实现伟大复兴提供了重

要制度保障,而且为人类社会走向美好未来提供了具有充分说服力的道路和制度选择。"

结　语

历史需要沉淀,历史也需要比较和反思,回首70年的中国和世界历史,甚至再往上回顾1840年鸦片战争以来的中国近代史和1640年英国资产阶级革命以来的世界资本主义发展史,我们可以更加清晰地感到,中华人民共和国的成立和70年所取得的成就,不仅是中华民族发展史上的伟大事件,也是人类发展史上的伟大事件。

[原载《史学月刊》2019年第9期]

一以贯之　坚持走自己的路

方向决定前途，道路决定命运。新中国成立以来，中国共产党团结带领全国各族人民，以一往无前的进取精神，在社会主义建设实践中艰辛探索。实践证明，只有社会主义才能救中国，只有中国特色社会主义才能发展中国。我们要把命运掌握在自己手中，就要有志不改、道不变的坚定，一以贯之，坚持走自己的路，不断坚持和发展中国特色社会主义。

一、1978年以前的探索与实践

1949年10月1日新中国的成立，结束了近代一百多年中国半殖民地半封建社会的历史，中华民族以新的面貌立于世界民族之林。新中国成立初期的土地改革、没收官僚资本、统一财经等一系列重大举措，为新中国奠定了政治、经济和社会制度基础。但是，中国生产力水平落后、人均资源匮乏的贫穷落后问题仍然十分突出。如何解决"吃饭"问题，突破"贫困陷阱"，实现经济发展的"赶超"，以保证国家的安全和民族的复兴，在民主革命和国民经济恢复任务完成以后，就摆在了作为执政党的中国共产党面前。

新中国成立之初，中国是一个典型的传统农业大国，一些农户在正常年景下，温饱问题尚不能解决。另外，工业产值在国内生产总值中的占比不到20%，而且是以轻工业为主。工业不仅自我积累的能力非常有限，而且不能够适应国家安全的需要。根据当时的情况和需要，我们党确定了优先发展重工业的战略。

经济极端落后和非常有限的财力,与即将开始的优先发展重工业建设所需要的资金之间存在着巨大的缺口,而当时新中国又必须加快工业化的步伐。在严峻形势下,西方国家政治与经济上的孤立和封锁,决定了新中国只能主要依靠自身实行迅速而大规模的资本积累来启动工业化进程,而有限和分散的农业剩余几乎是获取这种积累的唯一途径。为了优先发展重工业和加速工业化,中国就需要建立起一个高度集中的计划经济体制,以确保国家拥有强大的资源动员和配置能力。统购统销政策出台,农业合作化和资本主义工商业改造步伐的加快,都是加快工业化的产物。

应该指出,在改革开放以前的探索中,以"自力更生"和高积累为手段、以优先发展重工业为目标的超常规发展,虽然导致了各个方面的紧张和工农业关系的失调,人民的生活水平长期得不到提高,但是的确取得巨大成就:第一,在短时间内建立起相对完整的现代工业体系;第二,在某些方面实现了跨越式发展,建立起强大的国防工业,拥有了"两弹一星";第三,通过大规模的基础设施改造和投资,为后来的发展奠定了基础,其中尤其以农田改造、水利建设和重工业发展最为突出,保证了20世纪80年代农业的高速增长和城乡轻工业的快速发展;第四,通过强制性地推广低成本、覆盖全社会的初等教育和医疗保障,提高了人力资本。

此外,这个时期社会主义所具有的"集中力量办大事"的优越性也体现出来,如通过"大会战"的方式,实现了石油工业的飞速发展;通过"集体攻关"的方式,加速了科技创新;通过"三线建设",缩小了沿海与内地工业发展的差距;等等。但就总体而言,随着经济的发展和国际环境的改善,高度集中的计划经济体制已经呈现出成本上升和效益递减的特征,越来越不能适应经济社会发展的需要。

二、与时俱进,走中国特色社会主义道路

随着时间的推移,中国共产党和全国人民逐渐认识到,以单一公有

制和高度集中的行政管理为特征的计划经济体制不仅束缚了生产力的发展，使人民群众生活长期得不到改善，也不利于充分调动人民群众的积极性。因此，中共十一届三中全会以后，邓小平同志一再强调要大力发展生产力和改善人民生活。1980年4月，他指出：根据我们自己的经验，讲社会主义，首先就要使生产力发展，这是主要的。只有这样，才能表明社会主义的优越性。社会主义经济政策对不对，归根到底要看生产力是否发展，人民收入是否增加。这是压倒一切的标准。空讲社会主义不行，人民不相信。

迅速改善人民生活的迫切愿望，以及发现中国与世界发展的差距正在拉大的巨大压力，成为中国共产党在1978年以后突破传统束缚、推动改革开放的最大动力。

中共十一届三中全会以后，中国共产党在充分汲取过去经验教训的基础上，解放思想，实事求是，与时俱进，突破前30年形成的发展模式，实现对传统社会主义理论带有根本性的突破和创新，开创了中国特色社会主义道路。而同时，国际环境的变化、改革开放的成效和国内经济发展的水平也为其提供了客观条件。

其一，根据战后30多年来国际政治经济格局的变化，中国共产党提出了和平与发展是当今世界的主题，改变了我们过去对外部环境的认识。从而使得中国敞开胸怀，拥抱世界，打开国门搞建设。

其二，国际环境的缓和与保障国家安全能力的具备，也为改变国内长期实行的优先发展重工业战略和高积累政策提供了可能。改革开放后，中国共产党开始调整农、轻、重关系，并通过提高农产品收购价格，普遍提高职工工资来扩大消费。

其三，与上述协调发展和提高人民消费水平目标相匹配，进行"放权让利"的体制变革，允许地方政府、企业和人民群众"八仙过海，各显神通"。而这种改革自然也就从过去束缚最多的农业开始。家庭联产承包责任制的普遍推广和乡镇企业的异军突起，不仅从根本上改变了农村经济的微观机制，也为城市改革提供了榜样和示范。于是，在"让一部分人、一部分地区先富起来"的引导下，加上"放权让利"的制度和政策保障，在20世纪80年代形成了上下结合的强大改革动力，突破了单一公有制、计划经济等的束缚,从而为发展社会主义市场经济奠定了微观经济基础。

其四,从"放权让利"和农村改革一开始,就自然出现了市场调节,长期受到抑制的市场因素迅速复活,并日益显示出其调节经济的灵活性、及时性和有效性。随着改革开放的深入和所有制结构及实现形式的多样化,市场机制调节的范围和配置资源的作用越来越大。党的十四大明确提出,我国经济体制改革的目标是建立社会主义市场经济体制。

1978—2011年,中国经济年均增长率接近10%,经济总量在世界各国中的排名跃升至第2位。这不仅开创了中国经济发展史上前所未有的"高速"时代,也是世界经济发展史上的一个奇迹。但是,在人民收入水平有了很大提高的同时,阶层之间、地区之间的收入差距也在不断拉大。党的十六大以来,中国共产党开始高度重视构建和谐社会并提出科学发展观,重视提高人民收入、改善分配结构,使经济发展成果为全体人民共享。

总之,经过新中国成立后特别是改革开放后几十年的探索,中国共产党再一次向世界证明:社会主义可以与时俱进并且有着巨大优越性。这种优越性不仅体现在其经济体制比资本主义具有更大的包容性,可以充分发挥国有经济、民营经济、外资经济的积极作用,可以有机地融入世界经济体系并获得共赢,而且还体现在其所具有的强大经济发展动力和充分利用各种资源的能力上。

三、坚持和拓展中国特色社会主义道路

党的十八大以来,我们党带领全国各族人民沿着中国特色社会主义道路奋勇前进,中国特色社会主义道路越走越宽广。

在政治建设方面,坚持党的领导、人民当家作主、依法治国有机统一,提出了"全面依法治国""全面从严治党",将推进国家治理体系和治理能力现代化放在突出位置,坚持党对一切工作的领导。中共十九届三中全会强调:全党必须统一思想、坚定信心、抓住机遇,在全面深化改革进程中,下决心解决党和国家机构职能体系中存在的障碍和弊端,

加快推进国家治理体系和治理能力现代化，更好发挥我国社会主义制度优越性。

在经济发展方面，中国经济已由高速增长阶段转向高质量发展阶段。中国长期以来形成的外延性、粗放型发展方式必须转变。从世界各国经济发展的历史和工业化规律来看，当一个国家的工业化进入成熟阶段后，那种赶超型的后发优势、劳动力转移和资源配置优化的"红利"开始消失，而有效需求不足、产业升级所导致的传统产能过剩和"资本沉没"，都会使得经济增长速度转入中速或低速。我国经济经过长达30多年的年均近10%的高速增长，开始进入调整期。另外，从世界经济来看，从2008年开始，也进入了一个增长缓慢的深度调整期，而已经高度融入世界经济的中国，也必然要受到其影响。中国经济发展进入新常态，从高速增长转向中高速增长。与这种新的发展形势和要求相适应，中共十八届三中全会提出，使市场在资源配置中起决定性作用和更好发挥政府作用；中共十八届五中全会提出，必须牢固树立并切实贯彻创新、协调、绿色、开放、共享的发展理念。而且，这些年来通过"一带一路"建设和推动经济全球化健康发展，使对外开放更加扩大和深入。总之，中国正通过全面深化改革开放来激发澎湃动力，克服资源环境压力加大、产业结构升级阵痛、世界经济增长乏力等困难，向实现全面建成小康社会的目标迈进。

在消除贫困方面，党的十八大以来实现了重大突破，并制定了时间表。中共十八届五中全会提出，坚持共享发展，必须坚持发展为了人民，发展依靠人民，发展成果由人民共享，作出更有效的制度安排，使全体人民在共建共享发展中有更多获得感，增强发展动力，增进人民团结，朝着共同富裕方向稳步前进。习近平总书记强调：消除贫困、改善民生、逐步实现共同富裕，是社会主义的本质要求，是我们党的重要使命。"十三五"规划纲要提出，"我国现行标准下农村贫困人口实现脱贫，贫困县全部摘帽，解决区域性整体贫困"，不仅充分体现了全体人民共享发展成果的理念，也显示出党中央迎难而上、敢于啃硬骨头的决心。从目前脱贫攻坚战的进展来看，中国是可以在2020年实现脱贫目标的。

总之，新中国70年的艰辛探索和成功实践，不仅使我们比历史上任何时期都更接近、更有信心和能力实现中华民族伟大复兴的目标,而且向世界展现了社会主义制度的优越性和生命力,使中国日益走近世界舞台的中央。走中国特色社会主义道路,是历史的选择、人民的选择、时代的选择。中国特色社会主义道路是当代中国大踏步赶上时代、引领时代发展的康庄大道,必须毫不动摇走下去。

[原载《经济日报》2019 年 5 月 20 日]

改革开放：中国走出自己的发展道路

中国自鸦片战争至 1949 年国民党政权失败退出中国大陆的一百多年间，在地主阶级政权（清政府）、农民阶级政权（太平天国）、资产阶级政权（南京临时政府）、大地主和大资产阶级政权（南京国民政府）都不能解决中华民族救亡图存、振兴发展的问题，即实现中国的民族独立和工业化。在这种情况下，以马克思列宁主义为指导思想的中国共产党探索出一条"农村包围城市"的新民主主义革命道路，由弱到强，经过 28 年的奋斗，终于取得了民主革命的胜利，建立了中华人民共和国。

一、1978 年以前的探索和社会主义道路

1949 年 10 月 1 日新中国的成立，标志着中国的历史翻开了新的一页，从此结束了近代 100 多年中国半殖民地半封建社会的历史，彻底扫除了阻碍中国进步的封建主义、官僚资本主义，中华民族以新的面貌立于世界民族之林。新中国成立初期的土地革命、没收官僚资本、民主建政、镇压反革命和抗美援朝等一系列运动，为新中国的现代化奠定了政治、经济和社会制度基础。但是，中国生产力水平落后、人均资源匮乏的贫穷落后问题，却不是靠革命本身能够解决的，如何在"吃饭"问题还没有解决的条件下突破"贫困陷阱"，实现经济发展的"赶超"，以保证国家的安全和中华民族的复兴，在民主革命和国民经济恢复任务完成以后，就摆在了刚刚执政 3 年的中国共产党面前。

自从 1840 年中国被迫进入世界资本主义开辟的全球化体系以后，中国的发展就受到了外部世界的制约。1950 年爆发的朝鲜战争，以及后来的台湾海峡危机、越南战争，都使得中国共产党在选择中国经济发展道路和战略时，不得不受世界形势的影响，并将国家安全放到首位来考虑。

朝鲜战争结束以后，美国驻军台湾的问题却没有解决。1953 年 8 月，在《朝鲜停战协定》签订之后，美国与台湾举行了首次海空军联合演习。1953 年 9 月，美国与台湾当局秘密签订了"军事协调谅解协定"，并在台北成立"协调参谋部"。根据协定，国民党军队的编制、监督、装备由美方负责；如果发生战争，国民党军的调动指挥，必须获得美方的同意。协定中的"军事协调区"包括金门、澎湖、大陈、马祖及台湾，美国第七舰队、第十三航空队、第二十航空队为参加协定的单位。本来美国第七舰队是以朝鲜战争期间"维护台湾海峡中立"为借口进驻的，而朝鲜战争结束后，美台双方又签订了这样一个协定。它是继 1950 年 6 月美国宣布向台湾派遣第七舰队以后，企图长期把台湾置于自己势力范围的又一严重步骤。1953 年 11 月，美国副总统尼克松访台，表示美国重视台湾的战略地位。12 月，台湾当局正式向美国政府提出"美台共同防御条约草案"。1954 年 1 月，美国第七舰队在台湾海域进行军事演习，公开向中国政府炫耀武力。1954 年 9 月 8 日，美国推动的《东南亚集体安全防御条约》在马尼拉签订，此时，台湾成为美国完成对中国大陆环形包围圈的最后一环。1955 年 1 月 24 日和 28 日，美众、参两院分别以 410 票赞成、3 票反对和 83 票赞成、3 票反对通过"台湾决议案"，美国国会正式授权总统：为保证国民党控制台澎，可动用美军保卫国民党控制的任何区域，也可采取其他必要措施。[①]

美国阻止中国统一和直接威胁中国安全的行径，都是建立在中美之间相差悬殊的武器装备上面，进一步说，是建立在相差悬殊的工业化水平上面。从朝鲜战争爆发后美国派兵进驻台湾，到 1955 年用原子弹威胁中国以阻止中国的统一，都使得中国共产党和政府的决策者坚定了优先

---

① "防御福摩萨联合决议"，载《美国对华政策文件集（1949—1972）》第 2 卷（上），第 438 页。

快速发展重工业的决心。正如经过毛泽东亲自修订的党在过渡时期总路线宣传提纲所说:"因为我国过去重工业的基础极为薄弱,经济上不能独立,国防不能巩固,帝国主义国家都来欺侮我们,这种痛苦我们中国人民已经受够了。如果现在我们还不能建立重工业,帝国主义是一定还要来欺侮我们的。"[①]

1955年2月,陈云在中国共产党全国代表会议上代表中共中央对"一五"计划草案进行说明时,也解释了优先发展重工业与国防的关系:"除了经济上的考虑,我们还必须有国防上的考虑。大家知道,我们还处在帝国主义国家包围之中,以美国为首的帝国主义侵略集团正在积极准备新的世界战争。为了加强我们的国防,为了建设一支强大的、现代化的、包含各个技术兵种的人民解放军,以便收复台湾,保卫我国领土,打击帝国主义侵略者,我们不能不优先发展重工业。"[②] 早在1953年,当梁漱溟认为农民太苦时,毛泽东就是用工业化是"大仁政"的道理,来说服党内和民主人士支持优先发展重工业战略的。

优先发展重工业的战略确定了,但是资金问题从哪里来的问题并没有解决,被美国断言连吃饭问题都解决不了的新中国,又受到西方世界的敌视和封锁,庞大的建设资金从哪里来?

新中国成立之初是一个典型的农业国。1952年,不仅我国第一产业就业人员占总经济活动人口的比例高达83.5%,而且农业人均生产资料非常缺乏。据1954年国家统计局的调查,全国农户土地改革时平均每户拥有耕畜0.6头,犁0.5部,到1954年末才分别增加到0.9头和0.6部。加上人多地少,农业能够为工业化提供的剩余非常少。另外,工业产值仅占国内生产总值的17.6%[③],其自我积累的能力也非常有限。1952年国民经济恢复任务完成时,中国大陆的人均GDP仅为119元人民币,人均储蓄存款仅为1.5元人民币,国家外汇储备仅为1.39亿美元,财政总收入183.7亿元,用于经济建设的资金尚不足100亿元。[④] 1952年,中国天

---

① 《建国以来重要文献选编》第4册,中央文献出版社1993年版,第705页。
② 《陈云文集》第2卷,中央文献出版社2005年版,第593页。
③ 资料来源:国家统计局网站公布年度统计数据。
④ 武力主编:《中华人民共和国经济简史》,中国社会科学出版社2008年版,第67页。

然原油年产量为 19.54 万吨，为旧中国天然原油最高年产量 8.2 万吨的 2.3 倍。难怪当时毛泽东感慨地说："现在我们能造什么？能造桌子椅子，能造茶壶茶碗，能种粮食，还能磨成面粉，还能造纸，但是，一辆汽车、一架飞机、一辆坦克、一辆拖拉机都不能造。"①

如前所述，经济极端落后和非常有限的财力，与即将开始的优先发展重工业建设所需要的巨额资金之间存在着巨大的缺口，而朝鲜战争和随后的第一次台海危机又使得新中国必须加快工业化的步伐，而此时苏联又答应全面援助中国经济建设，特别是尖端科技和国防工业，这也是一个难得的历史机遇。在这种严峻形势下，西方国家政治与经济上的孤立和封锁，以及与苏联东欧社会主义国家的经济同构，也决定了新中国只能在半封闭的状态下发展内向型经济，这意味着中国必须依靠自身实行迅速而大规模的资本积累来启动工业化进程，有限和分散的农业剩余几乎是我们获取这种积累的唯一途径。为了加速工业化，中国就需要建立起一个高度集中的计划经济体制，以确保国家拥有强大的资源动员和配置能力，而新民主主义经济体制不能满足这样的要求。所以，新中国很快开始了由新民主主义经济向苏联模式的社会主义经济过渡。统购统销政策出台，农业合作化和资本主义工商业改造步伐的加快，都是加快工业化的产物。

应该指出，在改革开放以前有关中国发展道路的探索中，以"自力更生"和高积累为手段、以优先快速发展重工业为目标的超常规发展，虽然导致了各个方面的紧张和工农业关系的失调，人民的生活水平长期得不到提高，压抑了人民群众的积极性，但是的确达到了传统社会主义发展模式的部分预期目标：第一，在短时间内建立起相对完整的现代工业体系；第二，在某些方面实现了跨越式发展，建立起强大的国防工业，拥有了"两弹一星"；第三，通过大规模的基础设施改造和投资，为后来的发展奠定了基础，其中尤其以农田改造、水利建设和重工业发展最为突出，它们保证了 20 世纪 80 年代农业的高速增长和城乡轻工业的快速发展；第四，通过强制性地推广低成本、覆盖全社会的初等教育和医疗

---

① 《毛泽东文集》第 6 卷，人民出版社 1999 年版，第 329 页。

保障，提高了人力资本。

此外，这个时期社会主义所具有的"集中力量办大事"的优越性也体现出来。例如，通过集中财力，保证了"一五"时期1/3的重点项目在国防工业；通过"大会战"的方式，实现了石油工业的飞速发展；通过"集体攻关"的方式，加速了科技创新；通过"三线建设"，缩小了沿海与内地工业发展的差距；通过"工业学大庆""农业学大寨""全国学人民解放军"等精神激励，来替代物质激励不足；等等。但是上述这些优越性就总体上来说，随着经济的发展和国际环境的改善，已经呈现出成本上升和效益递减的特征，即越来越不能适应经济发展的需要。

二、1978—2012年中国特色社会主义道路的形成

毛泽东曾经说过："错误和挫折教训了我们，使我们比较聪明起来，我们的事情就办得好一些。"新中国前30年的经验教训，特别是"文革"10年的失误不仅深刻教育了中国共产党和全国人民，认识到以单一公有制和行政管理为特征的计划经济不仅阻碍了中国的发展，而且人民群众生活长期得不到改善，也导致了对社会主义的信仰危机。正如邓小平在1977年12月尖锐地指出那样："人民生活水平不是改善而是后退叫优越性吗？如果这叫社会主义优越性，这样的社会主义我们也可以不要。"①因此，中共十一届三中全会以后，邓小平一再强调要大力发展生产力和改善人民生活。1980年4月，他说："根据我们自己的经验，讲社会主义，首先就要使生产力发展，这是主要的。只有这样，才能表明社会主义的优越性。社会主义经济政策对不对，归根到底要看生产力是否发展，人民收入是否增加。这是压倒一切的标准。空讲社会主义不行，人民不相信。"②

因此，迅速改变人民生活贫困的迫切愿望，特别是开眼看世界后发

---

① 《邓小平思想年谱（1975—1997）》，中央文献出版社1998年版，第53页。
② 《邓小平文选》第2卷，人民出版社1994年版，第314页。

现中国与世界发展的差距正在拉大的巨大压力，就成为中国共产党在1978年以后突破传统思想束缚、推动改革开放的最大动力。

1978年中共十一届三中全会以后，中国共产党在充分吸取过去经验教训的基础上，解放思想，实事求是，与时俱进，很快就突破了前30年形成的发展模式，实现了对传统社会主义理论的带有根本性的突破和创新，引导中国走上了中国特色社会主义市场经济发展道路。而同时，国际环境的变化和国内经济发展的水平也为其提供了客观条件。

第一，根据战后30多年来国际政治经济格局的变化，中国共产党提出了和平与发展是当今世界的主题，改变了我们对待外部环境和世界性战争不可避免的认识，从而使得中国走上了充分利用国外资源和国外市场来发展自己的道路，中国也由此真正摆脱了战时经济的束缚。

第二，国际环境的缓和以及对其正确的判断，也为改变国内长期实行的优先发展重工业战略和居高不下的高积累政策提供了可能。中国经济终于可以处于农、轻、重均衡发展，积累与消费同等重要的宽松环境。从1979年开始，中国共产党就开始调整农、轻、重关系，并通过提高农产品收购价格，普遍提高职工工资来扩大消费，真正实行了新中国30年来一直追求的协调发展政策。

第三，与上述协调发展和提高人民消费水平目标相匹配，必然是"放权让利"的体制变革，允许地方政府、企业和人民群众"八仙过海，各显神通"。而这种改革自然也就从过去束缚最多、危机最深的农业开始。家庭联产承包责任制的普遍推广和乡镇企业的"异军突起"不仅从根本上改变了农村经济的微观机制，也为城市改革提供了榜样和示范。于是，在"让一部分人、一部分地区先富起来"的诱导下，加上"放权让利"的制度和政策保障，在20世纪80年代形成了一个上下结合的、以诱致性变迁为主的强大改革动力，中国共产党终于在80年代突破了单一公有制、计划经济和按劳分配这三个过去作为社会主义经济制度基石的理论束缚，从而为建立新型的社会主义市场经济发展道路奠定了微观经济结构和基础。

第四，从"放权让利"和农村改革一开始，就自然出现了市场调节，长期受到抑制的市场因素迅速复活，并日益显示出它调节经济的灵活性、及时性和有效性,于是随着改革开放的深入和所有制结构及实现形式的多样化,市场机制调节的范围和配置资源的作用越来越大,并最终导致在党的十三大上提出了"国家调控市场,市场引导企业"的经济体制改革目标,而这个目标到党的十四大上则正式形成了社会主义市场经济理论。于是,作为传统社会主义经济理论和实践模式的又一个基石——"计划经济"被突破和创新。

30多年来,中国国民经济总量从1978年的3645亿元,猛增到2011年的47.2万亿元,增长了128.5倍,年均增长率接近10%,经济总量在世界各国中的排名,也由1978年的第10位跃升至2010年的第2位。这不仅开创了中国经济发展史上前所未有的"高速"时代,也是世界经济发展史上的一个奇迹。但是,这30多年来,在人民收入水平有了很大提高的同时,阶层之间、地区之间的收入差距也在不断拉大,这不仅有违社会主义共同富裕的目标,也导致了内需不足、社会不和谐以及发展方式的转变进展迟缓。好在自党的十六大以来,中国共产党开始高度重视建立和谐社会并提出科学发展观,提高人民收入,改善分配结构,使得经济发展成果为全体人民共享,已经成为"十一五"规划和"十二五"规划的重要内容。截至2010年底,"十一五"规划中的八项民生指标全部完成:城乡居民收入大幅增长,免费九年义务教育全面实现,城镇基本养老保险覆盖人数、新型农村合作医疗覆盖率提前达标,全国城镇新增就业5500万人。今年开局的"十二五"规划则提出:在保持城乡居民年均收入增长7%以上的基础上,建立健全基本公共服务体系,促进就业和构建和谐劳动关系,合理调整收入分配关系,努力提高居民收入在国民收入分配中的比重、劳动报酬在初次分配中的比重,健全覆盖城乡居民的社会保障体系。

总之,经过新中国成立之后62年的探索,中国共产党终于完成社会主义发展道路的成功转型,再一次向全世界证明:社会主义是可以与时俱进并且有着巨大优越性。这种优越性不仅体现在其经济体制比资本主义具有更大的包容性,可以充分发挥国有经济、私营经济、外资经济的积极作用,可以有机地融入全球化的世界经济并获得共赢,而且还体现在它所具有的强大经济发展动力和充分利用各种资源的能力上。

三、党的十八大以来中国特色社会主义道路的拓展

2012年党的十八大以后，经过35年的改革开放和快速发展，中国的政治、经济与社会发展进入了一个新的历史阶段，即进入完成工业化、全面建成小康社会和跨越"中等收入陷阱"的冲刺阶段。

在政治建设方面，提出了"全面依法治国""全面从严治党"，将提高国家治理体系现代化和党治理国家能力现代化放在突出位置；提出加强和完善党的全面领导。今年2月召开的中共十九届三中全会又提出："面对新时代新任务提出的新要求，党和国家机构设置和职能配置同统筹推进'五位一体'总体布局、协调推进'四个全面'战略布局的要求还不完全适应，同实现国家治理体系和治理能力现代化的要求还不完全适应。全党必须统一思想、坚定信心、抓住机遇，在全面深化改革进程中，下决心解决党和国家机构职能体系中存在的障碍和弊端，加快推进国家治理体系和治理能力现代化，更好发挥我国社会主义制度优越性。"[①]

改革开放以来，党在开辟和坚持中国特色社会主义道路，推进社会主义民主政治建设的过程中，始终把人民当家作主作为社会主义的本质属性。改革开放所形成的市场经济和全球化，使得一方面综合国力空前提高，人民生活水平大幅度提高，成功地跨越了"贫困陷阱"，但是另一方面，市场经济和多种经济成分共同发展，也导致了资本主导和分配上的"马太效应"，并进而侵蚀到党员，尤其是掌握权力和资源的党的干部，特别是党的高级干部，使不少人忘记了党的性质、使命，忘记了全心全意为人民服务的宗旨，甚至少数人走上了违法乱纪、以权谋私和贪污腐败的道路。党的十八大以后，以习近平同志为核心的党中央立即制定了"八项规定"，提出了"将权力关进制度的笼子"，进而提出了"全面从严治党"并将其作为四个战略布局之一，制定了一系列党内监督问责条例法规。党的十九大更进一步提出全面加强和改善党的领导，深化党和国家机构改革。全会通过的《中共中央关于深化党和国家机构改革

---

① 《中国共产党第十九届中央委员会第三次全体会议公报》，《人民日报》2018年3月1日。

的决定》和《深化党和国家机构改革方案》充分体现了加强党的全面领导和建立国家治理体系现代化的原则和目标。全会提出:"深化党和国家机构改革,必须贯彻坚持党的全面领导、坚持以人民为中心、坚持优化协同高效、坚持全面依法治国的原则。"① 例如,习近平总书记在会上针对改革开放以来如何处理好党政关系,就指出:处理好党政关系,首先要坚持党的领导,在这个大前提下才是各有分工,而且无论怎么分工,出发点和落脚点都是坚持和完善党的领导。中国共产党是执政党,党的领导地位和执政地位是紧密联系在一起的。党的集中统一领导权力是不可分割的。不能简单讲党政分开或党政合一,而是要适应不同领域特点和基础条件,不断改进和完善党的领导方式和执政方式。

在经济发展方面,则针对中国经济已经进入由高速增长转为高质量发展的新阶段。中国长期以来形成并有效的依靠投入为主的由外延性、粗放型发展方式,随着工业化的即将完成和资源、环境、劳动力的约束,必须转向依靠创新和提高效益为主的内涵型发展。从世界各国经济发展的历史和工业化规律来看,当一个国家的工业化进入成熟阶段后,那种赶超型的后发优势、劳动力转移和资源配置优化的"红利"开始消失,而有效需求不足、产业升级所导致的传统产能过剩和"资本沉没",都会使得经济增长速度转入中速或低速。我国的经济经过长达 30 多年的接近年均 10% 的高速增长,无论是从发展的波浪式还是产业结构的调整,都进入了一个调整期,实际上这个调整期在 2008 年就已经来到,只是在"保增长"的刺激政策下又延续了几年。另外,从世界经济来看,经过十多年的发展,从 2008 年开始,也进入了一个增长缓慢的深度调整期,而已经高度融入世界经济的中国,必然要受到其影响。因此,2012 年我国的国内生产总值增速从 2011 年的 9.3% 降至 7.8%,到 2015 年进一步降至 6.9%,中国经济从而结束了年均增长 9% 以上的高增长阶段,转入中高速增长的"新常态"。与这种新的发展形势和要求相适应,中国共产党的十八届五中全会提出了"创新、协调、绿色、开放、共享"的新发展理念,提出通过"全面深化改革"来转换动力,克服"人口红利"消失、

---

① 《中国共产党第十九届中央委员会第三次全体会议公报》,《人民日报》2018 年 3 月 1 日。

资源环境压力加大、世界经济增长乏力的困难,实现"全面建成小康社会"的目标。

在消除贫困方面,十八大以来实现了重大突破,并制定了时间表。早在改革开放之初,邓小平就提出"贫穷"不是社会主义,1992年又提出"两极分化"也不是社会主义。但是中国作为一个人口众多、人均资源匮乏、发展不平衡的发展中大国,要彻底消除贫困并不是一件容易的事情,而在市场经济和全球化的条件下,怎样抑制贫富差距也是世界各国没有解决的问题。改革开放以来,我们摆脱了苏联模式社会主义的单一公有制和按劳分配的束缚,实行了多种经济成分并存发展和按要素与贡献分配的体制。但是作为社会主义的本质特征"共同富裕",改革开放的总设计师邓小平从一开始就提了出来。2015年10月,中共十八届五中全会提出"坚持共享发展,必须坚持发展为了人民,发展依靠人民,发展成果由人民共享,作出更有效的制度安排,使全体人民在共建共享发展中有更多获得感,增强发展动力,增进人民团结,朝着共同富裕方向稳步前进。"2015年11月,习近平在扶贫开发工作会议上指出:"消除贫困、改善民生、逐步实现共同富裕,是社会主义的本质要求,是我们党的重要使命。"

改革开放以来,中国的经济和社会发展实际上是四个转型同时进行的:一是工业化,二是市场化,三是城市化,四是国际化。在这个转型过程中,虽然中国共产党制定了明确的共同富裕目标,但是由于温饱问题还没有解决,大量的剩余劳动力闲置在收益非常低的农业,处于隐性失业状态。"发展是硬道理"决定了加快发展处于优先位置,而分配则要服从这个大道理,因此资本、技术等要素在分配上就处于主导地位。上述四个变化,尤其是市场化所产生的"马太效应",必然导致城乡之间、区域之间,以及阶层之间的收入差距扩大。当1997年中国经济由"卖方市场"转为"买方市场"后,尽管内需不足第一次成为制约经济增长的因素,我国实行了扩大内需政策,但是由于国际市场的发展空间还很大,国内消费也由"衣食为主"的温饱型向"住行为主"的富裕型升级,加上基础设施欠账很多,投资空间很大,因而在21世纪的前10年里,受出口和投资的拉动,中国经济不仅持续高速增长,而且呈现出"重化"

工业化的特点,房地产、铁路、公路、基本建设等迅猛发展。虽然党的十六大以来,在"科学发展观"的指导下,实行了"反哺"和大量"惠民"政策,财政也开始了由"建设型"向"服务型"转变,加大了公共品的供给和"均等化",使得收入和贫富差距有所缩小,但是成效尚不突出。2015 年,中共十八届三中全会提出,要在"十三五"期间,"我国现行标准下农村贫困人口实现脱贫,贫困县全部摘帽,解决区域性整体贫困",并作为指令性指标,不仅充分体现了全体人民共享发展成果的理念,也显示出党中央迎难而上、敢于啃硬骨头的决心。2013 年以来的 5 年里,脱贫攻坚取得决定性进展,贫困人口减少 6800 多万人,易地扶贫搬迁 830 万人,贫困发生率由 10.2% 下降到 3.1%。

[原载《中央社会主义学院学报》2018 年第 4 期]

不均衡与均衡：中国经济发展的历史与逻辑

中国作为一个幅员辽阔、人口众多的发展中大国，60多年的经济与社会发展必然是一个不均衡与均衡交替往复的过程，其间体制与政策的阶段性变化是不可避免的。正如恩格斯指出的那样："一切依次更替的历史状态都只是人类社会由低级到高级的无穷发展进程中的暂时阶段，每一个阶段都是必然的，因此，对它发生的那个时代和那些条件说来，都有它存在的理由；但是对它自己内部逐渐发展起来的新的、更高的条件来说，它就变成过时的和没有存在的理由了；它不得不让位于更高的阶段。"[①] 新中国62年的经济与社会发展经历了如下历史演进过程：由半殖民地半封建社会的非均衡发展到计划经济的均衡发展，再从计划经济的均衡发展到市场经济的非均衡发展，最后走向市场经济与政府调控相结合的均衡发展。而从2002年党的十六大提出全面建设小康社会的战略目标和部署后，中国的经济发展即开启了市场经济条件下转向均衡发展的大门，虽然这个过程需要很长的时间，并且最近10年来的转变不尽如人意，但是从中共中央的认识和制定的方针政策来看，正在加快速度。

一、从计划均衡到市场非均衡发展思路的转变

新中国成立以后，以毛泽东为核心的第一代领导集体，除了要加快

---

① 《马克思恩格斯选集》第4卷，人民出版社1995年版，第217页。

经济发展速度，以迅速改变旧中国遗留下来的贫穷落后面貌外，还有一条原则就是避免走资本主义那种以牺牲农民和工人利益、发展成果为少数人所享有的非均衡发展。因此在1953年转入大规模经济建设后，迅速进行了社会主义改造，并在"一五"计划中贯彻了生产力合理布局的思想，加大了对内地的投资。为了实现均衡发展，毛泽东在八大前后，以《论十大关系》为代表，提出了处理好农轻重关系，处理好国家、集体和个人关系，以及处理好沿海与内地关系。刘少奇、周恩来、陈云、薄一波、李富春等，也都提出了综合平衡、计划管理与市场调节相结合、处理好积累与消费关系等一系列希望实现均衡发展的思想。

但是由于中国是一个地域辽阔、经济发展极端不平衡的大国，发展的不平衡是其工业化初期的客观规律，加上优先发展重工业的战略和追求经济增长的高速度，从而使得均衡发展只是一种良好的愿望，过度追求城乡之间、地区之间、阶层之间的均衡发展，尤其是居民收入分配的平等，反而导致了经济剧烈波动和公有制经济效益低下，反而加剧了发展的不平衡。

中国地区差异大，人口多，底子薄，经济发展不平衡，是经济和社会发展面临的长期基本国情，而作为一个社会主义大国，国家安全和迅速改变贫穷落后面貌又是党和人民的迫切要求，"急于求成""大干快上"几乎是各个地区、各个产业、各个阶层的渴望。如何处理这个矛盾，实现全面、协调、快速发展，始终是中国共产党面临的最重大问题。如何解决资金和资源短缺、大量人口从农业向二、三产业转移，是中国工业化遇到的最大难题。同样，如何解决中国工业水平落后、能耗高、投入产出比低的效益问题，也是中国共产党和政府长期关注和要解决的基本问题之一。20世纪五六十年代的几次重大经济体制变革，都是与解决上述问题密切相关的。例如新中国成立初期的土地改革和社会主义改造，1957年开始的中央与地方经济关系调整，1958年的"大跃进"，以及60年代开始的"农业学大寨""工业学大庆""全国学人民解放军""政治挂帅"，等等，都是试图采用体制改革和政治手段发挥人力资源优势和解决公有制经济激励不足、官僚主义滋生、经济效益与预期的"社会主义优越性"相去甚远的状况。

事实证明，在单一公有制和计划经济体制下，无论是"高度集中"还是"权力下放"，无论是层级和规范管理还是群众运动、"全民大办工业"，都不仅没有达到预期的目标，反而造成经济运行的混乱和资源的巨大浪费。改革开放前20多年的历史证明，在单一公有制和行政性计划管理体制范围内想主意，找办法，打转转，都不能解决职工吃企业"大锅饭"（农村是农民吃集体"大锅饭"）现象，以及资金利用率和劳动力资源利用率"双低"的结果，改革的结果跳不出"一统就死，一放就乱"的怪圈。这就是改革开放的逻辑起点。

正是在这个背景下，1978年，邓小平提出了调动一切积极因素，让一部分地区、一部分人先富起来的非均衡发展的思路。

这个思路随着市场化改革的不断推进，在工业化、城镇化、国际化的加速进行中，经济和社会发展表现出一种新的非均衡发展态势，那就是20世纪90年代以后出现的城乡差距、地区差距和阶层之间的差距不断扩大。

二、市场化下的非均衡发展及其局限

应该说，没有改革开放打破单一公有制和计划经济体制，就不可能有中国经济连续30多年的高速发展和人均收入由100多美元达到今天的5000美元，成为世界第二大经济体。但是也应该看到，1992年以后，这种建立在市场经济基础之上和资本主导条件下的发展是非均衡的。

一方面，改革开放充分调动了各种积极因素，使生产要素在市场引导下得以充分结合和不断优化配置，充分发挥了中国劳动力资源丰富的优势，充分发挥了沿海地区的区位优势，以及充分利用海外资本以弥补国内资本不足和技术落后，使得中国经济总量实现了空前的发展，由1978年的3645.2亿元增加到2011年的471654亿元（均是当年价格），城镇化率由1978年的17.92%上升到2011年的51.3%，第一产业在国民生产总值中的比重，也由1978年的28.2%下降到2011年的10.1%。[①]

[①] 中华人民共和国国家统计局编：《中国统计年鉴（2011）》，中国统计出版社2011年版，第44、45页。

中国经济的高速发展也使得中国在国际经济中的地位大幅度提高。1970年，中国的排名为世界第 8 名，2000 年，中国 GDP 超过意大利，成为世界第六大经济体。2005 年，中国经济规模超过英国，成为仅次于美国、日本和德国的世界第四大经济体。2007 年，中国 GDP 增速为 13%，超过德国，成为全球第三大经济体。仅仅 3 年之后，2010 年，中国 GDP 便超越日本，成为"世界第二"。与中国的发展相比，苏联的经济总量在 1970 年仅次于美国，之后逐渐滑落，并被日本和德国超过。苏联解体之后，俄罗斯经济经历了一段下滑，但 21 世纪以来，俄罗斯的排名不断攀升，至 2008 年已经成为世界第 8 名，2010 年又降至第 10 名。起始条件比中国好的印度则变化不大，1970 年为世界第 10 名，到 2010 年为世界第 11 名。[①]

表 1　世界不同经济体的经济增长率表现

	2002年	2003年	2004年	2005年	2006年	2007年	2008年	2009年	2010年	2011年
世界	2.9	3.6	4.9	4.5	5.1	5.2	3	-0.6	5.0	4.4
美国	1.8	2.5	3.6	3.1	2.7	2.1	0.4	-2.6	2.8	3.0
欧元区	0.9	0.8	2.2	1.7	3	2.8	0.6	-4.1	1.8	1.5
日本	0.3	1.4	2.7	1.9	2	2.4	-1.2	-6.3	4.3	1.6
其他发达经济体	3.3	2.5	4	3.5	3.9	3.9	1.2	-1.2	5.6	3.8
中国大陆	9.5	10.6	10.4	10.7	13.3	14.6	9.8	8.9	10.8	9.2

注：（1）2011 年除中国外均为预测值。（2）其他发达经济体是指除美国、欧元区和日本之外的发达经济体。

资料来源：国际货币基金组织：《世界经济展望：复苏、风险和再平衡》，中国金融出版社 2011 年版，第 269 页；国际货币基金组织：《世界经济展望：双速复苏带来的压力》，中国金融出版社 2011 年版，第 275 页。中国数据（2002—2010）则根据国家统计局《中国统计年鉴（2011）》，中国统计出版社 2011 年版，第 47 页。2011 年中国数据根据 2011 年政府工作报告（《人民日报》2011 年 3 月 16 日）。

另一方面，这种高速度的、市场主导的发展又呈现出非均衡性，并且逐渐显示出它与可持续发展和建立和谐社会目标的不相适应性。以

---

① 参见联合国数据库：National Accounts Main Aggregates Database, http://unstats.un.org/unsd/snaama/introduction.asp.

劳动者报酬率的变化为例，1978—1995年间，一直在49%—55%之间波动，但是1995年之后则持续下降，从1995年的51.44%下降到2007年的39.68%。据有关专家研究，劳动者报酬率下降1%对居民消费的消极影响，1978年为GDP的0.72%，1995年为GDP的0.64%，2007年为GDP的0.65%。劳动者报酬率的持续下降是阻碍居民扩大消费的主要因素之一。[①]

再以科研和教育投入来看，与经济发展的速度也是不相称的。中共中央在1995年就提出了科教兴国战略，但是"十五"计划和"十一五"规划时期，研发经费占GDP的比重均没有达到目标，"十五"计划目标为1.5%（实际只达到1.3%），"十一五"规划目标为2%（实际只达到1.8%），均低于世界平均水平（2007年世界平均水平为2.2%，多数国家平均水平是2.45%，其中美国是2.67%，日本是3.44%）[②]。

就城乡之间的居民收入来说，经历20世纪80年代短暂的差距缩小，90年代到2008年以前，呈现出不断扩大的趋势。从表2可以看出，城乡之间的居民收入差距2007年达到峰值，此后有所下降。

表2　1978—2008城乡居民收入差距的变化

年份	农村居民家庭人均纯收入（元）	城镇居民家庭人均可支配收入（元）	城乡居民人均收入差额（元）	城乡居民人均收入比例（倍）
1978	133.6	343.4	209.8	2.57
1980	191.3	477.6	286.3	2.50
1985	397.6	739.1	341.5	1.86
1990	686.3	1510.2	823.9	2.20
1995	1577.7	4283.0	2705.3	2.71
2000	2253.4	6280.0	4026.6	2.79
2003	2622.2	8472.2	5850	3.23
2007	4140.4	13785.8	9645.4	3.33
2008	4760.6	15780.8	11020	3.31
2009	5153.2	17174.7	12021.5	3.33
2010	5919	19109.4	13190.4	3.23

资料来源：中国国家统计局：《中国统计年鉴（2011）》，中国统计出版社2011年版，第330页。

---

① 沈坤荣、刘东皇：《中国劳动者报酬提升的需求效应分析》，《经济学家》2011年第2期。
② 王志新等：《研发经费如何增长》，《人民日报》2011年3月9日。

就区域之间的发展差异来说，东、中、西部的区位条件、原有基础以及政策倾斜等条件的差异，使得改革开放以来东、中、西部地区之间的差距呈现出不断扩大的趋势。1980—2002年，东部地区名义GDP年均增长速度与中、西部地区相比，分别高出1.6个和1.7个百分点，其中，1980—1990年，东部地区名义GDP年均增长速度只比中、西部地区分别高0.93个和0.5个百分点；90年代以后，随着东部市场化程度的不断提高，非公有制经济的迅速发展，特别是对外开放领域的不断扩大，东部发展动力明显强于中、西部，名义GDP年均增长速度比中、西部分别高2.2和2.8个百分点。①

1978年，中国东部地区与中、西部地区之间人均GDP的绝对差距分别为153.6元和212.9元，到1990年分别扩大到700.1元和885.8元，1998年又分别扩大到4270元和5490.9元（以上均为当年价格）。再从相对差距来看，从1983年到1998年，中国东部与西部地区人均GDP的相对差距系数则由44.4%迅速增加到57.7%，西部地区的人均GDP水平已不到东部地区的一半。② 这种地区之间的不均衡发展，不仅限制了扩大内需，而且不利于西部地区的社会稳定，西部大开发、中部崛起、振兴东北工业基地等加强区域协调发展战略正是在这个背景下提出的。

就社会各阶层之间的差距来说，收入分配在不同群体和阶层之间存在着较大差异，呈现出中低收入群体的收入比重下降，高收入群体的比重上升，收入向高收入群体集中的现象。据世界银行估计，1982年中国全国居民收入基尼系数为0.28，1990年上升为0.35，2001年为0.45。据中国学者估计，1995—2002年，个人财产分布的基尼系数从0.40上升到0.55，上升幅度高达近40%。③ 收入差距的持续扩大，会对社会安定产生不利影响，同时也严重制约了城乡市场开拓和消费需求扩大。

---

① 国家统计局课题组：《我国区域发展差距的实证分析》，《中国国情国力》2004年第3期。
② 魏后凯：《春风要度玉门关——我国启动西部大开发新战略》，《半月谈》2000年第4期。
③ 李实、魏众、丁赛：《中国居民财产分布不均等及其原因的经验分析》，《经济研究》2005年第6期。

三、思路转变和非均衡发展的惯性

1978年开始的改革开放，实际上是实行了调动一切积极因素以加快发展的思路，也就是后来邓小平总结的"发展才是硬道理"的思想。经过19年的实践，在提前实现国民经济"翻两番"的任务之际，到1997年首次遇到了"需求不足"，即长期的卖方市场转变为买方市场，需求不足替代供给不足成为制约经济发展的主要障碍。在过去单一公有制和计划经济下，由于经济落后和消费均等化，经济发展总是赶不上人民群众的消费需求和国家投资的需要，因此"短缺"是常态，供给不足是制约经济发展的主要因素。在整个20世纪80年代，一轮接一轮的旺盛需求成为推动经济高速增长的强大动力。生产资料和生活资料的卖方市场，为农业增产、乡镇企业发展、外资进入，以及各种经济成分的发展提供了广阔的空间。

自从1996年国民经济运行实现"软着陆"以后，新中国成立以来从未有过的买方市场出现了，内需开始成为制约经济增长的主要因素。这种供求关系的变化，最直接的影响就是原来依靠旺盛需求支撑的经济效益不高的国有企业和部分乡镇企业陷入困境。1997年竟然出现国有企业总体亏损的局面。1997年以后的"内需不足"虽然只是相对的和结构性的，从根本上来说是农民和部分市民缺少购买力，以及消费结构的升级所致。但是这种需求不足反过来又导致产业结构调整，导致改革力度加大（国企改革进入攻坚阶段），从而进一步导致部分产业改组（例如"抓大放小"和纺织业的"限产压锭"）和部分群体收入下降（因企业破产、重组和"减员增效"而下岗的职工），并且整个社会对未来的收支预期发生变化，对消费持观望态度，这进一步加剧了"内需不足"。总之，从1997年开始的中国经济形势的变化，使党面临着许多过去没有遇到的新问题，地区之间、城乡之间、阶层之间以及人口与资源、发展与环境之间出现的新的不平衡，已经越来越成为社会稳定和可持续发展的主要制约因素。同时，政府调控经济的手段也需要发生相应的变化，在市场经济体制框架基本形成的条件下，怎样运用"政府之手"来弥补"市场失灵"在当时还是一个新问题。这就对改革开放以来的发展观念和经济调控手段提出了挑战。正是在这个背景下，党开始了关于经济发展问题的新探索，并逐步形成了一系列新观念和政策。

2002年10月，党的十六大提出全面建设小康社会和构建和谐社会的战略目标，意味着全面和均衡发展战略的正式提出。经过抗击"非典"疫情过程中胡锦涛等同志的探索，中共十六届三中全会正式提出了"坚持以人为本，树立全面、协调、可持续的发展观"，即如胡锦涛指出的那样："不仅要重视经济增长指标，而且要重视人文指标、资源指标、环境指标和社会指标，坚持把经济增长同人文、资源、环境、社会发展指标有机地结合起来。"[1] 中共十六届三中全会还明确提出了"五个统筹"的思想："按照统筹城乡发展、统筹区域发展、统筹经济社会发展、统筹人与自然和谐发展、统筹国内发展和对外开放的要求，更大程度地发挥市场在资源配置中的基础性作用，增强企业活力和竞争力，健全国家宏观调控，完善政府社会管理和公共服务职能，为全面建设小康社会提供强有力的体制保障。"[2]

2007年，党的十七大全面阐述了科学发展观，提出要促进国民经济又好又快发展，加快推进以改善民生为重点的社会建设。2010年10月，中共十七届五中全会在讨论关于制定"十二五"规划建议时，提出了加快转变经济发展方式的基本要求，即把对经济结构的战略性调整作为主攻方向，把科技进步和创新作为重要支撑，把保障和改善民生作为根本出发点和落脚点，把建设资源节约型、环境友好型社会作为重要着力点，把改革开放作为强大动力。

在产业均衡发展方面，早在2001年3月，朱镕基总理在九届人大四次会议上就指出："十五"计划期间，要"坚持把结构调整作为主线。我国经济已经到了不调整就不能发展的时候。按原有结构和粗放增长方式发展经济，不仅产品没有市场，资源、环境也难以承受。必须在发展中调整结构，在结构调整中保持较快发展。今后五年要着力调整产业

---

[1] 胡锦涛：《在中央人口资源环境工作座谈会上的讲话》，《人民日报》2004年4月5日。
[2] 《中共中央关于完善社会主义市场经济体制若干问题的决定》，《人民日报》2003年10月22日。

结构、地区结构和城乡结构,特别要把产业结构调整作为关键。要巩固和加强农业基础地位,加快工业改组改造和结构优化升级,大力发展服务业,加快国民经济和社会信息化,继续加强基础设施建设"①。此后在"十一五"规划和"十二五"规划的制定和实施过程中,始终强调将调整产业结构、加快农业发展和转变发展方式作为经济工作的重点。2011年10月,中共十七届六中全会通过《中共中央关于深化文化体制改革 推动社会主义文化大发展大繁荣若干重大问题的决定》,将文化产业的大发展提升到战略的高度。

在区域均衡发展方面,1999年11月,中央经济工作会议正式提出西部大开发战略,标志着我国的工业化的区域发展战略转入第二个阶段,即由改革开放以来实施的梯度发展、部分地区先富起来转入协调发展、开发西部的阶段。2003年,中共中央又提出振兴东北老工业基地的决策,初步形成了政府投资向西部和东北倾斜,东、中、西部协调发展的区域经济发展战略。2005年3月,温家宝总理在政府工作报告中将其概括为:"实施西部大开发,振兴东北地区等老工业基地,促进中部地区崛起,鼓励东部地区加快发展,是从全面建设小康社会和加快现代化建设全局出发作出的整体战略部署。"②

在城乡均衡发展方面,针对日益严重的"三农"问题,党在2003年1月召开的中央农村工作会议上,首次提出:必须统筹城乡经济社会发展,更多地关注农村,关心农民,支持农业,把解决好农业、农村和农民问题作为全党工作的重中之重,放在更加突出的位置。2004年3月,十届人大二次会议则提出逐步免除农业税的计划。到2005年3月,温家宝总理进一步提出工业和城市要"反哺"农业和农村的设想。他在2005年3月14日举行的记者招待会上宣布:"我们已经开始进入第二个阶段。""第二个阶段,就是实行城市支持农村、工业反哺农业的方针,对农民'多予、少取、放活'。"③从2004年起,中共中央连续发出9个中央

---

① 《朱镕基总理关于国民经济和社会发展第十个五年计划纲要的报告》,《人民日报》2001年3月16日。
② 温家宝:《2005年政府工作报告》,《人民日报》2005年3月15日。
③ 《温家宝总理答中外记者问》,《光明日报》2005年3月15日。

"一号文件",来解决"三农"问题。

在缩小收入差距方面,2002年,党的十六大报告提出了"初次分配注重效率,发挥市场的作用,鼓励一部分人通过诚实劳动,合法经营先富起来。再分配注重公平,加强政府对收入分配的调节职能,调节差距过大的收入"①。2007年,党的十七大报告提出要对收入分配制度和政策作进一步的调整。报告指出:"要深化收入分配制度改革,增加城乡居民收入。要坚持和完善以按劳分配为主体、多种分配方式并存的分配制度,健全劳动、资本、技术、管理等生产要素,按贡献参与分配的制度,初次分配和再次分配都要处理好效率和公平的关系,再次分配更加注重公平。逐步提高居民收入在国民收入分配中的比重,提高劳动报酬在初次分配中的比重。着力提高低收入者收入,逐步提高扶贫标准和最低工资标准,建立企业职工工资正常增长机制和支付保障机制。创造条件让更多群众拥有财产性收入。保护合法收入,调节过高收入,取缔非法收入。逐步扭转收入分配差距扩大趋势。"②

以科学发展观指导均衡发展需要一定的时间,同时它又与中国产业结构调整的迫切要求、城镇化的快速推进、政府经济职能转变以及经济全球化等问题交织在一起,因此更增加了它的难度。由于中国正处于工业化中期,不仅人均收入不高和就业压力大,而且城乡之间、地区之间的差距也很大,GDP增长保持一定的高速度还是必要的。因此非均衡发展的空间也就很大,"发展是硬道理"并没有过时。同时,农村人口仍然需要转移,人力资源优势仍然存在;城市化加快和基础设施不足,使得依靠投资拉动经济的空间仍然很大。于是,以2001年加入WTO为契机,从2002年起,出口和投资就成为拉动经济增长的主要动力。

以投资拉动经济增长为例,投资拉动经济增长是2003年以来中国经济发展的重要力量。特别是2008年国际金融危机以后,政府通过增加投资以确保经济增长速度平稳。以"十一五"时期基础设施投资为例,5

---

① 江泽民:《全面建设小康社会,开创中国特色社会主义事业新局面——在中国共产党第十六次全国代表大会上的报告》,《人民日报》2002年11月18日。

② 胡锦涛:《高举中国特色社会主义伟大旗帜 为夺取全面建设小康社会新胜利而奋斗》,《人民日报》2007年10月16日。

年建成铁路新线 1.6 万公里，新增公路 63.9 万公里，其中高速公路 3.3 万公里，新建、改扩建机场 33 个，新建和加固堤防 1.7 万公里。比较 1994—2002 年与 2003—2010 年两个时间段的投资率，可以发现后者比前者上升了 11 个百分点，即从 2002 年的 0.38 上升到 2010 年的 0.49，其中投资率上升的 5 个百分点是在 2009—2010 年完成的。同样两个时期对比，在剔除固定资产投资价格指数之后，后一时期的投资增速比前一时期提高一倍：前一时期实际投资年平均增速为 11.9%，后一时期则为 23%。高投资需要低成本资金支持，因此 1996—2002 年的实际利率为 3%，而 2003—2010 年的实际利率为 –0.3%，在这 96 个月里，52 个月处于负利率状态。①

由于内需不足，虽然 2001 年底加入 WTO 后对中国扩大出口创造了有利条件，但是仅靠出口仍然不能支撑经济高速增长，于是以地方政府为主要推动者，发现住房商品化不仅是一个简单有效的扩大内需办法，还是地方政府筹集建设资金的好办法，而这个办法又适应了正在加速的城市化需要，于是经济发展的引擎又被牵引到房地产支柱上。

早在 1998 年，国务院就颁布《国务院关于进一步深化城镇住房制度改革加快住房建设的通知》(23 号文件)，提出我国住房改革的总体思路为：稳步推进住房商品化、社会化；加快住房建设，促使住宅业成为新的经济增长点。该文件明确提出 1998 年下半年开始停止住房实物分配，逐步实行住房分配货币化，新建经济适用住房原则上只售不租。于是从 1998 年开始，我国房地产业呈现出迅猛发展的势头，城市房价也以高于 GDP 增长的速度不断攀升，直到 2011 年中央才采取严厉政策调控房价。

表3　1997—2010 年房地产投资情况

年份	房地产开发投资额（亿元）	年份	房地产开发投资额（亿元）
1997	3178.4	2004	13158.25
1998	3579.58	2005	15909.25
1999	4103.2	2006	19422.92

① 刘煜辉：《理解中国"经济的逻辑"》，《财经》2012 年第 2 期。

续表

年份	房地产开发投资额（亿元）	年份	房地产开发投资额（亿元）
2000	4984.05	2007	25288.84
2001	6344.11	2008	31203.19
2002	7790.92	2009	36241.81
2003	10153.8	2010	48259.4

资料来源：笔者根据国家统计局、中国指数研究院编：《中国房地产统计年鉴》1999—2011年各卷整理。

1998年以来，房地产业发展及其对相关产业的带动，每年可拉动国民经济增长1.5—2个百分点。而住宅建设每增加10个百分点，可带动国民经济总产值增长1个百分点；房地产业每投入100元，可创造相关产业140—220元的消费需求；商品房市场每实现100元销售，可带动130—150元的其他商品销售；住宅行业每吸纳100人就业，可带动相关行业200人就业。[①]房地产业的高速发展成为新世纪经济高速增长的重要动力。

正是由于对外贸易和投资的猛烈扩张，弥补了内需不足的不利条件，使得GDP在2003—2011年间，经济总量从2002年的120332.7亿元增加到2011年的471564亿元，翻了近两番，年均增长10.7%，而同期的世界经济平均增速仅为3.9%；中国经济总量占世界经济总量的份额也从2002年的4.4%提高到2011年的10%左右。[②]但是经济和社会的全面均衡和可持续发展问题并没有解决，正如中共中央在关于制定"十二五"规划的建议中指出的那样："必须清醒地看到，我国发展中不平衡、不协调、不可持续问题依然突出，主要是，经济增长的资源环境约束强化，投资和消费关系失衡，收入分配差距较大，科技创新能力不强，产业结构不合理，农业基础仍然薄弱，城乡区域发展不协调，就业总量压力和结构性矛盾并存，社会矛盾明显增多，制约科学发展的体制机制障碍依

---

① 张元端：《中国房地产30年》，《上海房地》2008年第12期。
② 《中国经济平稳较快发展 总量跃居世界第二》，《人民日报》2012年6月4日。

然较多。"①

四、发挥政府"有形之手"的作用

市场经济是否能够自动达到均衡发展？从发达国家的历史经验来看，是很难自动达到的，如果说在产业结构、区域发展、城乡差距等方面市场调节还能够比较有效的话，那么在调节收入分配差距方面则显得束手无策，甚至出现"马太效应"，必须靠政府这只"看得见的手"来调控。

随着中国经济总量的迅速扩大和外资的流入，我国的投资能力也迅速提高，2002年的投资总量第一次超过4万亿元人民币，这种能力不仅是改革开放前不可想象的，也是20世纪90年代中期以前不可望其项背的，而且资本市场的形成又为提高资本投资效率提供了条件，这就为我国投资科技含量高的新兴产业提供了资金上的支持。此外，我国政府的财力也越来越大，能够承担起诸如三峡工程这样投资大的高效工程，也能够承担起诸如"退耕还林"、治理污染这样的"不赚钱"项目。

在"十一五"规划的22项指标中，8项约束性指标全部完成，14项预期性指标，除了"服务业增加值比重""服务业就业比重"和"研究与试验发展经费支出占国内生产总值比重"三项指标外，基本完成。可以说，"十一五"规划是历史上完成情况最好的五年规划之一。"十一五"规划86.4%的指标完成率明显高于"十五"计划的64.3%和"九五"计划的75%。截至2010年底，8项民生指标全部完成——城乡居民收入大幅增长，免费九年义务教育全面实现，城镇基本养老保险覆盖人数、新型农村合作医疗覆盖率提前达标，全国城镇新增就业5500万人。②

---

① 《中共中央关于制定国民经济和社会发展第十二个五年规划的建议》，《人民日报》2010年10月28日。
② 白天亮：《保障和改善民生责无旁贷——人力资源和社会保障部部长尹蔚民回望"十一五"、展望"十二五"》，《人民日报》2010年11月26日。

表4 "十一五"规划中8项民生指标完成情况

指标	2005年	规划目标	2010年实际结果
国民平均受教育年限（年）	8.5	9	9
城镇基本养老保险覆盖人数（亿人）	1.74	2.23	2.57
新型农村合作医疗覆盖率（%）	23.5	大于80	96.3
5年城镇新增就业（万人）		4500	5771
5年转移农业劳动力（万人）		4500	4500
城镇登记失业率（%）	4.2	5	4.1
城镇居民人均可支配收入（元）	10493	年均增长5%	19109，年均增长9.7%
农村居民人均纯收入（元）	3255	年均增长5%	5919，年均增长8.9%

说明：城乡居民收入绝对数按当年价格计算，增长速度按可比价格计算。

1979—2008年，居民收入的增长幅度一直低于国民经济的增长，这当然有利于资本积累和经济扩张，却不利于扩大居民的消费需求。在2008年国际金融危机爆发使中国的出口受到抑制后，这一状况在过去的两年中发生了一些改变。2009年，我国GDP增速为9.1%，城镇居民家庭人均可支配收入比上年增长9.77%，农村居民家庭人均纯收入比上年增长8.49%。2010年，GDP增速为10.3%，城镇居民家庭人均可支配收入增速7.8%，而农村居民家庭人均纯收入增速为10.9%，一跃成为三个指标中最高的。2011年，农村居民家庭人均纯收入增速同样高于GDP增速和城镇居民家庭人均可支配收入的增速。[1]这种改变将推动我国城乡收入分配格局的调整。

2010年，全国各地相继出台了最低工资标准调整方案，各个行业的平均工资水平也出现普遍而稳定的增长。其中，农林牧渔业的工资增速位居第二，达到了16.3%，这与近两年我国农民收入增速的不断提升趋势相吻合，但从绝对数值来看，农林牧渔业的平均工资水平仍然最低。2010年工资增速达到或超过15%的行业一共有5个，分别为采矿业、农林牧渔业、批发和零售业、制造业和金融业。但整体而言，平均工资水平排在前4位的行业（金融业，信息传输、计算机服务和软件业，科学

---

[1] 参见中华人民共和国国家统计局：《国民经济和社会发展统计公报》，根据2009—2011年各卷整理。

研究、技术服务和地质勘查业，电力、燃气及水的生产和供应业）和排在后4位的行业（建筑业，水利环境和公共设施管理业，住宿和餐饮业，农林牧渔业）位次排名都相对稳定，并无明显变化。

在21世纪的第一个10年中，全国社会保险基金规模以每年两位数的速度增长，年增长率最低的是2001年，仍高达17.3%，2010年全国社保基金收入规模已达18822.8亿元。另一方面，社会保障体系的覆盖范围不断扩大，全国参加城镇基本养老保险、基本医疗保险、失业保险、工伤保险和生育保险的人数大幅度增加。以城镇职工基本养老保险为例，2000年职工参保人数为10367万人，2011年职工参保人数已经达到21574万人，增长了一倍还多。① 在教育方面，"十一五"期间，全国财政教育支出累计4.45万亿元，年均增长22.4%，超过了GDP和财政收入增长速度。同时，全面实现了城乡免费义务教育，所有适龄儿童都能"不花钱、有学上"。②

从地区之间的发展差距来看，随着国家西部大开发、振兴东北老工业基地以及中部崛起战略的实施，中西部地区的发展速度加快。根据国家统计局的测算，进入21世纪以来，我国各地区的综合发展指数都在稳步提升，其中，东部地区明显高于其他地区，而西部地区的增速最快。2010年综合发展指数排在前10名的地区分别为北京、上海、天津、浙江、江苏、广东、福建、辽宁、山东和重庆。2000—2010年，综合发展指数年均增速排在前10名的地区分别为贵州、新疆、重庆、山西、四川、江西、西藏、安徽、宁夏和甘肃。③

在产业结构调整方面，2005年10月，中共中央关于制定"十一五"规划的建议提出了两个"必须"：(1)"必须加快转变经济增长方式。""切实走新型工业化道路，坚持节约发展、清洁发展、安全发展，实现可持续发展。"(2)"必须提高自主创新能力。""把增强自主创新能力作为科

---

① 参见中华人民共和国国家统计局：《国民经济和社会发展统计公报》，根据2000年卷、2011年卷整理。
② 温家宝：《政府工作报告》，《人民日报》2011年3月16日。
③ 参见"综合发展指数研究"课题组：《2010年地区综合发展指数报告》，《调研世界》2012年第1期。

学技术发展的战略基点和调整产业结构、转变增长方式的中心环节,大力提高原始创新能力、集成创新能力和引进消化吸收再创新能力。"[1]2009年10月19日,国务院印发《国务院批转发展改革委等部门关于抑制部分行业产能过剩和重复建设引导产业健康发展若干意见的通知》,将钢铁、水泥、平板玻璃、煤化工、多晶硅、风电设备六个行业确定为调控和引导的重点,并决定采取六项措施,严厉控制产能。2010年10月18日,国务院发出《国务院关于加快培育和发展战略性新兴产业的决定》,提出到"十二五"规划完成的2015年,七大新兴战略产业的增加值占中国GDP的比重,将从2009年的不到1%提高到8%,到2020年进一步上升至15%。

2010年10月,中共中央在关于制定"十二五"规划的建议中进一步提出:"坚持把经济结构战略性调整作为加快转变经济发展方式的主攻方向。构建扩大内需长效机制,促进经济增长向依靠消费、投资、出口协调拉动转变。加强农业基础地位,提升制造业核心竞争力,发展战略性新兴产业,加快发展服务业,促进经济增长向依靠第一、第二、第三产业协同带动转变。统筹城乡发展,积极稳妥推进城镇化,加快推进社会主义新农村建设,促进区域良性互动、协调发展。"[2]上述建议被全国人大十一届四次会议通过的"十二五"规划纲要所接受。

五、任重而道远:经济社会均衡发展是一个长期过程

新中国62年的历史证明,中国共产党领导的社会主义革命、建设和改革开放,都是为了避免中国走西方资本主义工业化那种对内剥削压迫劳动人民和对外掠夺殖民地半殖民地的非均衡发展道路。而中国作为一个城乡之间、地区之间发展极不平衡和人均资源极为匮乏的大国,非均衡发展在一定阶段是不可避免的,关键是如何把握这个发展阶段的规律,制定出既能促进经济发展又能保证社会稳定的方针政策;同时,当均衡

---

[1] 《中共中央关于制定国民经济和社会发展第十一个五年规划的建议》,《人民日报》2005年10月19日。

[2] 《中共中央关于制定国民经济和社会发展第十二个五年规划的建议》,《人民日报》2010年10月28日。

发展的条件具备后，又能够及时调整方针政策，促进经济发展方式顺利转变，避免陷入"中等收入陷阱"。

改革开放的历史证明：让一部分人和一部分地区先富起来、充分利用国内外两种资源和两个市场的改革开放是正确的，虽然这导致城乡之间、地区之间和阶层之间的非均衡发展，但非如此，就不能实现国民经济几十年的高速增长。实际上，从1997年经济"软着陆"后出现的买方市场就反映出非均衡发展导致的内需不足问题，由此才提出新型工业化、西部大开发以及增加农民收入的战略和政策，以及宽松的财政政策和灵活的货币政策。但是由于产业结构升级对投资的需求，地区之间差异导致的地方政府竞争，城镇化加快对城市基础设施及公共产品投资的要求，以及作为大国对交通（公路、铁路、航空）、水利等基础设施的特殊需求，都导致中国的经济发展还具有以投资拉动为主的发展空间。与此同时，中国的对外贸易和投资也存在着通过加入WTO等打破贸易壁垒，而充分利用国际市场和资源的发展空间，这也是中国在20世纪末加快加入WTO谈判的主要原因。

因此，可以清楚地看出，中国进入21世纪以来的经济发展轨迹：一方面，中共中央认识到了问题所在，提出了具有前瞻性的科学发展观和一系列促进发展方式转变、改善民生的均衡发展战略和政策。另一方面，工业化正处于中后期，城市化正在加速，地区经济发展不平衡和就业仍然是大问题，因此在实际工作中，中央政府出于抓住战略机遇期考虑，不愿意降低发展速度，不惜以政府投资来保证经济增长，就可以理解了；而地方政府之间的竞争则加剧了追求GDP增长率的竞赛，何况"土地财政"[①]为它们提供了经济扩张的资金供给。

我们应该看到，20世纪80年代中期，中共中央就提出由"外延型"向"内涵型"、由"数量型"向"效益型"经济增长方式转变，到90年

---

① "土地财政"是指地方政府通过土地出让取得收入来弥补财政不足。土地出让金作为地方财政收入的主要来源，即使面对2010年严厉的管制政策依旧不断上升，2010年达到2.9万亿元，比2009年上升了将近82.3%，完成预算的213.2%，与地方财政总收入之比达到35%以上。参见财政部：《关于2010年中央和地方预算执行情况与2011年中央和地方预算草案的报告》，《经济日报》2011年3月18日。

代后期则提出"科教兴国"和新型工业化道路,再到2003年提出科学发展观。但是中国经济发展方式的转变并没有完成,甚至可以说刚开始不久。其原因主要不是认识问题和体制问题,还有着更深层并且起着决定作用的客观因素,那就是中国的工业化不仅需要抓住机遇实现赶超,而且面临着数量庞大的农业人口向非农产业和城镇转移的巨大压力,这是空前绝后的。因此,通过市场化来加快发展速度并为此而加快资本积累,实际上成为党制定经济政策的出发点。因此,只要人力资源还能够提供足够的低价劳动力,只要还有足够的国外市场供开拓,只要基础设施投资还有足够的空间,只要城市化还未完成,以扩大内需为主要特点的经济与社会均衡发展是不可能提前实现的。

从微观经济运行来看,在经济全球化的今天,中国企业所具有的比较优势,主要是丰富的劳动力供给所形成的劳动力低价优势。就企业来说,产业结构的调整,不仅要沉淀大量原有物质资本和人力资本,而且需要更高的资本投入,并且对劳动力的素质要求也高,因此会使经济增长速度放缓,就业压力增加。而这是政府和企业都不愿意看到的。

21世纪以来中国经济发展的历史还证明,以产业结构升级和提高工资水平为特点的发展方式转变,实际上需要经济与社会均衡发展为前提。当城乡之间、地区之间的经济水平差距过大,绝大多数人收入水平很低,第一,将给投资拉动型的发展提供空间,即由于城乡差距过大会给企业提供低价的劳动力,而地区之间差距过大,不仅会刺激地方政府之间的"锦标赛",竞相通过投资来提升自己的竞争力和投资环境,而且使得发达地区的高能耗、高污染、劳动密集型企业可以转移到落后地区。第二,因内需不足而导致产业资本过剩,并转入投机和非生产领域,从而形成经济泡沫。

总之,科学发展观的提出和完善,虽然在认识上和理论上先行一步,但是实践起来还需要一个较长的过程,甚至会付出一定的代价,例如经济发展速度下降、失业率上升。没有危机,是不会发生突变的,而经济危机又是我们不愿意看到和极力避免的,因此,发展方式的转变只能是一个较长的渐变过程。"知易行难",这句话在今天仍然是有效的。

[与肖翔合著,原载《中共党史研究》2012年第7期]

第二篇

工业化与政府经济职能

中国工业化路径转换的历史分析

新中国成立以来中国的工业化及其道路选择经历了两个时期和三次重大选择：（1）1949—1978年，为建立独立工业体系和国家安全，采取了优先发展重工业的赶超战略，并为此实行了高积累、高投入、以追求数量扩张为特征的外延型工业化道路。（2）改革开放至今，为第二个时期。其中又可分为两个阶段：1978—1996年为第一阶段，在改革唤起巨大经济活力和充分利用国外资源和市场的背景下，以农轻重产业均衡发展和卖方市场的双重推动下，仍然实行了以高投入和追求数量为特征的外延型工业化道路。1997年至今为第二阶段。这个阶段在国内买方市场基本形成、国内资源有限和国际竞争加剧的条件下，开始走上追求效益、提高竞争力和可持续发展的新型工业化道路。这里准备探讨中国为什么以及怎样进行上述道路选择的。

一、传统社会主义工业化道路的形成和绩效（1949—1978）

1949—1978年为新中国工业化的第一个时期，即单纯依靠国家力量，实行计划经济和优先发展重工业时期。

20世纪50年代工业化道路的形成可以"一五"计划为标志。这个经济发展战略，可简单概括为：主要依靠国内积累建设资金，从建立和优先发展重工业入手，高速度地发展国民经济；实施"进口替代"政策，通过出口一部分农产品、矿产品等初级产品和轻工业品，换回发展重工业所需的生产资料,并用国内生产的生产资料逐步代替它们的进口;改善旧中国留下的工业生产布局极端不合理和区域经济发展极端不平衡的畸形状态;随着重工业的建立和优先发展,用重工业生产的生产资料逐步装备农业、轻工业和其他产业部门;随着重工业、轻工业和农业以及其他产业部门的发展,逐步建立独立完整的工业体系和国民经济体系,逐步改善人民生活。

这种工业化道路具有以下几个特点:(1)以高速度发展为首要目标。(2)优先发展重工业。(3)以外延型的经济发展为主。(外延型的发展是指实现经济增长的主要途径是靠增加生产要素。)(4)从备战和效益出发,加快内地发展,改善生产力布局。(5)以建立独立的工业体系为目标,实行进口替代。

研究上述工业化道路的形成,不能不研究作为新中国缔造者和领导者的中国共产党对工业化问题的认识,因为这对1949年以后中国工业化道路的选择起到了关键性的作用。

怎样实现中国的工业化,这是中国共产党在民主革命时期就开始考虑的重要问题。1945年4月,在延安召开的中共七大上,毛泽东即提出了中国实现工业化的迫切性。他说:"没有工业,便没有巩固的国防,便没有人民的福利,便没有国家的富强。"同时论述了工业化与民主革命、资本主义经济的关系。[①]1949年3月,毛泽东在中共七届二中全会上又提出中国工业化的实现必须以"节制资本"和"统制对外贸易"为前提。1949年6月,刘少奇在论述新中国的财政经济政策时指出:"中国要工业化,路只有两条:一是帝国主义;一是社会主义。历史证明,很多工业化的国家走上帝国主义的路。如果在没有工业化的时候,专门想工业化,而不往以后想,那是很危险的,过去日本和德国就是个例子。"[②]

当国民经济恢复任务基本完成,我国转入大规模经济建设后,如何实现工业化的问题凸显出来。由于当时中国共产党缺乏经验,基本采纳了斯大林的优先发展重工业的社会主义工业化战略。这可以中国共产党

[①] 参见毛泽东:《论联合政府》,载《毛泽东选集》第3卷,人民出版社1991年版;《毛泽东在"七大"讲话集》,中央文献出版社1994年版。

[②] 《刘少奇论新中国经济建设》,中央文献出版社1993年版,第139页。

过渡时期总路线的提出和贯彻为标志。

为了向全党和全国人民解释宣传过渡时期总路线，毛泽东还主持编写了《为动员一切力量把我国建设成为一个伟大的社会主义国家而斗争——关于党在过渡时期总路线的学习和宣传提纲》。在此以前，党和政府在谈到中国的经济发展时一般都是用"工业化"这个词，"宣传提纲"首次明确提出中国要实行的是"社会主义工业化"并解释了其含义，即社会主义工业化具有两个重要特点，一是将发展重工业作为工业化的中心环节；二是优先发展国营经济并逐步实现对其他经济成分的改造，保证国民经济中的社会主义比重不断增长。

于是，在过渡时期总路线的指导下，中国开始了优先快速发展重工业和大规模社会主义改造运动，到1956年底，基本上完成了社会主义改造，为走上社会主义工业化道路建立起制度保证。

上述工业化道路的形成，如果仅从20世纪50年代党和政府的主观认识方面寻找原因，显然是不够的。50年代的中国之所以形成这样的经济发展模式，是有其深刻的经济原因和社会背景的。

第一，这种经济发展战略的形成，是与新中国成立初期的经济发展水平和特点分不开的。新中国成立之初，旧中国遗留下来的是积贫积弱的国民经济和落后就要挨打的惨痛教训。中国是一个有5亿人口的大国，按人口数量排世界第一，按国土面积排世界第三，但是按人均国民收入则位次非常落后。正如毛泽东所说："现在我们能造什么？能造桌子椅子，能造茶壶茶碗，能种粮食，还能磨成面粉，还能造纸，但是，一辆汽车、一架飞机、一辆坦克、一辆拖拉机都不能造。"[①] 这种与大国地位极不相称的经济落后状况，是导致新中国选择优先发展重工业的赶超战略的基本原因。

第二，这种发展战略的形成，还与苏联的榜样作用有很大关系。我们知道，中国民主革命的成功，是学习苏联和接受马克思主义的结果，同样，我国在革命成功后如何实现工业化问题上，也与苏联当时的情况相似，如不能靠对外侵略和掠夺来积聚工业化资金，面临帝国主义的经

---

① 《毛泽东文集》第6卷，人民出版社1999年版，第329页。

济封锁和军事威胁。在1955年苏联国内问题"揭盖子"以前,苏联的工业化道路是赶超战略的成功典范,并为第二次世界大战苏联的胜利所证明,受到世界瞩目。

第三,这种发展战略的形成,与当时的国际环境也有一定关系。1950年朝鲜战争爆发以后,中国被迫卷入战争,由此导致中美两国的直接对抗和来自西方的威胁(1840年以来这种威胁几乎没有停止过)。这种国际环境和历史教训都迫使中国必须加强国防力量,而优先发展重工业和尽快建立独立的工业体系,则是加强国防力量、维护国家安全的基本经济措施。

1956年中共八大前后,中国共产党"以苏为鉴",开始探索中国自己的工业化道路。认识成果集中表现在毛泽东的《论十大关系》。1956—1957年拟定"二五"计划草案时,中共中央虽然没有改变优先发展重工业(重工业仍然是薄弱环节)和高速增长战略,但是已经注意调整农轻重的发展关系和外延增长与内涵增长的关系。可惜的是,1957年底开始的反"反冒进"和三年"大跃进",却完全打断了上述思路和计划,把依靠高投入追求高速度的外延型增长推到了极端(比例极端失调,经营极为粗放,效益极其低下)。

1957年底至1958年初,毛泽东对1956年的"反冒进"进行了严厉的批评,从而使党实际放弃了综合平衡、稳步前进的经济建设方针,追求"多""快"实际成为经济发展的唯一指标。正如毛泽东所说:"我们实行洋土并举、大中小并举,不只是由于技术落后,人口众多,要求增加就业,主要是为了高速度。"[①] 而权力下放过急过快,又助长了宏观失控势态,结果导致了浪费巨大、使国民经济陷入危机的"大跃进"。三年经济调整以后,由于对战争可能性的估计过于严重,更加强调备战,同时,经济发展并没有达到预期的高速度也较强烈地刺激着国家领导人,因此追求高速度始终是主要的目标。由于体制造成的经济效益低下,高速度不得不靠高投入来维持(而高投入就必须过度优先发展重工业),再加上对外经济关系方面的拒绝吸引利用外资,结果发展战略在1958—1978年

---

① 《毛泽东读苏联〈政治经济学(教科书)〉谈话记录选载》,《党的文献》1993年第4期。

陷入了不利于国民经济长期稳定发展的境地。

在单一公有制和计划经济体制下，从"一五"计划后期到改革开放以前，政府在工业化过程中扮演了唯一的决策者和实施人的角色，承担了全部的责任，由此导致了经济运行中的"投资饥渴症"和资源约束型的经济波动。由于政府是工业化的唯一决策人和监督实施者，而信息不足和管理能力有限，则限制了政府不能突破单一公有制的框架，因此只能在中央政府与地方政府之间的权利分配上动脑筋，结果却陷入"一统就死，一死就叫，一叫就放，一放就乱，一乱又统"的怪圈。

1949—1978年，尽管政府的政治动员能力很强，各级官吏非常清廉，并且从上到下都非常热衷于快速推进工业化，但是由于政治上的民主化进展速度与经济上的公有化速度差距很大，单一公有制和计划管理没有民主制度作保障，缺乏民主决策和民主监督，因此工业化受到毛泽东等国家主要领导人个人偏好的严重影响，尽管在较短的时间里基本建立起相对独立完整的工业体系，但是，也付出了波动大、结构失衡和资源浪费严重的代价。

从1949年10月新中国成立到1957年底第一个五年计划顺利完成，是中国历史上经济发展和制度变化最快的时期。在短短的8年间，一方面中国大陆结束了百年动乱，仅用3年的时间，就奇迹般地在战争废墟上恢复了国民经济，并在此贫穷落后的基础上开始了大规模的经济建设，取得了令世界瞩目的成就。第一个五年计划的胜利完成，为中国大陆的工业化奠定了坚实的基础，大大缩短了中国与发达国家工业发展水平的距离。

1958年是中国实施第二个五年计划的第一年，也是毛泽东摆脱苏联经济建设模式，走中国自己经济建设道路的开始。可以说，1958—1978年的20年，是中国共产党带着社会主义改造胜利和"一五"计划成功的喜悦开始，最后带着"文革"后的痛苦反思、对社会主义经济体制的困惑而结束的。就经济建设来说，这20年我国取得了很大成就。在西方封锁、中苏交恶的国际环境中，中国基本建立起相对独立的工业体系，除了在国防工业、尖端科学方面取得了巨大进展外，还在改善基础设施、缩小沿海与内地差距方面取得很大成绩。从1957年底到1978年底，按可比价格计算，社会总产值增长 3.25 倍，工农业总产值增长 3.64 倍，国民收入增长 1.96 倍，工业总产值增长 5.99 倍，农业总产值增长 0.84 倍。[①]

这个时期，虽然经济发展较快，但城乡人口比例变化非常缓慢。1949—1957 年的 8 年间，乡村人口占全国总人口的比重由 89.4% 下降到 84.6%，下降了近 5 个百分点，而 1958—1978 年，乡村人口占全国总人口的比重仅由 1957 年的 84.6% 下降为 1978 年的 82.1%，20 年仅下降了 2.5 个百分点。另外，人民收入增长也较慢，生活水平没有多大改善。1978 年，全国全民所有制单位的职工平均工资仅比 1957 年增加 7 元。1978 年，全国居民平均消费水平为 175 元，仅比 1957 年增加 44%（按可比价格计算），其中农民增加 34.5%，非农业居民增加 68.6%。[②] 在此期间，许多生活消费必需品都是短缺的，需要凭票购买。

二、工业化道路的第一次转轨及其绩效（1979—1996）

1979—1996 年为新中国工业化的第二个时期里的第一个阶段，也是工业化快速推进阶段。在不到 20 年的时间里，伴随着经济体制的转轨，我国的经济总量翻了两番，三次产业的结构由 1978 年的 28.1:48.2:23.7 提升到 19.7:49.0:31.3，居民消费水平由 1978 年的 184 元增加到 1995 年的 2311 元，创造了令世界瞩目的经济奇迹。

这种经济增长奇迹的创造，是与三中全会以后改革开放所带来的我国工业化道路转变分不开的。简单地说，我国的工业化道路从过去单一公有制和计划经济的基础转变为多种经济成分并存和市场经济为基础，从急于求成、追求高速度转变为经济增长指标宽松、留有余地，从优先发展重工业的倾斜战略转变为农轻重并举的均衡发展战略，从完全立足国内的自我积累、进口替代战略转变为积极利用外资和国外市场的"两个利用"战略，从过分注重区域生产力布局和区域均衡发展转变为"两

---

① 1958 年按照 1957 年不变价格，1978 年则按 1970 年不变价格。
② 马洪主编：《现代中国经济事典》，中国社会科学出版社 1982 年版，第 571 页。

个大局"为标志的梯度发展。

三中全会以后,随着经济建设方面拨乱反正的展开,国民经济重大比例严重失调成为经济工作中最突出的问题。正如邓小平在1980年1月所说:"我们过去长期搞计划,有一个很大的缺点,就是没有安排好各种比例关系。农业和工业比例失调,农林牧副渔之间和轻重工业之间比例失调,煤电油运和其他工业比例失调,'骨头'和'肉'(就是工业和住宅建设、交通市政建设、商业服务业建设等)比例失调,积累和消费比例失调。……除了这些比例以外,还有一个重要的比例,就是经济发展和教育、科学、文化卫生发展的比例失调,教科文卫的费用太少,不成比例。"①

在解放思想、实事求是的气氛下,以邓小平为领导的中国共产党吸取了过去的经验教训,走上了改革开放的道路,而改革开放取得的出人意料的巨大成就,又反过来鼓励了中国共产党和全国人民改变过去单一公有制、计划经济和对外封闭状态的信心。到1987年党的十三大,基本形成了多种经济成分共同发展、以市场为导向的工业化模式,这种模式的特点就是为推动工业化和经济增长,实行四个全面发展:一是农轻重全面发展,二是各种经济成分全面发展,三是城市和乡村全面发展,四是"内向型"和"外向型"全面发展,由此中国工业化爆发出令全世界称奇的活力,取得了令世界赞叹的成就。

与中国特色社会主义理论形成相同步,20世纪80年代工业化道路的转轨,还可以从1980年开始重新制订的"六五"计划看出来。"六五"计划的具体指标为:(1)工农业总产值平均每年增长4%;其中农业平均每年增长4%—5%,高于过去28年的速度;工业平均每年增长4%—5%,远低于历史平均水平;以利于改善经济结构和提高经济效益。(2)基本建设计划投资2300亿元,基本保持"五五"计划的水平;其中技术改造投资1300亿元,占固定资产投资总额的36%,比过去28年的平均水平提高了16个百分点。(3)教科文卫事业经费占国家财政支出总额的15.9%,比"五五"计划的11%有了明显提高。

---

① 《邓小平文选》第2卷,人民出版社1994年版,第250页。

"七五"期间计划国民生产总值平均每年增长7%，低于"六五"期间实际增长10%的速度。全国城乡居民实际消费水平平均每年增长5%。"七五"后期，受资源约束，我国经济转入治理整顿。从1992年开始，由于治理整顿的结束和受邓小平南方讲话的鼓舞，经济建设再次掀起热潮。1993年3月，中央决定修改原定的"八五"计划指标："'八五'期间国民经济平均每年增长速度，原计划为百分之六。综合考虑各种因素，拟调整为百分之八—百分之九，保证实现十四大提出的目标。各地不搞一刀切，有条件的地方可以搞得快一些，但不要盲目攀比。"[①]

到1995年底，"八五"计划胜利完成。"八五"计划期间，国民生产总值年均增长12%，1995年达到57600多亿元，在1988年比1980年翻一番的基础上，用7年的时间又翻了一番，从而使原定的2000年国民生产总值比1980年翻两番的目标，提前5年实现。"八五"期间，农业总产值年均增长4.1%，工业总产值年均增长17.8%，城镇居民人均生活费收入实际年均增长7.7%，农民人均纯收入实际年均增长4.5%，贫困人口由20世纪80年代末的8500万人减少到6500万人，人口自然增长率由1990年的14.39‰降至1995年的10.55‰，城镇职工实行了每周五天工作制。"八五"期间，是新中国成立以来经济增长速度最快、波动最小的5年。在"八五"期间，经济体制改革也取得突破性进展，国民经济市场化、社会化程度明显提高，社会主义市场经济体制的框架基本建立。

从"八五"期间的经济增长中，可以看出，此时的工业化仍然是外延发展为主，以缓解短缺为动力，以投入拉动为主的发展道路。"八五"期间投资增长的贡献率由"七五"的38.7%上升到41.5%，其中固定资产投资增长的贡献率由"七五"的26.6%上升到38.4%，消费增长的贡献率则由"七五"的61.5%下降为55.7%。[②] 由此可见，"八五"期间国民经济的快速增长，仍然主要是依靠投资需求拉动的，而且主要是固定资产投资需求拉动的。

这种工业化道路和相应体制的转变，虽然没有改变工业化的外延型

[①] 《中共中央关于调整"八五"计划若干指标的建议》，1993年3月7日。
[②] 陈锦华主编：《第八个五年计划期中国经济和社会发展报告》，中国物价出版社1996年版，第13—14页。

特点，但是却为改变这种外延型发展创造了条件，即创造了巨大的经济总量和建立了买方市场。因为它导致了国营、私营和个体、乡镇企业、外资"四龙腾飞"，农业、轻工业、重工业和第三产业并驾齐驱，劳动密集型、资本密集型和技术密集型产业共同发展的经济景观。这个阶段的最大特点，就是最终消除了新中国成立以来一直困扰我国经济发展的"短缺"和"卖方市场"约束，基本确立了市场经济的框架。没有这些，中国是不可能走上新型工业化道路的。

纵观这个阶段的工业化转轨及其巨大成效，可以看到以下四个方面的动力在发挥着主要作用。

第一，党和政府始终是加快经济发展的动力。1949年中华人民共和国成立以后，特殊的政治、经济条件，使得我国成为极端的政府主导型发展模式，但是由于经济体制的认识误区，使得维护和完善单一公有制和计划经济成为党和政府的第一位任务，政治斗争严重干扰了经济建设。1978年以后，党和政府始终抓住经济建设为中心不放松，千方百计实行改革开放，还有两个压力在起作用：一是对过去30年欠账（由于"左"倾错误，人民没有解决温饱问题）的"还账压力"；二是开眼看世界后产生的"落后压力"，特别是东亚国家和港、澳、台地区的经济发展，对社会主义的优越性提出挑战，对中国共产党的执政能力和合法性提出挑战。邓小平多次讲道：不能带来经济发展和人民富裕的社会主义，我们宁肯不要。

第二，改革带来的人民群众致富的巨大活力，推动了经济的迅速发展。改革开放以前，农村的人民公社体制束缚了农民，城市的"大锅饭"体制也束缚了职工。1978年开始的农村经济改革极大地调动了农民的积极性，也给予了农民自由发展经济的巨大空间，过去30年没有解决的"吃饭问题"在短短数年间就解决了，农民又开始了向非农产业的大规模转移，其致富的动力是挡都挡不住的。同样，城市的改革也在两个方面调动了人民的积极性，促进了经济发展：一是允许个体和私营经济发展，允许集体经济完全自主经营和分配；二是改善国有企业的经营管理，通过实行"责任制"和"放权让利"，调动了企业和职工的积极性。

第三，长期短缺和"持币待购"造成的生活消费品严重短缺，形成了强大的市场需求动力。由于改革开放前的高积累政策和长期折腾，人民生活长期没有改善，衣食住行等生活必需品都严重短缺，凭票供应和持币待购成为常态，甚至广大农民还不在国家定量供应的范围内。这种严重的短缺为经济发展提供了庞大、广阔的卖方市场，特别是投资少、见效快、技术含量不高的轻工业，产品几乎不愁没有销路，企业几乎没有竞争压力。这也是 20 世纪 80 年代国有企业发展迅速、投资始终居高不下和乡镇企业迅速崛起的重要原因。

第四，对外开放形成的资金、技术流入和国外市场的扩大，是经济发展的又一个巨大推动力。通过对外开放，我国人力资源丰富、劳动力成本低廉的"比较优势"充分显现出来，发展空间扩大，同时，通过吸引外资和扩大对外贸易，也使我国得以利用外国的资源来加速自己的发展，大大缓解了长期存在的因资金、技术短缺所造成的发展"瓶颈"。

三、新型工业化道路的提出和初步转轨（1997—2005）

1997—2005 年为第三阶段，为我国新型工业化道路探索和形成阶段。其标志为经济发展由外延型向内涵型转变，提出科教兴国和可持续发展战略。新型工业化道路的具体表述，就是党的十六大报告所说的："坚持以信息化带动工业化，以工业化促进信息化，走出一条科技含量高、经济效益好、资源消耗低、环境污染少、人力资源优势得到充分发挥的新型工业化道路。"而这种新型工业化道路的形成，是以国内告别"短缺时代"，转变为"买方市场"，国外经济全球化方兴未艾，中国加入WTO 为背景的。

中国走上并于党的十六大最终确定新型工业化道路，绝不仅仅是主观认识的提高，也是中国经济发展的客观要求。

第一，国内市场从 1996 年开始，结束了新中国成立以来就存在的"短缺经济"和"卖方市场"，从而使低水平和重复建设的外延型经济扩张失去了需求的支持。但是这种生产能力和产品的相对"过剩"又是结构性的，科技含量高的新产品、新产业的发展空间仍然很大，而简单的科技含量低的日用消费品则已经市场饱和，出现过度竞争，这在乡镇企业的发展中表现最为明显。对于农民来说，发展非农产业所缺乏的主要不是资金、简单技术和产权明晰，而是市场。不管生产成本多低（劳动力和土地等价格低廉），关键是这些产品没有市场。要发展，就必须转变原来的数量扩张和水平扩张。

第二，中国经济经过20多年的高速增长，总量已经达到很高的水平。2002年的GDP总量已经达到10.2万亿人民币，人均接近1000美元，如果按照世界银行的购买力平价（PPP）计算，我国的经济总量已经跃居世界第二。但是，我国经济增长的效益却不高，主要靠投资拉动的。据统计，在"八五"期末，我国的生产单位国民生产总值消耗的能源是世界平均水平的4倍，是发达国家的6倍；每单位国民生产总值消耗的主要原材料是日本的6倍，美国的2倍。[1]再从资本形成占GDP的比重来看，1980年我国为34.9%，1995年为40.8%，大大高于美国、德国、法国、印度等20%左右的水平。

这样大的经济总量和这样多的人口，使得我国经济若要再翻两番，按照过去20年的增长方式，资源、环境都将难以承受。与此同时，随着我国经济总量的迅速扩大和外资的流入，我国的投资能力也迅速提高，2002年的投资总量第一次超过4万亿元人民币，这种能力不仅是改革开放前不可想象的，也是20世纪90年代中期以前不能望其项背的，而且资本市场的形成又为提高资本投资效率提供了条件，这就为我国投资科技含量高的新兴产业提供了资金上的支持。此外，我国政府的财力也越来越大，能够承担起诸如三峡工程这样投资大的高效工程，也能够承担起诸如"退耕还林"、治理污染的项目。

第三，20世纪90年代以来的信息产业迅速发展和经济全球化浪潮，也都使得中国面临着巨大的机遇和挑战。一是抓住信息产业和高新技术方兴未艾的机遇，不仅缩短技术差距，还可分享其带来的经济扩张和高利润，使我国经济一箭双雕：既调整了结构，提高了效益，又实现了快速增长。二是经济全球化的浪潮，优化了世界范围内的资源配置和商品

---

[1] 陈锦华主编：《第八个五年计划期中国经济和社会发展报告》，中国物价出版社1996年版，第16页。

流动。中国加入 WTO 后,不仅取消了关税壁垒,也承诺逐步向外商开放非贸易性质的服务市场,不仅使过去依靠关税和非关税壁垒保护的企业和产品受到竞争的压力,也使国内的服务行业受到竞争的压力。同时,随着我国的经济发展,劳动力价格也在上升(相对于一些发展中国家),国际竞争力不能再主要单纯依靠低劳动力成本。因此,走提高效益的内涵型发展道路不仅是外贸企业,也是全部企业的必由之路。

第四,随着温饱问题的解决和小康水平的实现,中国人民已经走上富裕之路,人们对生活质量的要求也越来越高。无论是衣食住行还是对服务业,不仅是有无的问题,更是质量的问题,因此人民对企业提供的产品和服务质量要求越来越高,"三无"产品、粗糙、低质的产品和劣质服务的市场越来越小,这也逼迫企业必须走规模型、效益型发展道路。

正是在上述客观条件转变和要求下,应该说从制定和实施第九个五年计划开始,工业化道路的转轨问题开始紧迫起来。尽管这个问题早在20世纪80年代中期就已经提出,在90年代前期也提出过"两个转变",但是客观的"短缺经济""卖方市场"和贸易保护都使其难以贯彻。

1992年6月,联合国在巴西召开有146个国家元首和政府首脑参加的第二次环境会议,发表了《里约环境与发展宣言》和《21世纪议程》,并签署了几个单项环境保护公约。这次大会提出了建立经济、社会、资源和环境相协调、可持续发展的新模式。大会以后,我国也开始组织编制《中国21世纪议程》,经过反复论证和讨论,于1994年经国务院批准颁布。1995年5月,《中共中央、国务院关于加快科技进步的决定》正式颁布,首次提出"科教兴国"战略。1996年,八届人大四次会议通过的《国民经济和社会发展"九五"计划和2010年远景目标纲要》,第一次把可持续发展与科教兴国并列为国家基本战略。

2001年3月,朱镕基在九届人大四次会议上指出:"十五"计划期间,要"坚持把结构调整作为主线。我国经济已经到了不调整就不能发展的时候。按原有结构和粗放增长方式发展经济,不仅产品没有市场,资源、环境也难以承受。必须在发展中调整结构,在结构调整中保持较快发展。今后五年要着力调整产业结构、地区结构和城乡结构,特别要把产业结构调整作为关键。要巩固和加强农业基础地位,加快工业改组改造和结构优化升级,大力发展服务业,加快国民经济和社会信息化,继续加强基础设施建设"。

会议通过的"十五"计划纲要,将实施科教兴国和可持续发展战略置于重要地位,完成了全面推进新型工业化道路的战略部署。在优化工业结构方面,"十五"计划纲要提出了"工业改组改造要遵循市场经济规律,正确引导投资方向,依靠现有基础,防止盲目扩大规模和重复建设。坚持引进技术与自主创新相结合,先进技术与适用技术相结合。重点强化对传统产业的改造升级,进一步发挥劳动密集型产业的比较优势。积极发展高新技术产业和新兴产业,形成新的比较优势。以信息化带动工业化,发挥后发优势,实现社会生产力的跨越式发展"。

2002年10月,党的十六大总结了几年来的经验,对新型工业化道路和措施进行了概括性论述,将其列入政治报告。2003年10月,中共十六届三中全会又作出了《中共中央关于完善社会主义市场经济体制若干问题的决定》,随后开展的对上述两个文件的全国性学习讨论,对此作了比较充分的阐发,这里就不再赘述。

四、新型工业化道路转轨面临的制约因素

中国人口多、底子薄、经济发展不平衡,是工业化面临的长期基本国情。如何解决资金和资源短缺,大量人口从农业向二、三产业转移,是中国工业化遇到的最大难题;同样,如何解决中国工业水平落后、能耗高、投入产出比低的效益问题,也是中国共产党和政府长期关注和要解决的基本问题之一。20世纪50年代的几次重大经济体制变革,都是与解决上述两个问题密切相关的。例如新中国成立初期的社会主义改造,1956年开始的中央与地方经济关系调整,1958年的"大跃进",以及60年代开始的"农业学大寨""工业学大庆""全国学人民解放军""政治挂帅"等,都是试图采用体制改革和政治手段发挥人力资源优势和解决公有制经济激励不足、官僚主义滋生蔓延、经济效益与预期的"社会主义优越性"相去甚远的状况。

但是,事实证明,在单一公有制和计划经济体制下,无论是"高度

集中"还是群众运动、"全民大办工业",都不仅无法真正推进中国工业化,反而造成经济运行的混乱和资源的巨大浪费。改革开放前20多年的历史证明,在单一公有制和行政性计划管理体制范围内想主意,找办法,打转转,都不能解决"大锅饭"现象和优先发展重工业模式下资金利用率和劳动力资源利用率"双低"的结果。这也是改革开放的逻辑起点。

1978年以后,如前所述,中国的工业化转入了全面发展阶段。面对供给短缺(完全的卖方市场)、资金短缺而劳动力资源丰富(劳动力价格极低)的环境,多种经济成分(包括国外直接投资)都必然自发选择投资少、见效快和劳动密集型产业,于是20世纪80年代中小企业迅速崛起(尤以乡镇企业发展最具代表性)。到90年代初,在工业产值中,乡镇企业已经"三分天下有其一"。在这种发展背景下,一方面是劳动者在非农产业里就业比重大幅度提高,其收入也大幅度增加,整个经济上了一个台阶,到1995年就提前实现了国民生产总值"翻两番"的任务。另一方面,这种规模小、分散的、劳动密集型的发展,也造成了资源消耗高、环境破坏严重的负面结果。

一是资源消耗增长速度远高于经济增长速度。新中国成立50多年来,我国GDP增长了10多倍,但是矿产资源消耗却增长了40多倍。例如1983年中国钢材消耗量仅为3000多万吨,到2003年则达到约2.5亿吨,20年增长8倍,接近美国、日本和欧盟钢铁消耗量的总和,约占世界总消费量的40%;水泥消费约8亿吨,约为1983年的8倍,约占世界的50%;电力消费已经超过日本,居世界第二位,仅次于美国。① 2003年,我国的原油、原煤、铁矿石、钢材、氧化铝、水泥的消耗量分别为世界消费量的7.4%、31%、30%、27%、25%和40%,而创造的GDP仅相当于世界的4%。② 再以石油生产和消耗为例,其问题也越来越突出。从1993年起,我国转为石油净进口国,此后进口数量不断攀升,到2002年,中国纯进口原油7000万吨,预计到2005年,纯进口量将达到1亿吨,2010年可能达到1.5亿吨。再从投入来看,

---

① 齐建国:《警惕"新结构危机"与"生态环境泡沫"》,《光明日报》2004年2月16日。
② 马凯:《科学的发展观与经济增长方式的根本转变》,《求是》2004年第8期。这里是按照官方人民币汇率计算,如果按照有关专家根据购买力评价估计,约占世界总产值8%。

"六五""七五""八五""九五",以及"十五"前三年,每增加 1 亿元 GDP 所需要的固定资产投资分别为 1.8 亿元、2.15 亿元、1.6 亿元、4.49 亿元和 4.99 亿元(其中有些不可比因素),反映出我国的高增长在相当程度上是靠高投入支撑的。①

二是资源利用效率低,仍然处于粗放型经济增长阶段。从能源利用效率(单位 GDP 产出能耗)来看,我国与发达国家的差距非常大:以日本为 1,则意大利为 1.33,法国为 1.5,德国为 1.5,英国为 2.17,美国为 2.67,加拿大为 3.5,而我国则高达 11.5。我国的耗能设备能源利用效率比发达国家普遍低 30%—40%,每 1000 美元 GDP 排放的二氧化硫,美国为 2.3 千克,日本为 0.3 千克,而我国则为 18.5 千克。在水资源方面,尽管我国人均水资源仅为世界平均水平的 1/4,但是水资源循环利用率却比发达国家低 50% 以上。②

三是环境破坏严重。我国虽然是一个资源大国,却是一个人均资源贫乏的国家,维系人口基本生存的耕地和淡水,人均占有量仅分别为世界平均水平的 1/3 和 1/4,支撑经济增长的石油、天然气、煤炭、铁矿石、铜和铝这些重要矿产资源,人均储量分别相当于世界平均水平的 11%、4.5%、79%、42%、18% 和 7.3%。③2001 年七大水系断面监测,达到三类水质(可以进入自来水厂的最低要求)的仅占 29.5%,而劣五类水质的却高达 44%;全国城市有 66.7% 缺水;大气中二氧化硫排放量达 1995 万吨,比国家二级标准要求的 1200 万吨容量高 66.3%;农田化肥农药污染、重金属污染、土地荒漠化、各种持久性有机污染也日益严重。据世界银行和国内有关研究机构测算,20 世纪 90 年代中期,我国每年因环境污染造成的经济损失占 GDP 的比重已经高达 6%—8%。④

人口多,人均资源贫乏,生产力落后,特别是还有大量农业和农村人口需要从农业向非农产业和城市转移,需要大幅度提高农村人口的收

---

① 转引自马凯:《科学的发展观与经济增长方式的根本转变》,《求是》2004 年第 8 期。
② 齐建国:《警惕"新结构危机"与"生态环境泡沫"》,《光明日报》2004 年 2 月 16 日。
③ 马凯:《树立和落实科学发展观,推进经济增长方式的根本性转变》,《人民日报》2004 年 3 月 21 日。
④ 齐建国:《警惕"新结构危机"与"生态环境泡沫"》,《光明日报》2004 年 2 月 16 日。

入和消费水平,以缩小收入差距,这就使得在未来全面建设小康社会的18年里,我们将承受巨大的资源和环境压力。尽管我们可以通过充分利用国外资源和国外市场来缓解国内的压力,但是,这种"利用"毕竟也是有限度的。

除了资源的制约外,中国劳动力的过剩严重和大量农民需要向二、三产业转移,也导致我国的工业化道路转轨将是一个长期和艰巨的任务。[①]

从宏观经济运行来看,54年经济建设的经验和教训已经使我们形成了全面、统筹、协调发展的共识,我们已经不再把追求经济增长速度作为第一或唯一的目标了。但是,我们应该看到,从20世纪80年代中期提出的由"外延型"向"内涵型"、由"数量型"向"效益型"经济增长方式的转变历经20年而没有完成,绝不仅仅是认识上和体制上的问题,还有着更深层并且起着决定作用的客观因素,这就是中国工业化所面临的众多农村和农业人口转移以及城镇就业的巨大压力。因此,国家、集体、个人一起上,去发展小型的、劳动密集型的、低技术水平的企业,就成为难以避免的现象。即使在今天,我国的工业化仍然面临着"两难"选择:一方面我们不必强调经济增长速度,以可持续、全面发展、提高效益为目标,推行国有企业改革、保护环境、保护耕地等政策和措施;另一方面,以工业化、城市化、均衡发展、增加农民收入、扩大就业为目标,鼓励私营和个体经济大发展,鼓励农民向非农产业转移,推进小城镇建设,实行西部大开发,我们又要进行外延型经济扩张,保持相对高的经济增长速度。而在劳动力供给几乎无限大但劳动力素质(受教育程度和专业技能)普遍低的条件下,后者恰恰导致小规模、低水平、高能耗、污染大的企业率先发展起来,同时出现土地资源在农民向非农产业转移和城镇化过程中的浪费性和破坏性开发。同时,在市场经济体制尚不完善的条件下,政府对这些私营企业的监管力度又很有限。

从微观经济运行来看,在经济全球化的今天,中国企业所具有的比

[①] 据联合国开发计划署《人文发展报告(2001)》,1987—1997年,我国每10万人口中科学家和工程师人数仅为454人,而日本为4909人,美国为3676人,俄罗斯为3587人,韩国为2193人。转引自徐冠华:《科技发展更要讲以人为本》,《经济日报》2004年3月29日。

较优势，在沿海发达地区，主要是低素质劳动力供给远远大于需求的"无限供给"市场，而城乡二元的户籍制度和土地集体所有制进一步压低了低素质劳动力的价格和劳动保护水平。相反，能耗低、环保型、技术密集型、科技含量高的产业不仅需要资本投资高（规模和资本密集），而且对劳动力的素质要求也高（因这部分劳动力短缺，工资成本也高），同时与外国企业相比竞争压力大，也没有竞争优势。而在内地经济不发达地区，则主要是利用资源价格，特别是土地、矿产、水价格（包括环保费用）的低廉，来取得竞争优势，获取利润。因此，不仅外向型企业（包括外资企业）、私营企业"理性"地偏向选择劳动密集型、资源开发型、技术水平低的产业，而且地方政府的投资也会"理性"地选择向这类企业投资。由于劳动力过剩和就业问题压力大，各级政府都不敢出台和切实执行保护劳动者特别是农民工的基本权利的法令政策（如最低工资、拖欠工资、解雇、劳动时间、劳动保护、社会保险、医疗保险等），这进一步诱导了企业的投资行为。改革开放以来，特别是1997年我国已经出现买方市场以来，各地低水平重复建设仍然屡禁不止（当然其中还有低成本占用资源的诱惑）即说明了这个问题。

综上所述，1949年以来的中国工业化，不仅是在100多年来中国因落后而备受帝国主义列强侵略压迫的惨痛教训中起步的，是在世界形成了社会主义国家与资本主义国家激烈竞争的国际背景下进行的，更重要的是在中国人口众多、人均资源贫乏、大量农业人口需要转移的条件下起步的。因此，中国共产党和中国人民长期将高速发展作为经济制度和政策选择的第一前提，是毫不奇怪的。50多年来，中国对工业化道路的三次选择，以历史的眼光来看，从经济发展的角度来看，它们是一种因果关系，是事物在新条件、新形势下向更高层次的演进，而不存在后者对前者的否定。同时，我们还应该看到，一种工业化道路向另一种道路的转换和演进，是不可能一蹴而就的，需要长期的努力，需要可以充分利用国外资源和市场的外部环境，我们应该具有这种心理准备和认识。

[原载《中国经济史研究》2005年第4期]

论中国现代化过程中的工业化与市场化
——西欧现代化与中国现代化比较研究

著名经济史学家吴承明说:"什么是现代化,无经典定义。总的说,是从传统社会向现代社会演变,应包括各个方面。"① 并且它的内涵也是随着时代的发展而变化,不断增添新的内容和指标。但是作为基本的内涵,我认为应该至少包括三个方面,即市场化、工业化和民主化。至于城市化、国际化以及人文指数、精神文明等,则都是以上三个方面的发展和延伸。由于民主化属于政治方面,笔者既无研究,时贤新论又很多,故这里也不多说,主要集中在工业化与市场化两个方面。

一、西欧的现代化历程及其特点

最早走上现代化道路的西欧的历程说明,现代化之路是从市场化开始的,即先有市场革命,才有工业革命。市场革命(或称之为制度创新)相对于工业革命来说,更是一个缓慢渐进的过程。马克思、恩格斯在《德意志意识形态》的"交往与生产力"一节中详细论述了封建经济向资本主义经济的过渡:它始于16世纪脱离行会约束的"特殊的商人阶级"的出现,并且造成城市间生产的分工,从而工场手工业兴起。随之竞争使商业政治化,诸如殖民主义、保护贸易、民族国家形成以至英、

---

① 吴承明:《现代中国十六、十七世纪的现代化因素》,《中国经济史研究》1998年第4期。

法革命和海上战争。到18世纪晚期,世界市场的巨大需求产生了机器大工业,同时英、法等国已具备了自由贸易的条件,封建经济向资本主义经济的过渡完成。《共产党宣言》中说得更为简洁:"以前那种封建的或行会的工业经营方式已经不能满足随着新市场的出现而增加的需求了。工场手工业代替了这种经营方式。""市场总是在扩大,需求总是在增加。甚至工场手工业也不再能满足需要了。于是,蒸汽和机器引起了工业生产的革命。"①

希克斯在《经济史理论》中也认为,在西欧,这种转换始于16世纪"专业商人"的出现,并且要求保护财产和维护合同,这是旧制度无能为力的,于是出现城邦制度,城邦和商业竞争导致殖民主义扩张,接着出现四个方面的"市场渗透":(1)适应新市场的法律、货币和信用制度的确立;(2)政府财政、税制和行政管理的改造;(3)货币地租通行和农产品的商品化;(4)自由劳动代替农奴劳动,劳动力市场的形成。而这一切,导致18世纪末的工业革命。诺斯在《经济史上的结构和变迁》中也认为西欧的经济变革很早就开始了,他把这个变革追寻到1450—1650年,其间贸易"是一种根本动力"。贸易的发展使具有完善财产规定和自由竞争的"普通法"取代了中世纪的王权约束,同时,它还使生产组织"从手工业到领料加工再到工厂制"。

而在此之前,思想革命又起到了先驱的作用。兴起于14世纪的文艺复兴和启蒙运动以及后来的宗教改革,又是这场市场革命的前提。例如,最早从荷兰莱顿启航到美洲大陆定居的"五月花"号船民,即为新教徒。市场经济是天生的平等派,它既然否定非市场的任何权威,特别是等级观念和统治者与被统治者的划分,就需要新的理论和道德观念予以支撑,这就是为什么市场化需要启蒙运动,需要文艺复兴,需要宗教改革的原因,这也是为什么市场化只有在启蒙运动以后才迅速发展的原因。另外,市场化所具有的立宪功能也为政治民主化奠定了物质和观念的基础。

因此,思想启蒙——市场化——民主革命——工业革命,构成了西欧现代化进程的主线。

---

① 《马克思恩格斯选集》第1卷,人民出版社1995年版,第273页。

西欧现代化的进程说明，最早的（或称原创的）工业革命只有在市场化的基础上才能产生，这是因为市场化不仅能为其提供广阔的需求、充分的资源集中渠道（资金、劳动力以及科技创新人才），而且能够为其提供制度保障，如自由竞争、财产和合同保护等。

前两个阶段，即启蒙运动和市场革命阶段，亦可以称之为早期现代化阶段，没有这两个阶段的准备，工业革命不可能产生，资本主义也不可能大发展并取代封建主义。

同样的，工业化又为市场化提供了更加有力的物质武器，使这些先行现代化国家可以打破国界，去征服世界，实现市场的全球化，大大扩展市场的空间。于是，工业化和市场化相互推进加速了现代化进程。而民主化则是在上述市场化、工业化已经进展到相当程度的国家，才能够取得重大进展，尽管资产阶级革命可以发生很早。第二次世界大战结束以后的50年间，是西欧各国民主化取得重大进展的时期。

在西欧市场化和工业革命过程中，特别值得注意的是政府的作用。西欧的市场化和工业化实际上是资本主义经济的产生、发展和完全取代封建经济的过程。资本主义生产方式的萌芽，最早出现于14、15世纪地中海沿岸的一些城市，但是由于这些城邦经济没有强大的国家作后盾，不能为资本主义生产方式的发展提供原始积累和开拓市场，因此这些地方也就失去了最早开始工业化的历史契机。最早确立资本主义生产方式并开展工业化的国家是英国，这并不是偶然的。16世纪的"圈地运动"和打败西班牙的无敌舰队，为英国的资本原始积累开辟了道路，而17世纪的资产阶级革命和打败号称"海上马车夫"的荷兰，则为工业化提供了制度和物质保障（资金、市场）。正是在此基础上，英国率先实现了工业化。从英国的工业化来看，虽然工业化是以私营企业为主要形式进行的，并且就国内经济运行来看，基本上是市场调节，政府直接干预较少。但是，政府在经济发展中却发挥了如下两种重要作用：一是在国内通过立法和强制的手段，为资本主义经济的运行和发展提供了制度保障；二是通过武力向海外扩张和掠夺，为本国资本主义经济的发展提供了丰富资源和广大市场。没有上述两种政府的作用，英、法、德甚至美国等资本主义国家的市场化和工业化是不可能实现的。

二、中国现代化历程及其特点

中国的现代化是在外部冲击下开始的，在此之前，既没有启蒙运动的思想准备，也没有市场革命的制度准备。如果说1840年的鸦片战争以后中国开始了以发展近代工业和市场为特征的现代化，那么到今天，中国的现代化经历了大约160年的时间，可谓艰辛备尝。从现代化中工业化、市场化以及民主化的相互关系来看，这160年大致可以分为两个阶段，即1840年到1921年中国共产党成立前为第一个阶段，1921年中国共产党成立至今为第二个阶段。第二个阶段又可分为三个时期：即1921年中国共产党成立到1949年中华人民共和国成立前为第一个时期，1949年中华人民共和国成立到1978年中共十一届三中全会前为第二个时期，1978年中共十一届三中全会至今为第三个时期。

在第一个阶段，中国的现代化是以工业化为主的，忽视市场化，即忽视培育市场主体和建立公平竞争的市场秩序。因此，中国的工业化进展很缓慢而且效率低：先是"官办"，以"求强"为目的，再"官督商办"和"官商合办"，转而"求富"；被证明这样还是不行，才被迫放开禁锢，允许民间自由兴办企业。

从辛亥革命建立中华民国起，中国的现代化开始步入以发达资本主义国家为榜样的工业化、市场化、民主化同时推进的时期，但是这种现代化几乎从一开始就遇到了很大的阻力。首先是以袁世凯为代表的军阀政府不仅无意推进民主化，也无意改革阻碍工业化和市场化的封建制度。孙中山建立资产阶级民主共和国的目标似乎很渺茫。这就是中国共产党成立前80年的中国现代化状况。

1921年中国共产党的成立，改变了中国现代化的路径和目标。在此之前，中国的现代化就是资本主义化，目标就是独立富强的资产阶级民主共和国。中国共产党使得中国的现代化又出现了另一个路径和目标，这就是通过新民主主义革命，建立独立富强的社会主义国家。

中国共产党成立后的80年，中国的现代化大致可以1949年中华人民共和国成立和1978年中共十一届三中全会为界，划分为三个时期。第一个时期，即1921—1949年中华人民共和国成立前的28年里，中国的现代化由于受到帝国主义、封建主义和官僚资本主义的压迫，无法进展，哪怕是改良的方式，因此爆发了旨在为中国现代化扫清道路的武装革命。从1921年到1949年，中国共产党始终代表着最广大人民群众的利益和要求，通过大革命、土地革命、抗日战争、解放战争，终于为中国的现代化扫清了道路，并且决定了中国今后的现代化道路和目标。

1949年10月中华人民共和国成立以后，中国的现代化进入了一个新的历史时期。首先，中国人民完全可以独立自主地决定自己的事情。其次，完全扫除了阻碍现代化的封建势力、腐败的官僚政治和大大小小的军阀土匪。应该说，工业化和市场化终于迎来了难得的环境和时机。但是，事情的发展并不总能尽如人意。革命造就了一个强大的政府，造就了一个代表最广大人民利益的政府，这个政府自然要代表他们的利益和要求。于是，一方面要求加速工业化，以实现富强；另一方面，又顾虑资本主义工业化过程中出现的农民破产和工人阶级贫困化，希望走一条非资本主义的现代化道路，而此时苏联正好提供了这样一条道路模式，并且在当时被认为是成功的。于是，在1953年，中国经过三年恢复，转入大规模经济建设时，就提出了以社会主义工业化和社会主义改造为手段的社会主义现代化，于是，市场化就被排除在现代化之外了。

从1953年中国确定并采取措施向单一公有制和计划经济为特征的社会主义过渡，到改革开放前，由于中国经济的落后和发展非常不平衡，加剧了传统社会主义经济的弊病和危机，以毛泽东为代表的第一代领导集体也对中国式的社会主义建设道路进行了艰辛的探索，并形成了许多很好的思想。但是由于毛泽东坚持单一公有制和计划经济，使得他始终未能找到一条符合国情的、有效的现代化道路。

改革开放前的经验教训证明，单一公有制和计划经济，即排斥市场经济的体制是不利于工业化的，也无法实现社会主义的现代化。

从1978年中共十一届三中全会开始，以改革开放为标志，中国的现代化再次进入了一个新的历史时期。中国以改革开放为手段，大大推进了现代化的进程。这个时期与以前相比，除了工业化以前所未有的速度推进外，最大的特点就是市场经济被列为改革和发展的目标，并且市场化取得了令世界瞩目的进展。中国在经历了几乎150年的曲折探索后，终于明白了工业化和市场化对现代化来说就像车子的两轮，缺一不可。

三、现代化过程中政府作用的比较

从政府在现代化过程中的作用来看，中国与西欧也有根本性的差异。

西欧的市场化和工业化过程中，政府主要起着对外扩张的作用，即保护和扩大本土外的市场，而不是节制国内资本。在国内，则是起着"守夜人"的作用。这是因为外部还有广阔的空间，可以缓解或转移内部积聚的资源短缺、生产过剩（市场狭隘）和两极分化的矛盾。而后发国家则不存在这种有利的外部环境。

英、法、美等国的工业化和随之而来的日益强大，极大地刺激了德、俄、日以及中国等尚未沦为殖民地的国家。德、俄、日等国利用强大的政府力量，实施了赶超战略。这种赶超战略就是对内利用强大的政府（中央集权）加强对资源配置的管理，扶持现代工业尤其是基础工业的发展，对外则走上军国主义道路，通过瓜分和重新瓜分国际市场和殖民地来掠夺资源和开辟市场。第一次世界大战就是由于德国要求重新瓜分世界引起的，同样，第二次世界大战也是由于德、意、日要求重新瓜分世界引起的。以德国和日本为例，如果没有政府对国内工业的大力扶持和对外的侵略掠夺，是不可能很快实现工业化的。

回顾我国一百多年来的工业化历程及其政府的作用，大致可以分为三个阶段。第一个阶段是19世纪60年代到辛亥革命前的50年，第二个阶段是辛亥革命后至新中国成立前的近40年，第三个阶段是新中国成立至今的50多年。在上述三个阶段，在不同的基础和条件下，政府扮演了不同的角色，结果也自然不同，但总的来说，政府在工业化过程中起着主导作用（或称制约作用）。

近代以来，中国政府在工业化中起着主导作用，是与1840年以前传统社会中政府的作用和由此形成的观念分不开的。

1840年以前的中国，是一个建立在农业文明高度发达基础上的封建社会。与尼罗河流域、两河流域、印度、爱琴海周围的农业文明发祥地相比，中国的农业文明不仅历史同样悠久，而且持续发展和保持了繁荣。直到1840年以工业文明为基础的西方列强打开中国大门以前，中国社会仍然按照自身的农业文明发展规律向前发展，这集中表现在以下三个方面：（1）以传统农业为基础的社会经济高度发达，农业进入精耕细作阶段，农田的单位面积产量较高，农业的剩余可以养活大量人口，维持庞大的城市和国家机构。与农业高度发达相一致的是手工业、商业和金融业也很发达，尽管这种发达是建立在传统农业基础上的并受到农业周期性震荡的打击。与这种传统农业文明高度发达相一致的，是经济体制表现出的高级形式，即土地可以作为商品自由买卖，地主经济和大量自耕农并存，"租佃制"和"雇佣制"的普遍存在，家庭财产继承在诸子间的相对平均。国家税制的相对统一和完善，政府承担了"治河""救灾""市政建设"等公共工程和社会事业。（2）政治体制从管理效能和相互制约的角度来看，表现出较高级的形态。传统中国社会的政治体制经过夏商周以来三千余年的发展，就传统的农业文明社会而言，到清代已经相当完备。第一，形成了统一而庞大的政府行政管理体系。其特点是条块结合，分级管理，实行对皇帝负责的三权分立、互相制约（行政、监察、司法）。第二，形成了一整套官吏选拔、考评和调任制度。特别是科举制度，打破了贵族和官僚垄断政府机构位置，"白衣可致卿相"，使社会的优秀人才进入政府管理阶层。第三，军队国家化。（3）形成了与经济发展水平和政治体制一体的主流政治观念。其主要内容为：第一，以农为本；第二，国家和社会置于个人和家庭之上，家庭和个人的荣辱依赖于国家的兴衰；第三，追求"有序"和"和谐"，一是社会和家庭的有序，强调"三纲五常"，二是强调人与自然和自然规律保持和谐，"天人合一"，"天行有常"，"顺天知命"。

在上述基础上建立的政府机构及其官僚，不可能随着西方资本主义的入侵而迅速消失，相反，中国由于农业文明高度发达而导致的社会结构的"超稳定"性（包括政府的强大有力）和大国特点，对西方资本主义政治、文化的入侵和替代保持了强大的排斥力。这种排斥主要来自建立在农业文明基础上的政府和统治阶级观念（任何上层建筑都必然要维护其赖以生存的经济基础）。因此，1840年以后，清政府在西方"船坚炮利"的教训下被迫推行工业化的时候,政府的主导目标却是"中学为体,西学为用"。[①] 这种将工业化与民主化、市场化分开的观念和目标,在20世纪中国现代化历史上可谓影响深远。

20世纪的中国现代化历史说明,中国因受外部环境的制约,没有走西欧市场化——工业化——民主化的道路,而是走上了一条工业化——市场化——民主化的道路。目前工业化已经进入中期阶段,但是市场化和民主化仍然任重而道远。

在现代化过程中,西欧国家政府在经济方面的作用,除了早期的对外扩张外,自20世纪30年代以来,由于市场的失灵,政府的宏观调节作用日益加强,凯恩斯主义的盛行即说明了这一点。而西欧政府在经济方面调节作用的加强是伴随着其民主化同时进行的,因此政府作用的加强并不意味着政府凌驾于人民之上的异化危险。因此,就政府经济职能来说,20世纪的西欧国家是由市场经济的"守夜人"向"国家干预"发展,是政府的权力逐渐扩大。而中国则相反,是政府先集权,然后由政府的过度干预和集权再向放权发展,例如,由计划经济向市场经济过渡,减少国有经济的比重,等等。

另外,就工业化来说,新中国成立后特别是1958年以后的一段时间里,中国政府认识到苏联体制的弊病,曾经努力探索中国自己的工业化道路,试图"两条腿走路",希望利用"小、土、群"来加速中国的经济发展。但是,这种探索因单一公有制的制约没有成功。

改革开放以后,农业经济高速增长和政府管制的放松,使得长期受到压抑的农村非农产业利用普遍短缺的环境迅速成长,到20世纪90年代初,乡镇企业在工业总产值中即已形成"三分天下有其一"的格局。这种农民自发形成的、自下而上的工业化动力,在国民经济增长中发挥了巨大作用,成为20世纪80—90年代经济高速增长的主要原因之一。可以说,只有在改革开放以后,中国长期追求的由政府自上而下、人民自下而上双重推动的工业化,才真正成为现实。

---

① 参见:严中平主编:《中国近代经济史(1840—1894)》,人民出版社1989年版;夏东元:《洋务运动史》,华东师范大学出版社1992年版;丁伟志:《"中体西用"论在洋务运动时期的形成与发展》,《中国社会科学》1994年第1期。

四、现代化起始时间和条件比较

西欧的现代化历程，如果像一般认为的那样，从 14 世纪的文艺复兴算起，至今已有 700 年的历史。如果从 16 世纪"特殊的商人阶级"出现算起，至今也有 500 年的历史。可以说，西欧的现代化是一个漫长的过程。

许纪霖、陈达凯主编的《中国现代化史》一书认为：作为一个后发外生型国家，中国是从 19 世纪开始进入由农业文明向现代工业文明转型的现代化过程的，西方世界的霸权威胁与文明示范是一个不可或缺的关键性启动因素。但同时又不同意简单的"冲击—反应"说，认为中国内部已经孕育和生长着现代化的因素。因此该书认为"中国现代化启动的历史象征不可能不是模糊的，为了论述的方便，我们暂且将其上限追溯到 19 世纪初，从 1800 年这样一个没有明确时限和特定事件的时间开始"[①]。但是从该书的论述内容来看，仍然始于 1840 年以后。

由于中国的思想启蒙思潮在 17 世纪被压制，在鸦片战争前也没有经历过一个工场手工业时代，当 19 世纪上半叶思想启蒙、商品经济重有起色时，即遭遇了西方资本主义列强的侵略。于是在传统的基础和外来冲击的双重作用下，以"洋务运动"的形式，从思想启蒙、市场扩展和工业化三个方面同时开始了现代化。这是目前比较普遍的看法。[②]

虽然关于中国现代化的起始时间有上述说法，但是说中国的现代化始于 19 世纪，当是能够被大多数人所接受。因此，即使从 1800 年算起，时至今日，也就是 200 年的时间，更何况在 19 世纪的前 50 年里，中国的现代化进展是比较缓慢的。

再从现代化的外部环境和条件来看，西欧现代化过程中的市场革命

[①] 许纪霖、陈达凯：《中国现代化史（1800—1949）》，上海三联书店 1995 年版，第 3 页。
[②] 朱汉国：《中国现代化意识与实践的历史考察》，《北京行政学院学报》2000 年第 4 期；孙占元：《中国近代化研究述评》，《史学理论研究》2000 年第 4 期；丁文锋：《经济现代化模式研究》，经济科学出版社 2000 年版；郭庆、胡鞍钢：《中国工业化初探》，中国科学技术出版社 1991 年版。

和工场手工业的发展，主要是得益于海外贸易和扩张，即市场的迅速扩大，工业革命正是巨大市场引发的。与此同时，西欧这些国家又通过海外贸易和对殖民地的掠夺，完成了资本的"原始积累"。而西欧在实现工业革命以后，更进一步利用其"船坚炮利"和低廉的商品，进一步掠夺外国的财富，为本国的现代化提供了充裕的资金和市场，使得本国的第二产业迅速发展起来，并实现了广大人口由农业向工业、由乡村向城市的转移。

而中国的现代化，从一开始就受到帝国主义列强的侵略和压迫。从1840年到1945年的100年间，中国遭受了第一次鸦片战争、第二次鸦片战争、中法战争、中日甲午战争、八国联军侵略、日俄战争、日本侵华战争。这些战争给中国现代化造成的损失难以估量，其中尤以1931—1945年的日本侵华战争给中国造成的损失最为巨大。1949年中华人民共和国成立以后，战争的威胁依然没有消失。

另外，由于中国传统农业比较发达，养育了庞大的人口，在1850年已达到4.12亿人，而同期英国、法国、德国、意大利、奥地利、比利时、荷兰、瑞士、挪威、瑞典、丹麦、芬兰12国的人口即使经过工业化过程的迅速增长，也仅为1.3亿人。[①]中国这么庞大的人口，大部分在农村从事传统农业，要实现这些人口由第一产业向第二、三产业，由乡村向城市的转移，一是需要大量资本（包括教育投资），二是需要广阔的市场。但是1840年以后的100年间，恰恰中国在这两个方面都处于极为不利的地位：在资金来源方面，来自农业的不多的剩余被战争和帝国主义掠夺消耗殆尽；在市场方面，中国不仅缺乏像西欧工业化那样广阔的海外市场，甚至国内有限的市场也被外国产品所侵蚀，从19世纪70年代到1949年的70多年间，中国对外贸易一直处于入超状态，中国的民族工业受到外国资本的挤压。

由于中国的现代化主要是在外部侵略威胁和文明示范的双重影响下进行的，因此，外部威胁，资金匮乏，因落后急于赶超，就使得中国的

---

① ［英］安格斯·麦迪森：《世界经济二百年回顾》，李德伟、盖建玲译，改革出版社1997年版，第4页。

现代化历程是一个动荡、急剧变化甚至痛苦的过程。但是如果将这个过程与西欧现代化过程中给本国人民乃至世界人民所造成的痛苦相比（如资本原始积累和两次世界大战），就不算成本太高了。

另外，从西欧和中国现代化的时间和成本相比来看，对于中国目前的现代化水平低也就可以理解，不能对过去采取历史虚无主义，而对未来又急于求成、操之过急。

五、两种现代化模式的启示

通过西欧现代化的历程可以看出，思想启蒙——市场化——工业化——民主化，是一个国家没有外力冲击下实现现代化的一般规律。但是中国的现代化道路，自1840年鸦片战争以后，受帝国主义列强侵略的影响，顺序发生如下变化："中学为体，西学为用"思想为主——政府主导工业化（优先发展重工业）——民主革命（为工业化扫除腐败的政府）——计划经济下的工业化（改革开放以前）——工业化、市场化、民主化齐头并进（改革开放以后）。

在近代中国的现代化过程中，几乎每一次革命的产生，都是因为改良行不通，而且每一次革命的矛头都是对准当政者。虽然每一次革命都促进了工业化，但不一定都能促进市场化和民主化。这说明，政府仍然在社会经济生活中处于决定性的主导地位，市场化并没有成为工业化的基础。

革命造就强大政府，革命越彻底，即民众参与越深、越广泛（如法国大革命），政府就越强大，而外部环境严峻，也需要强大的政府。强大的政府又会实行政府主导型发展模式，在实行这个模式过程中，又会自我强化，直到进行不下去为止。因此，在政府成为工业化主导力量时，市场化和民主化往往受到压抑。但是，工业化本身的进展，却又为市场化和民主化创造了条件，即创造了限制和削弱政府权力的条件。这大概也是现代化的规律。

现代化既是一个国家内部的事，也是世界发展的潮流。因此中国的现代化同时也是一个不断融入世界经济的过程。工业化和市场化首先导致国内经济的一体化,然后推动经济的全球化,使得资源配置跨越国界,在全球内逐步实现。如果说我们过去是出于民族独立的原因实行进口替代战略,那么,今天中国必须充分利用"两种资源"和"两个市场",才能加速工业化。民主化只能建立在工业化和市场化基础之上,仅有工业化而没有市场化,不可能实现民主化,但是仅有市场化而没有工业化,由于这种市场不是现代市场经济,没有发达的经济为基础,则仍然不能实现真正的民主化。

[原载《教学与研究》2002年第9期]

改革开放以来政府、市场、社会关系的演变

我们现在谈的政府与市场的关系一般是指经济领域，但它是否合理有效则很大程度反映在社会是否稳定与和谐，发展成果是否共享，换句话说，最广大的人民群众是否具有"获得感""安全感"和"主人公感"。世界上许多国家在人均收入达到5000—10000美元时，因为经济发展成果没有惠及广大人民群众，社会矛盾激化，政治动荡，政府与市场双重"失灵"，经济发展徘徊不前，从而陷入所谓"中等收入陷阱"。这种现象应引起我们重视，需要加强这三者之间关系的研究。因此，本文将政府、市场关系变革与社会阶层和治理结构演变放在一起观察，就是想梳理历史脉络，总结历史经验。

改革开放以来，随着经济体制由单一公有制和计划经济转变为多种经济成分并存的市场经济，也随着工业化和城市化的快速推进，中国基本实现了由农业国向工业国的转变，农业产值的比重下降到8%，乡村常住人口下降到41.5%。由于上述两个变化，中国的社会结构也发生了巨大变化：人们由过去高度组织下的"单位人"变成了"社会人"，户籍制度虽然还没有取消，但是已经大大松弛了，人口迁徙和流动的自由度大大提高；与此同时，随着资本越来越多地掌握在私人手中和市场经济的"马太效应"，收入和财富占有差距迅速扩大。上述这种从生产力到生产关系，从经济基础到上层建筑，从社会阶层分化到城乡之间、区域之间人口的大规模流动，都使得政府、市场、社会三者之间的关系发生了根本性的变化。

一、改革开放前：建立高度集中的计划经济

1949年中华人民共和国成立以后，"落后就要挨打"的惨痛历史教训和随后爆发的朝鲜战争，都使得中国共产党将保证国家安全放在了首位，而要做到这一点，就必须加快工业化步伐，尤其要加快发展非常薄弱的重工业。

由于当时中国还是一个人口众多的以传统农业为主的国家，加上一百多年的战乱和西方封锁，工业化的资金只能主要来自农业的积累，而农业的落后与经营分散，使得剩余不仅很少（甚至没有解决温饱）而且非常分散，而优先快速发展重工业又很紧迫，于是中国就学习苏联，走上了社会主义工业化道路，即通过对个体农业、手工业和资本主义工商业的社会主义改造，建立起单一公有制和计划经济体制，从而可以实行高积累政策并把资源集中到政府手中，同时这种体制又可以保证高积累下的社会稳定，即将农民束缚于以地域为单位的集体组织中，将城市居民纳入各类"单位"组织中，中国社会实现了高度的组织化。这是20世纪50年代中国选择社会主义道路的原因和制度变迁的后果。

可以说，从1949年新中国成立到1956年社会主义改造基本完成，是国家权力由公共领域逐渐扩大到私人经济领域并最终取代私人在生产和消费方面自主权的过程，这种权力的取代是以生产资料的社会主义改造和实行计划经济这个经济基础变革为条件的。正是通过这种经济基础的变革，在社会结构上消灭了资产阶级和小资产阶级，社会上只存在着集体经济中的农民阶级和各种"单位"中的工人阶级。

单一公有制和计划经济必然强化政府的权力，从而形成"全能型"政府。但是，由于这个政府的经济基础仍然是一个以传统农业为主的社会，作为各级政府的核心领导力量的中国共产党，如何能够有效地实现公有制和计划经济的优越性，就是一个十分困难的事情。虽然在集中力量办大事时，可以举国之力建立起现代国防工业体系，但是随着工业化的推进和经济结构的复杂化，以下弊病越来越突出：在宏观经济层面，"计划失灵"成为常态；在微观经济层面，"活力不足"形成痼疾，"一统

就死，一放就乱"成为经济运行的周期性规律；在供求关系方面，"短缺"和"卖方市场"成为常态；在发展速度方面，"投资冲动""供给约束"导致经济波动。

既然在单一公有制和计划经济体制下的经济运行并没有达到预期的加快发展和调动人民群众积极性的目的，因此从1956年起，中国共产党就开始探索改善社会主义经济管理体制，1956年提出了不少好的思想，如陈云提出"三个主体和三个补充"，李富春提出的"两种计划方法"，周恩来提出的"稳步前进"，刘少奇提出的"利用市场"，毛泽东提出的"十大关系"和"消灭资本主义，还可以再搞资本主义"，等等。但是1957年反右运动以后，由于毛泽东把公有制、计划经济、按劳分配看成不能动摇的社会主义基石，因此改革就被局限在经营管理层面。从1958年开始，从政府与市场、社会的关系来看，是一个政府权力强化、市场作用式微、社会管制严厉的走向。当然，由于单一公有制和计划经济超出了当时党内外干部的管理能力，而权力又过于集中并缺乏有效的监督，因此脱离实际和群众的官僚主义现象就难以避免，而把这些归结为阶级斗争的表现，则进一步扭曲了政府、市场、社会的关系。

二、1978—1991年：突破计划经济，引入市场机制

以1978年底召开的中共十一届三中全会为标志，中国拉开了改革开放大幕。以邓小平为核心的第二代领导集体，解放思想，实事求是，提出了以经济建设为中心的基本路线，并通过对内改革和对外开放，加快经济发展和提高人民收入。

在这个时期，由于缺乏经验，改革开放的基本思路实际上是革除和改变已经被事实证明阻碍经济发展的体制机制和政策，但是到底哪种体制机制好，适应中国的国情，则还需要探索。因此，在这个时期，实际上实行的是"诱致性变迁"，亦即常说的通俗话"摸着石头过河"。

农村改革是从体制的薄弱环节，也是原有体制束缚最大、生活最困难的农业和农民开始的，以家庭联产承包责任制为主体，到1984年底，全国569万个生产队，99%以上实行了包产（干）到户。农村改革不仅

见效快，也为后来的全面改革起到了开辟道路和示范的作用。这种农村生产关系的深刻变革实际上已经突破了单一公有制和计划经济，到1983年，实行了25年的人民公社解体，则标志着"政社合一"、严格限制农民自由的"集体"时代结束。1987年11月，全国人大通过了《中华人民共和国村民委员会组织法（试行）》，对村民委员会的性质、地位、职责、产生方式、工作方式等作了具体明确的规定，正式确立了我国农村基层实行村民自治的法律地位。至此，我国农村基层形成了"乡政村治"的新的治理体制。

以家庭联产承包责任制为特征的农村改革，实际上不仅突破了计划经济，也突破了单一公有制，对农户来说，除了耕地的所有权仍然归属集体所有外，其使用权和其他生产资料基本上已经为农户所有。而且更重要的是，农民不仅被从土地中解放出来，可以从事非农产业，乡镇企业"异军突起"（尽管提倡"离土不离乡，进厂不进城"），而且可以脱离区域的限制，进城销售农副产品和"长途贩运"也得到允许。虽然城乡之间的分隔因户籍制度（包含粮票）尚未突破，但是农民已经率先脱离以"生产队"为单位的"农村共同体"。

城市改革实际上是与农村改革同步进行的。虽然进展和成效都没有农村改革这么快，但是在所有制结构和计划经济方面也有了很大突破。首先在所有制结构方面，在城市就业压力下，个体经济如雨后春笋般蓬勃兴起，原来那些没有稳定职业的城市底层或待业的青年在从事"光彩事业"的鼓励下，自行就业，大大活跃了城市经济，成为当时作为补充的"市场"主体。个体经济的发展，也刺激了体制内人员，从而在20世纪80年代形成了两次"下海经商潮"。另一个变化就是开始引进外资，尤其是在80年代后期，由于外资企业的工资普遍大幅度高于国有企事业单位，从而成为令人羡慕的单位，在城市就业导向上具有很强的诱导性。

在公有制企业的经营管理方面，也从初期的"放权让利"到1984年以后吸收农村改革的经验，"包字进城"，推广"资产经营责任制"和"拨改贷"，将企业承包给全体职工，并实行"价格双轨制"，于是出现计划管理与市场调节并行的经济运行格局。

首先，政府"放权让利"增强企业活力，"使企业真正成为相对独立的经济实体，成为'自主经营、自负盈亏'的社会主义商品生产者和经营者，具有自我改造和自我发展的能力，成为具有一定权利和义务的法人"①。还要在最短的时间内，完善包括计划体制、价格体系、国家机构管理经济的职能和劳动工资制度等方面在内的配套改革。

其次，理顺计划经济与商品经济的关系，"建立自觉运用价值规律的计划体制，发展社会主义商品经济"。1984年，《中共中央关于经济体制改革的决定》指出："必须实事求是地认识到，在很长的历史时期内，我们的国民经济计划就总体来说只能是粗线条的和有弹性的，只能是通过计划的综合平衡和经济手段的调节，做到大的方面管住管好，小的方面放开放活，保证重大比例关系比较适当，国民经济大体按比例地协调发展。"②

是通过改革来继续完善原有的计划经济体制，还是打破原有经济体制，建立一个新的经济体制？这是改革开放进入1987年后党的十三大需要回答的最重要问题。中国共产党根据改革开放以来的成功经验，提出了与社会主义初级阶段相适应的新经济体制：政府调控市场，市场引导企业。这里虽然没有使用"社会主义市场经济体制"这个词，但是内涵已经具备，"市场经济"已经呼之欲出，被称为"只差一层窗户纸"了。与这个新体制的改革目标相适应，明确了政府机构改革的方向，加大了改革的力度。以1988年国务院机构改革为例，这是一次弱化专业经济部门分钱分物、直接干预企业经营活动的职能，增强政府宏观调控能力和转向行业管理的改革。通过这次政府机构改革，不仅使机构设置和人员进一步减少，而且使政府的经济管理部门开始从直接管理为主转变为间接管理为主，在弱化微观管理的同时，大大加强了宏观管理。

但是由于改革开放以来经济中积累的矛盾以及改革急于求成，措施失当，从而引发了1988年的"抢购风潮"和1989年的政治风波，国民经济被迫转入"治理整顿"，政治上也开始追问改革的姓"社"姓"资"问题。在政府与市场关系方面，政府的指导思想经历了从"计划经济为

---

① 《改革开放三十年重要文献选编》上，中央文献出版社2008年版，第348页。
② 《改革开放三十年重要文献选编》上，中央文献出版社2008年版，第350页。

主，市场调节为辅"的主从结构，到"计划管理与市场调节相结合"的板块结构，再到"政府调控市场、市场引导企业"的上下结构，最后又回到"计划经济与市场调节相结合"的含混提法。

三、1992—2002 年：建立市场经济的框架，形成市场主体

改革开放以后，随着非公有制经济的发展和人民公社的取消，特别是乡镇企业的迅速发展和大量引进外资，到 20 世纪 90 年代初期，工业化中的投资主体已经呈现多元化，传统的计划经济体制已被打破，新的经济体制初见端倪，但还没有全面建立起来，政府的角色也逐渐由唯一决策者和实施者向领导者和协调者转变。党的十四大报告指出："实践的发展和认识的深化，要求我们明确提出，我国经济体制改革的目标是建立社会主义市场经济体制，以利于进一步解放和发展生产力。"[①] 正式确定了社会主义市场经济体制改革的目标，但是光有目标还不行，离市场经济真正建立还有一段距离，这就对党和政府提出了新的要求，政府在这个过程中间究竟应该扮演什么角色、发挥什么作用，政府和市场的关系应该是什么样子，这是一项没有任何经验可以借鉴的新的伟大"创业"，可见其实施难度之大。

党的十四大以后，经济体制改革的步伐逐渐加快。中共十四届三中全会提出培育和发展市场体系和转变政府职能，改革政府机构，建立健全宏观经济调控体系。前者主要是推进价格改革，发展商品市场，以及重点培育和发展金融市场、劳动力市场、房地产市场、技术市场和信息市场等；后者主要明确政府管理经济的基本职能以及建立健全宏观经济调控体系，包括积极推进财税体制改革、加快金融体制改革、深化投资体制改革、加快计划体制改革、发挥中央和地方两个积极性等。这样就将培育和发展市场经济和转变政府职能作为经济体制改革的关键问题提出，以党的十四大确定的社会主义市场经济体制改革目标为蓝本，历届

---

① 《江泽民文选》第 1 卷，人民出版社 2016 年版，第 226 页。

全国党代会报告都在上一届的基础上围绕这一改革目标逐步发展、完善和突破。如党的十五大报告指出:"按照建立社会主义市场经济体制的要求,大步推进了财政、税收、金融、外贸、外汇、计划、投资、价格、流通、住房和社会保障等体制改革,市场在资源配置中的基础性作用明显增强,宏观调控体系的框架初步建立。"① 在加快推进国有企业改革中明确规定:"政府不能直接干预企业经营活动,企业也不能不受所有者约束,损害所有者权益。"② 中共十六届三中全会提出:"更大程度地发挥市场在资源配置中的基础性作用,增强企业活力和竞争力,健全国家宏观调控,完善政府社会管理和公共服务职能,为全面建设小康社会提供强有力的体制保障。"③ 党的十七大报告提出:"完善基本经济制度,健全现代市场体系。加快行政管理体制改革,建设服务型政府。"④ 并就探索"大部门"体制机构改革提出部署安排。

2001年,中国正式加入世界贸易组织,客观上推进了中国经济体制改革,尤其是促进了市场经济建设,并对政府管理经济的职能和作用如何与世界接轨并体现中国特色提出要求和考验。这就要求我们各级政府管理经济的方式和办法必须有一个大的改进。要按照市场经济的一般规律,进一步调整和完善合乎社会主义市场经济要求的行为规范和法律体系,客观上也促进了我国市场化改革和转变政府经济职能。中国加入世贸组织以后,根据其原则和所做出的承诺,在此基础上,对与之有关的经济法律和规章进行了重大调整。1999—2005年,中国政府制订、修订、废止了2000多项经济法律规章,建立起了符合WTO规则的法律体系。

进入20世纪90年代后期,我国经济社会发展呈现出新特点:第一,长期困扰我国的短缺经济时代基本结束,买方市场形成,扩大需求成为经济工作的重要内容;第二,城乡居民生活向小康目标迈进的同时工业化进入中期阶段,工业发展和城市化发展速度加快,转变增长方式和解

---

① 《改革开放三十年重要文献选编》上,中央文献出版社2008年版,第892页。
② 《改革开放三十年重要文献选编》上,中央文献出版社2008年版,第902页。
③ 《改革开放三十年重要文献选编》上,中央文献出版社2008年版,第1349页。
④ 《改革开放三十年重要文献选编》上,中央文献出版社2008年版,第1729页。

决城市建设和农民工问题成为当务之急；第三，以建立社会主义市场经济体制为目标的改革，进入了攻坚阶段；第四，经济结构调整的途径转向主要依靠加大科技投入和存量重组。这些都要求党和政府坚定不移地促进经济体制和经济增长方式的根本转变，"两个转变"进入攻坚阶段。

这个阶段，依据邓小平"两个战略"大局构想和20世纪末中国经济发展的实际情况，党和中央政府开始实施区域经济均衡发展战略，相继于1999年提出实施西部大开发战略，2003年明确了振兴东北计划，2005年明确提出中部崛起设想。

综上所述，我们可以看出政府仍然是经济发展的主角，而随着中国经济总量的迅速扩大和财政收入的大幅度增加，我国的投资能力也迅速提高。此外我国政府的财力也越来越大，既能够承担起诸如三峡工程这样投资大的高效工程，也能够承担起诸如"退耕还林"、治理污染这样的"不赚钱"项目。但是另一方面，在市场经济体制框架基本形成的条件下，怎样运用"政府之手"来弥补"市场失灵"，例如维护市场秩序，保护公平竞争，解决城乡之间、地区之间、阶层之间收入差距过大，等等，都要求政府自身通过改革来消除政府在市场经济中的"越位""缺位"和"错位"问题。

"两个转变""两个大局""两个利用"的明确提出，一方面为这一时期经济发展及经济体制改革指明方向，另一方面对政府和市场的关系提出新的考验，对于实施过程中应该怎么做提出更高要求，要求政府在"深化政府机构改革、加快转变政府职能、改进经济管理方式方法、努力建设服务型政府、提高依法行政能力、大力加强政风建设"等方面"正位"。

在这个阶段，由于市场化、工业化的快速推进，社会结构也发生了急剧的变化。2002年，权威学者将过去的阶级划分改为阶层划分，并将城乡居民划分为十个阶层：以职业分类为基础，以组织资源、经济资源和文化资源的占有状况为标准，划分当代中国社会阶层结构的基本形态，它由十个社会阶层和五种社会地位等级组成。这十个社会阶层是：国家与社会管理者阶层、经理人员阶层、私营企业主阶层、专业技术人员阶层、办事人员阶层、个体工商户阶层、商业服务业员工阶层、产业工人阶层、农业劳动者阶层和城乡无业失业半失业者阶层。[①]

四、2002—2012 年：加强政府主导，突出社会建设

2002 年 10 月召开的党的十六大是中国实现小康社会目标以后的第一次全国代表大会。会议提出了 21 世纪前 20 年我国的发展目标和任务。如何实现党的十六大提出的全面建设小康社会的发展目标，首先要解决的就是实现什么样的发展，怎样实现发展的问题。而 2003 年春天出现的"非典"疫情及其防治工作，则直接促成了"科学发展观"的提出。2003 年 7 月，在全国防治"非典"工作会议上，胡锦涛发表讲话，强调：我们讲发展是执政兴国第一要务，绝不只是指经济增长，而是要坚持以经济建设为中心、在经济发展的基础上实现社会全面发展。要更好地坚持全面发展、协调发展、可持续发展的发展观。

同年 10 月召开的中共十六届三中全会，在审议通过的《中共中央关于完善社会主义市场经济体制若干问题的决定》中正式提出了科学发展观。全会强调：要按照统筹城乡发展、统筹区域发展、统筹经济社会发展、统筹人与自然和谐发展、统筹国内发展和对外开放的要求，更大程度地发挥市场在资源配置中的基础性作用，为全面建设小康社会提供强有力的体制保障。经过 4 年的探索和实践，2007 年召开的党的十七大，对科学发展观的内涵作出了更为全面、深刻的阐述：发展是科学发展观的第一要义，以人为本是科学发展观的核心，全面协调可持续是科学发展观的基本要求，统筹兼顾是科学发展观的根本方法。

转变政府职能是这个阶段改革的突出亮点。政府的职能总是随着经济社会的发展需要而变化的，因此，改革开放以来转变政府职能的指导思想也就随着经济社会发展的需求而不断发生演变。改革开放以后，随着市场化的推进，市场主体的多元化和人民需求的多样化，政府职能也从"无所不包"的"全能型"向"有所不为"的"效能型"转变，将部

[①] 参见陆学艺主编：《当代中国社会阶层研究报告》，社会科学文献出版社 2002 年版；中国网：《当代中国社会划分为十大阶层》，2002 年 2 月 4 日，http://www.china.com.cn/zhuanti2005/txt/2002-02/07/content_5105530.htm。

分职能转让给市场和社会。

进入 21 世纪以后，随着市场经济体制的基本确立和"全面建设小康社会"任务的提出，就要求政府必须加快职能转变，即由过去的管理为主向服务为主转变，政府财政也由"建设型"向"公共型"转变。因此，党的十六大提出深化行政管理体制改革任务，中共十六届二中全会审议通过《关于深化行政管理体制和机构改革的意见》，2003 年 3 月举行的十届全国人大一次会议通过了国务院机构改革方案。这次政府机构改革的目的是进一步转变政府职能，改进管理方式，推进电子政务，提高行政效率，降低行政成本。改革的目标是逐步形成行为规范、运转协调、公正透明、廉洁高效的行政管理体制。改革的重点是深化国有资产管理体制改革，完善宏观调控体系，健全金融监管体制，继续推进流通体制改革，加强食品安全和安全生产监管体制建设。方案特别提出了"决策、执行、监督"三权相协调的要求。2003 年 8 月，十届全国人大常委会第四次会议审议通过了《中华人民共和国行政许可法》。《行政许可法》的实施，是党和政府推进法治型政府建设的又一重大举措，它带来了政府行政工作的深刻变革，具有重要的里程碑式的意义。

这个阶段，也是突出社会建设，发挥政府作用，努力缩小城乡之间、阶层之间收入差距的阶段。进入 21 世纪后，中国经济发展和社会转型都进入加速阶段，一方面工业化、城市化速度加快，另一方面，工农差距、城乡差距也更加突出，"农村真苦、农民真穷、农业真危险"一时成为全社会高度关注的问题。因此党的十六大明确提出："统筹城乡经济社会发展，建设现代农业，发展农村经济，增加农民收入，是全面建设小康社会的重大任务。"[①]胡锦涛同志在 2003 年初召开的中央农村工作会议上明确指出：更多地关注农村，关心农民，支持农业，把解决好农业、农村和农民问题作为全党工作的重中之重。2004 年 2 月，中共中央公布"一号文件"——《中共中央、国务院关于促进农民增加收入若干政策的意见》，这是中共中央时隔 18 年后重新将解决"三农"问题作为"一号文

---

① 江泽民：《全面建设小康社会，开创中国特色社会主义事业新局面——在中国共产党第十六次全国代表大会上的报告》，《人民日报》2002 年 11 月 18 日。

件"。此后到 2012 年，连续出台了 8 个解决"三农"问题的中央"一号文件"。在此期间，我国取消了长达 2700 多年的农业税，实现了"工业反哺农业，城市支持乡村"的历史性转变。这个时期也是我国城镇化最快的时期，城镇化率由 2002 年的 39.1% 提高到 2012 年的 52.6%，我国开始成为一个以城市人口为主的国家，这是一个历史性的突破。

这 10 年也是中国教育投入增长最快的阶段，全国财政性教育经费投入由 2002 年的 3366 亿元提高到 2012 年的 22236 亿元。但同时又是国家教育资源重点向农村、边远、民族、贫困地区倾斜的阶段，教育公平取得明显进步，全面实现了城乡九年免费义务教育，惠及 1.6 亿名学生。从 2006 年开始，国家全部免除西部地区农村义务教育阶段学生学杂费，2007 年开始扩大到中部和东部地区，同时对贫困家庭学生免费提供教科书并补助寄宿生生活费。

这个时期，发挥政府主导作用的另一个重要领域和亮点是对生态环境的保护。党的十七大报告首次提出了生态文明的概念，生态文明建设成为科学发展观的重要内涵。2005 年 10 月，中共十六届五中全会提出要加快建设资源节约型和环境友好型社会。12 月，国务院发布《落实科学发展观加强环境保护的决定》，强调要把环境保护摆在更加重要的战略地位，经济社会发展必须与环境保护相协调。党的十七大报告进一步提出："必须把建设资源节约型、环境友好型社会放在工业化、现代化发展战略的突出位置，落实到每个单位、每个家庭。"

为了落实中央提出的生态文明建设战略，"十一五"和"十二五"规划中都将"节能减排"和环境保护列为约束性指标，加大了对环境保护的执法力度。2007 年 12 月，国务院还批复武汉城市圈和长株潭城市群为全国建设"两型"社会综合配套改革实验区。①

在这个阶段，随着经济的快速发展和市场化的推进，特别是上个阶段国企改革（"抓大放小""减员增效"）和积极发展非公经济，使得这个阶段出现了阶层之间的收入和财富占有差距持续扩大，达到国际公认的警戒线，由此也引发了社会的不稳定，群体性事件频发，甚至被暴恐

---

① 两型社会研究院编：《两型社会干部读本》，湖南人民出版社 2009 年版，第 11 页。

分子利用。例如拉萨的"3·14"事件,乌鲁木齐的"7·5"事件、贵州的"瓮安事件"、河北定州的"6·11"事件。2004年,中共中央办公厅就发出《关于积极预防和妥善处置群体性事件的工作意见》。针对进入社会建设滞后、社会矛盾多发期,党和政府一方面加大力度缩小城乡之间、区域之间的差距,扩大社会保障和医疗保险的覆盖面,并积极采取措施保障农民工的权益;另一方面,积极探索在"户籍制"松散、人口自由流动、绝大多数人口在非公有制经济和个体经济就业、原有人民团体基层组织涣散的市场经济下,如何建立与之相适应的有效社会治理体系。

2002年,党的十六大把"社会更加和谐"列为全面建设小康社会的重要目标,将社会管理作为政府的四大职能之一,并从维护社会稳定的角度提出要"改进社会管理、保持良好的社会秩序"。2003年7月,胡锦涛同志在总结"非典"经验教训时指出,要进一步加强社会管理体制的建设和创新,建立健全与发展社会主义市场经济相适应的社会管理体制。[①]2004年,《中共中央关于加强党的执政能力建设的决定》正式提出"加强社会建设和社会管理,推进社会管理体制创新",建立健全"党委领导、政府负责、社会协同、公众参与的社会管理格局"。2006年10月,中共十六届六中全会审议通过《中共中央关于构建社会主义和谐社会若干重大问题的决定》,从健全社会管理格局、健全社会管理机制、完善社会治安防控体系三个方面对加强社会管理的具体途径进行了部署。2007年,党的十七大报告对建设更加健全的社会管理体系提出新要求:"最大限度激发社会创造活力,最大限度增加和谐因素,最大限度减少不和谐因素。"[②]并提出进行以民生为重点的社会建设。2011年3月,全国人大通过的"十二五"规划纲要将"加强和创新社会管理"独立成篇。同年7月,中共中央、国务院又专门出台了我国第一个关于创新社会管理的正式文件《关于加强和创新社会管理的意见》,以构建社会主义和谐社会为目标,将社会秩序与社会发展贯通起来,实现社会建设与社会管理并举。

---

① 《胡锦涛文选》第2卷,人民出版社2016年版,第70页。
② 《十七大以来重要文献选编》上,中央文献出版社2009年版,第31页。

应该看到，这 10 年里，经济与社会发展取得了巨大成就，尽管受到了世界金融危机的冲击，但是这 10 年仍然是中国经济发展最快、最平稳的 10 年，人民的物质生活水平上了一个大台阶。但是，就政府、市场、社会的关系来看，没有解决的问题也不少，政府与市场的关系界定还不够清晰；政府自身的改革还不到位，权力寻租和腐败问题严重；市场机制导致的收入差距过大问题依然严重，生态环境恶化趋势还未遏止。

五、十八大以来：界定政府、市场、人民地位

党的十八大以后，在市场经济体制确立、工业化进入后期、城市化水平超过 50%、产业结构面临升级、收入差距过大的形势下，中国社会的主要矛盾已经转变为"人民日益增长的美好生活需要和不平衡不充分的发展之间的矛盾"，经济发展与社会建设的关系更加突出，中国共产党更加重视政府、市场关系和人民的定位问题，探索如何用好政府和市场这"两只手"，实现以人民为中心的发展。

2012 年 11 月召开的党的十八大，针对改革开放以来政府职能转变与市场经济体制存在的问题，又一次提出通过改革促进政府经济职能转变，从而进一步促进中国经济发展方式转变和保证全面建设小康社会目标的实现。党的十八大报告指出："改革是加快转变经济发展方式的关键。经济体制改革的核心问题是处理好政府和市场的关系，必须更加尊重市场规律，更好发挥政府作用。"[1] 要求"更大程度更广范围发挥市场在资源配置中的基础性作用"[2]。2013 年 3 月，李克强担任新一届政府总理后，在很多场合多次提出："转变政府职能，就是要解决好政府与市场、政府与社会的关系问题，通过简政放权，进一步发挥市场在资源配置中的基础性作用，激发市场主体的创造活力，增强经济发展的内生动力；就是要把政府工作重点转到创造良好发展环境、提供优质公共服务、维护社会公平正义上来。"[3]

---

[1]《十八大以来重要文献选编》上，中央文献出版社 2014 年版，第 16 页。
[2]《十八大以来重要文献选编》上，中央文献出版社 2014 年版，第 15 页。
[3]《十八大以来重要文献选编》上，中央文献出版社 2014 年版，第 293 页。

2013年11月9日，习近平在关于《中共中央关于全面深化改革若干重大问题的决定》的说明中指出："经济体制改革仍然是全面深化改革的重点，经济体制改革的核心问题仍然是处理好政府和市场的关系。"[1]"中央认为对政府和市场关系的问题，从理论上作出新的表述条件已经成熟，应该把市场在资源配置中的'基础性作用'修改为'决定性作用'。"[2]中共十八届三中全会正式提出"市场在资源配置中起决定性作用和更好发挥政府作用"。

但是在实际经济运行中，政府与市场的关系不仅不清晰，而且是变动不居，因时、因事、因地甚至因人制宜的。在强调发挥市场机制在资源配置中的决定性作用时如何避免和纠正其"失灵"的地方，在强调更好发挥政府作用时如何避免和纠正其"失灵"的地方，仍然没有解决。

就经济领域而言，党的十八大以来我国面临的主要挑战有三个方面：一是产业结构调整升级、环境保护与经济增长速度下行的矛盾，二是"脱实向虚"与金融风险增加的问题，三是人民群众的合理愿望不能得到满足的问题（食品安全、住房、医疗、法治）。

党的十八大以来的6年，随着资源、环境、出口和国内需求的约束，中国的产业结构开始进入优化升级阶段，即由中低端向中高端产业结构升级，因此普遍产能过剩和"三高一低"企业面临关停并转，这就导致经济增长速度下降、资本沉没、职工下岗转移、银行债务风险增加、政府财政收入减少。例如中国经济增长速度已经由前10年的年均9%以上降落到7%以下。如前所述，经济增长速度的下滑，在现有发展方式下，自然会导致就业人数、财政收入、居民收入的增幅下滑，使得一些社会矛盾凸显出来，这是党和政府不愿看到的，因此"保增长""稳增长"就成为党和政府的重要目标。而这种"熨平经济周期"的保增长、稳增长，就会产生"僵尸企业"，延缓产业升级，甚至增加金融风险，也使发展方式转变和生态文明建设落空，因此这是一个"两难选择"。供给侧改革艰难前行，效果不明显，与这种多方牵制有很大关系。

---

[1]《十八大以来重要文献选编》上，中央文献出版社2014年版，第498页。
[2]《十八大以来重要文献选编》上，中央文献出版社2014年版，第499页。

前一个历史阶段出现的产业结构和资本"脱实向虚"苗头已成趋势，没有转变。2002—2012年的10年间，一方面依靠基本建设投资和加入WTO扩大出口支撑了经济高增长，但是另一方面，作为拉动经济增长的"三驾马车"之一的居民消费却需求不足，劳动力成本提高，资源环境约束趋紧，地方政府公共服务要求提高但收入入不敷出。在这种情况下，房地产就成为拉动内需的主要产业，一方面房地产业搭上城市化加速的快车并且产业技术"门槛"不高，另一方面，房地产业的大发展可以为地方政府增加财政收入，即"土地财政"。于是在资本、政府、居民"刚需"三重力量推动下，房地产业迅速扩张，特别是2008年世界金融危机爆发后出口萎缩，房地产业更是承担了保增长、保财政、保就业、吸纳社会游资的作用，房价一路上行，投入房地产业的资本和资金收益，不仅远远高于银行存贷款利息，也远高于生产性企业，因此大量银行和上市公司投资房地产。这种势头在党的十八大以后甚至愈演愈烈，直到2017年下半年习近平提出"房住不炒"，2018年下半年开始用行政手段严厉抑制房价上涨，才略见成效。

"脱实向虚"的另一个表现是金融深化过度，大量资金在流通和金融领域内循环。一是大量资本进入流通领域，依靠规模来挤压实体商店，赚取商业利润，例如迅速兴起的阿里、腾讯、饿了么、滴滴约车、支付宝、P2P、共享单车、拼多多等；二是各商业银行规模迅速扩张，中国的工商银行、中国银行、建设银行、农业银行已经占据世界十大银行的前四，资产远超西方发达国家的银行。

人民群众的"获得感"、经济"安全感"并没有与经济发展同步提高。党的十八大以来，全国人均收入由2012年农村居民纯收入7917元、城镇居民可支配收入24565元，提高到2017年的农村居民可支配收入13432元、城镇居民可支配收入36396元，分别提高了69.7%和48.2%。但是由于城市住宅价格在这个阶段全国70个大中城市平均上涨一倍以上，因此使得城市化过程中进城落户的农民和城镇居民形成了恐慌性或投机性购房，不仅相当部分收入流进了住宅，而且将未来的收入也预支出来，加上股市的低迷徘徊，作为中等收入者除了拥有的住宅升值外，实际消费被挤压下降。此外，食品安全问题、环境恶化问题也层出不穷，人民群众对近期发生的"疫苗事件"、租房价格上涨反响如此强烈,即反映了人民群众的不满情绪。

在与政府、市场关系紧密相关的社会建设方面,党的十八大以后,由于经济发展进入新常态、城市化快速推进、居民收入差距依然很大,社会不稳定的态势没有明显缓和,因此社会治理和维护稳定的问题依然突出。在这种形势下,一方面,党和政府将"和谐""共享"列入"五大发展理念",加大了消灭贫困和提高社会保障的力度,另一方面,继续加强社会治理。

在消除贫困方面,党的十八大以来,党和政府将"脱贫攻坚"摆在了突出位置,并取得显著成效。这个阶段,以习近平同志为核心的党中央加大政府扶贫投入,创新扶贫方式,实施精准扶贫、精准脱贫,成效显著,到2017年底,共有6000多万贫困人口稳定脱贫,贫困发生率从10.2%下降到4%以下。在此基础上,党的十九大又提出到2020年消除贫困人口的庄严承诺,即通过多种方法,彻底解决剩余的约3000万贫困人口,这样从2018年到2020年的3年里,平均每年要脱贫1000万人口,目前这已经作为全党和全国人民的三大攻坚任务之一,正在努力实现。

在社会治理方面,中国的社会结构已经发生了很大的变化,新社会阶层已经成为重要社会力量。据2017年10月21日党的十九大召开期间统战部答记者问说,我国的民营企业近2500万户,它的作用和贡献可以用五个数字来概括,就是"56789"。"5"就是民营企业对国家的税收贡献超过50%,"6"就是国内民营企业的国内生产总值、固定资产投资以及对外直接投资均超过60%,"7"就是高新技术企业占比超过了70%,"8"就是城镇就业超过80%,"9"就是民营企业对新增就业贡献率达到了90%。① 2013年11月,中共十八届三中全会通过的《中共中央关于全面深化改革若干重大问题的决定》,直接提出"加快形成科学有效的社会治理体制"的任务,"社会治理"成为国家治理体系和治理能力现代化的

---

① 冉万祥:《民营企业的作用和贡献可以用"56789"来概括》,2017年10月21日。http://www.xinhuanet.com/politics/19cpcnc/2017-10/21/c_129724207.htm。

重要内容。[①]2014年3月的政府工作报告对"推进社会治理创新"作了具体部署,要求"注重运用法治方式,实行多元主体共同治理"。[②]

2017年10月召开的党的十九大,进一步提出要打造"共建共治共享的社会治理格局",这与2015年中共十八届五中全会提出的"构建全民共建共享的社会治理格局"相比,增加了"共治"的表述,进一步丰富了加强和创新社会治理工作的内容,并且提出了社会治理的制度建设、提高四化水平和加强四个体系建设。

[原载《国家行政学院学报》2018年第5期]

---

① 《十八大以来重要文献选编》上,中央文献出版社2014年版,第512—513页。
② 《十八大以来重要文献选编》上,中央文献出版社2014年版,第850页。

中国改革与发展中的政府与市场关系

  2008年世界经济危机爆发后，政府与市场的关系再次成为政策辩论的核心。2012年党的十八大报告中提出了"经济体制改革的核心问题是处理好政府和市场的关系"这个命题，并强调："必须更加尊重市场规律，更好发挥政府作用。"2013年，中共十八届三中全会又作出了《中共中央关于全面深化改革若干重大问题的决定》，第一次提出了市场在资源配置中发挥决定性作用和更好发挥政府作用，将党对经济运行中政府与市场关系的认识更加深入、更加明确。中国作为世界上最大的发展中国家，在以工业化、市场化、城市化为标志的现代化过程中历尽艰难曲折。1978年中共十一届三中全会以后，中国共产党在充分吸取过去经验教训的基础上，解放思想，实事求是，与时俱进，突破了新中国前30年形成的发展模式，实现了对传统社会主义理论的带有根本性的突破和创新，终于懂得了必须依靠市场调节和政府调控并举的"双轮驱动"，明白了政府与市场的各自职能和边界并不是固定不变的，而是因时、因地、因事而随时调整的，可以避免经济发展过程中的"市场失灵"和"政府失灵"，从而使中国走上了社会主义市场经济发展道路。

一、政府"放权让利"，引入市场机制

  1978年底召开的中共十一届三中全会，拉开了波澜壮阔、令世界瞩目的经济改革帷幕。由于在经济落后和严峻国际环境下为实现超常发展

而建立起来的单一公有制和计划经济体制的弊病,与长期形成的经济结构失衡、人民生活水平长期徘徊交织在一起,因此加快经济发展就成为首要的、也是突破固有观念最强大的武器,也是全党和全国人民改革的动力。改革是从体制的薄弱环节,也是原有体制束缚最大、生活最困难的农业和农民开始的。以家庭联产承包责任制为主体的农村改革,不仅见效快、成效大,也为后来的改革起到了开辟道路和示范的作用,这种农村生产关系的深刻变革,实际上已经突破了单一公有制和计划经济。

在家庭联产承包制发展过程中,随着农村多种经营的开展,出现了从事商品生产的专业户。这种专业户是在农村分工分业发展基础上,以一家一户为单位,专门或主要从事某项专业生产或经营的经济实体,一开始就以商品生产者的面貌出现,讲求经济效益,充分利用零散的资金和劳力,注意学习和掌握科学技术,发挥了农村各种能手的作用。他们生产的农副产品商品率一般达到70%以上,获得的收入普遍高于一般农户,年收入达千元甚至万元以上。这种专业户随着规模的扩大,开始雇工。与此同时,乡镇企业也如雨后春笋般迅速发展起来。专业户和乡镇企业的发展,加速了我国农村经济由自给半自给经济向商品经济转化,商品率迅速提高。

从中共十一届三中全会到1984年的改革开放成果,特别是农村改革的巨大成效,不仅极大地鼓舞了党和人民的改革信心和热情,也为进一步扩大改革开放提供了物质基础,即通过经济调整和改革开放,我国的经济形势出现了新中国成立以来少有的最好时期,几乎每个人都是改革开放的受益者,都迫切希望并通过进一步改革开放促进经济发展、增加收入。于是,从1984年10月的中共十二届三中全会开始,改革范围扩大,改革重心由农村转入城市。

城市改革首先遇到的就是政府如何进行计划管理问题。在计划经济体制下,计划是社会再生产和扩大再生产活动的核心。对于如何做到既搞活经济又合理组织经济这个长期追求的目标,《中共中央关于经济体制改革的决定》提出了计划体制改革的目标是"建立自觉运用价值规律的计划体制"。

这一时期的经济改革,集中于政府的职能从全能型向效能型转变。由于改革计划经济体制首先是从过去束缚最多、危机最深的农业开始,而家庭联产承包责任制的巨大成效和乡镇企业的"异军突起"不仅从根本上改变了农村经济的微观机制,也为城市改革提供了榜样和示范。于是,在"让一部分人、一部分地区先富起来"的诱导下,加上"放权让利"的制度和政策保障,于是在20世纪80年代形成了一个自下而上的诱致性变迁为主的强大动力,中国共产党终于在80年代突破了单一公有制和按劳分配这两个过去作为社会主义经济制度基石的理论束缚,从而为建立新型的社会主义市场经济发展道路奠定了微观经济基础。

在这个阶段,单一公有制和计划经济条件下的政府原有经济职能主要是从两个方面逐渐消解的:第一,放权让利,给原有公有制经济自己活动的空间;允许非公有制经济和"三资"企业存在和发展。这个方面以农村改革最为突出,成效也最大,从1979年开始推行农业生产经营责任制("大包干")到1983年取消人民公社,不过5年的时间。在城市,国营企业的改革推进虽然不快,但是从简政放权到推行"承包制",也扩大了企业的经营自主权和对利润的分享。这种政府放松对公有制经济的控制和剩余索取,尤其是农村,应该说是调动了农民和企业的积极性,是80年代经济高速增长的动力之一。在公有制经济体制内改革的同时,政府还通过实行对外开放、鼓励城市待业人员自谋职业和农村"专业户"的发展,并对他们网开一面,让市场机制去调节。于是,在公有制外形成了一个极具活力的经济成分。第二,逐步放松对整个经济的行政控制,退出部分领域,让市场机制替代调节。在这个方面,政府的指导思想经历了从"计划经济为主,市场调节为辅"的主从结构,到"计划管理与市场调节相结合"的板块结构,再到"政府调控市场、市场引导企业"的上下结构,最后1989年又回到"计划经济与市场调节相结合"的含混提法。但是,上述指导思想毕竟反映出政府越来越多地将原来由自己直接管理的领域让渡给市场调节。即使在1989—1991年治理整顿期间,市场化仍在推进,如粮食流通体制的改革、证券市场的建设等。

二、社会主义市场经济体制的确立

1992—2001年是基本确立中国社会主义经济体制的重要历史时期。这10年也是中国经济体制变动最大、社会主义市场经济确立时期。在这个阶段，一方面产品市场的价格基本放开由市场调节，资本市场、劳动力市场初具规模，市场经济框架基本形成；另一方面，政府方面的改革也有突破性进展，分税制改革奠定了划分中央与地方财权的制度基础，国企改革取得关键性成功，因加入WTO而承诺转变政府职能。

1992年初，邓小平在视察深圳、珠海经济特区时对社会主义的描述以及对市场经济的解释，对于结束1989年以来党和政府在计划与市场关系上的含混认识，重新确立市场化改革方向起到了催化剂的作用。时任中共中央总书记的江泽民1992年6月9日在中共中央党校的讲话中谈到社会主义市场经济与计划的关系，指出："社会主义经济从一开始就是有计划的。在人们的脑子里和认识上，一直是很清楚的，不会因为提法中不出现'有计划'三个字，就发生了是不是取消了计划性的疑问。"9月召开的党的十四大，根据改革开放以来的理论探索和实践，将中国特色社会主义理论发展到一个新的高度，使中国的经济体制改革有了明确的目标，即建立社会主义市场经济体制。

党的十四大以后，经济体制改革进一步深入，改革在全面推进的基础上，重点由过去的增量改革、产品市场改革为主，转向以存量改革、要素市场改革为主（即资金市场和劳动力市场），国有企业建立现代企业制度、建立资金市场和劳动力市场、转变政府职能，成为1992年以后改革的三件主要工作。

1993年11月，中共中央经过一年的酝酿，在中共十四届三中全会上通过了一个关于建立社会主义市场经济体制的具体设想，即《中共中央关于建立社会主义市场经济体制若干问题的决定》。《决定》指出：社会主义市场经济体制是同社会主义基本制度结合在一起的。建立社会主义市场经济体制，就是要使市场在国家宏观调控下对资源配置起基础性作用。为实现这个目标，今后应完成以下主要任务：（1）转换国有企业经营机制，建立现代企业制度；（2）培育和发展市场体系；（3）转变政府管理经济的职能，建立以间接手段为主的完善的宏观调控体系；（4）建立以按劳分配为主体，效率优先、兼顾公平的收入分配制度；（5）建立多层次的社会保障制度，以促进经济发展和社会稳定。《决定》计划到20世纪末，初步建立起社会主义市场经济体制。

1978—1991年的改革，对于城市来说，主要是"增量"改革，即一方面通过"搞活"，让个体、私营和外资企业发展起来，另一方面，则通过"放权让利""承包制"等各种形式调动国有企业的积极性，至于原来国有企业职工享受的医疗、住房、交通等福利和无失业之虞，依然维持，同时城市居民在教育、医疗、交通、食品等方面享受的国家财政补贴也继续维持着。但是，1992年确立市场经济改革目标以后，改革进入攻坚阶段。一方面，政府改革了过去计划经济时期在食品、住房、医疗、教育等方面的国家补贴或包下来制度，取消了国家对城市粮、油及副食的补贴；逐步停止了福利分房，实行住房商品化；积极推行医疗保险、"大病统筹"来替代过去的"公费医疗"；取消了教育基本由国家包下来，允许教育、特别是高等教育收费。另一方面，国家通过深化国有企事业改革，改变了过去"职工吃企业'大锅饭'，企业吃国家'大锅饭'"的不合理体制，同时伴随着大量企业破产、转制和实行"减员增效"，使得相当数量的职工下岗或失业。这都表明，从1978年开始的收入分配改革实际上进入了"存量改革"阶段。但是，在这个"存量改革"阶段，政府改变过去那种国家对国有企事业职工从生老病死"包下来"的办法和对城市居民的过度补贴是正确的，这不仅有利于调动职工的积极性，也有利于消除城乡之间的不公平。

这个时期有关市场经济建设还有两个重大推进：一是金融和银行业的改革，对资本市场的形成至关重要；二是加入WTO，对中国融入国际市场、与国际经济接轨至关重要。

市场经济体制逐步确立的过程，同时也是政府经济职能发生重大转变的过程。

一是政府通过实行"分税制"改革，实现了由过去长期形成的"行政性分权"向财政分权的转变。分税制是市场经济国家普遍实行的财税制度，1992年我国确定建立社会主义市场经济以后，长期以来困扰中央与地方关系的财权划分问题终于找到了改革目标，那就是由计划经济基础上的"行政性"的集权与分权交替，转向市场经济基础上的"财政分权"。二是政府通过对国有经济实行比较彻底的调整和改革，包括国有商业银行的改革，攻克了传统计划经济体制的最后一个难关，建立起适应市场经济的现代企业制度和产业结构的国有经济。三是面对1997年以后"买方市场"的出现和市场经济建立过程中出现的新问题，政府不断学习和掌握了运用财政、货币和产业政策等调控手段来解决"市场失灵"问题。四是为加入WTO而与国际接轨。加入WTO的谈判过程，也促进了中国的市场化改革和转变政府经济职能。中国加入WTO以后，根据其原则和所做出的承诺，在此基础上，对与之有关的经济法律和规章进行了重大调整。1999—2005年，中国政府制订、修订、废止了2000多项经济法律规章，建立起了符合WTO规则的法律体系。

三、改革的深化：政府转型与市场建设

2001年底，中国经过长达15年的谈判（从1986年正式提出"复关"申请算起），终于加入了WTO，从而为中国扫除了对外贸易障碍，对扩大"充分利用"国际市场和国际资源起到了关键作用。而中国以西部大开发为龙头，随后跟进的"振兴东北老工业基地"、"中部崛起"、东部"率先发展"等，则导致了新一轮地方发展的"锦标赛"，而其中政府仍然是经济发展的主角。特别是2008年世界金融危机爆发后，政府注入4万亿投资以"稳增长"，更是强化了政府投资的功能。与此同时，实行工业"反哺"农业、城市支持乡村，也强化了政府的经济地位和作用。

随着中国经济总量的迅速扩大和财政收入的大幅度增加，我国的投资能力也迅速提高，2002年的投资总量第一次超过4万亿元人民币，这种能力不仅是改革开放前不可想象的，也是20世纪90年代中期以前不可望其项背的，而且资本市场的形成又为提高资本投资效率提供了条件，这就为我国投资科技含量高的新兴产业提供了资金上的支持。此外，我国政府的财力也越来越大，既能够承担起诸如三峡工程这样投资大的高

效工程,也能够承担起诸如"退耕还林"、治理污染这样的"不赚钱"项目。

但是另一方面,在市场经济体制框架基本形成的条件下,怎样运用"政府之手"来弥补"市场失灵",例如维护市场秩序,保护公平竞争,解决城乡之间、地区之间、阶层之间收入差距过大,等等,都要求政府本身通过改革来消除在市场经济中的"越位""缺位"和"错位"问题。

例如,政府如何调控房地产市场问题。1998年以后,为了扩大内需和适应城市化和居民消费结构升级的需要,政府将房地产作为拉动经济的支柱产业,而由于财政体制改革没有及时跟进,使得地方政府出于增加财政收入需要而转向"经营城市",形成"土地财政",从而使得政府对房地产的调控效果不佳。究其原因,与政府职能转变滞后有很大关系。1994年实行分税制以后,中央财政收入大幅度增加。按照当时分税制改革时的设想,中央收入比重60%,支出比重40%,地方收入比重40%,支出比重60%,其中差额由中央转移支付解决。但是由于相应的政府职能转变没有及时跟进,地方政府的事权远远超过财权,而转移支付则限制过死,因此出现了前面所说的"经营城市"和"土地财政"(因为土地转让收入归地方财政)。就地方政府来说,以分税制为分水岭,其经济行为由"经营企业"为主转变为"经营城市"为主。由于"经营城市"和大力发展房地产业,对地方政府有五大好处:(1)卖地增加财政收入;(2)增加地方的GDP;(3)技术门槛低,投资风险小,资本沉淀率低,节能减排好(没有高污染、高能耗);(4)拉动第三产业,有利于产业结构调整;(5)有利于城市化,好改善城市基础设施。因此这个时期地方政府的"土地转让"收入持续大幅度增长,房地产价格在高收入投机性购房和中低收入者"恐慌性"购房的双重推动下,也持续升高,而中央政府为了"保增长",对其始终没有出台真正的抑制政策。

四、经济发展"新常态"和全面深化改革

从改革开放算起,中国的市场化改革已经历了36个年头,社会主义市场经济体制和市场经济体系已经基本建立起来,但是从政府与市场关

系的处理来看，任务仍然没有完成。一方面，政府经济职能转变还没有实现，越位、缺位、错位问题还很多，在消除市场失灵的宏观经济调控方面还存在很多问题，中央政府与地方政府的关系还没有完全理顺。中央政府的宏观调控问题，转移支付的有效使用问题，地方政府的财权与事权不一致问题，国有企业的垄断问题，等等，都还没有完全解决。另一方面，市场建设还任重而道远，诚信缺失、秩序混乱、不公平竞争、价格扭曲等市场不成熟的表现随处可见，政府对企业违法行为有效监管和消除负外部性的能力还很弱，政府"缺位"与政府"越位""错位"同时存在。

与此同时，经过改革开放35年的经济高速发展，中国的GDP已经由1978年的3645亿元增长到2013年的56.88万亿元；第一产业所占的比重已经下降到10%左右，城镇化率上升到53.7%，人均收入已经超过6500美元，中国已经进入工业化后期阶段和世界中等偏高收入国家的行列。目前，中国的经济增长速度在经历了30多年的年均9.8%的高速增长期后，开始回落到7%左右的"新常态"；资源约束、产能过剩、生态环境脆弱、劳动力供给出现"刘易斯拐点"、收入差距太大等，都导致中国有可能陷入拉美、东南亚等国家出现的"中等收入陷阱"。经济发展进入"新常态"后，一方面，必须尽快完善市场机制和市场体系，充分发挥市场机制在资源配置中的决定性作用，"让一切劳动、知识、技术、管理、资本的活力竞相迸发，让一切创造社会财富的源泉充分涌流"；另一方面，必须更好地发挥政府的调控作用，力争实现就业可充分、企业可盈利、财政可增收、风险可控制、民生可改善、资源环境可持续，"让发展成果更多更公平惠及全体人民"。

为此，党的十八大拉开了全面深化改革的大幕，特别是中共十八届三中全会以来，改革正有步骤、分类别地快速推进。为了推进《中共中央关于全面深化改革若干重大问题的决定》贯彻落实，习近平总书记在2014年2月17日指出：我们在学习宣传全会精神上还要下细功夫、苦功夫、深功夫，夯实全面深化改革的思想认识基础。在学习理解上，要防止一知半解、断章取义、生搬硬套，要弄清楚整体政策安排与某一具体政策的关系、系统政策链条与某一政策环节的关系、政策顶层设计与政策分层对接的关系、政策统一性与政策差异性的关系、长期性政策与阶段性政策的关系，既不能以局部代替整体，又不能以整体代替局部，既不能以灵活性损害原则性，又不能以原则性束缚灵活性。在贯彻落实上，要防止徒陈空文、等待观望、急功近利，必须有时不我待的紧迫意识和夙夜在公的责任意识抓实、再抓实。改革是循序渐进的工作，既要敢于突破，又要一步一个脚印、稳扎稳打向前走，确保实现改革的目标任务。

总结新中国长期以来政府与市场关系的演变，尤其是改革开放以来政府与市场关系的演变，不难发现，无论是改革开放以来经济与社会的快速发展成就，还是收入差距过大等问题，都与能否正确认识和处理政府与市场关系紧密相连，而这个关系并不是固定和一成不变的，它是动态的，因时、因地、因事、因发展水平而变动。

首先，就经济发展模式来说，中国必须对传统工业化或现代化的目标价值进行重新审视。近一个半世纪来，中国现代化道路虽然先后经历了"西方自由资本主义""国家资本主义""传统社会主义"与"市场社会主义"四次经济发展模式的选择与实践，但始终都以学习西方、追赶西方的传统工业化为核心概念与实践逻辑。然而，随着经济的快速发展和诸多经济社会问题的出现，进而深刻地影响到人类当代及其后代的幸福生活，人们便不禁重新拷问以传统工业化为核心的经济发展目标价值。历史似乎向我们昭示：中国的现代化既不能绕过工业化阶段，又必须避免走传统工业化的老路，而社会经济发展中的各种问题，要通过加快发展逐步解决，不能消极等待发展来解决。因此，中国的现代化发展必须充分考虑人、自然、社会的协调发展，走"绿色"与"和谐发展"的生态现代化之路。

其次，就经济社会发展中政府与市场的经济职能而言，政府的宏观调控与市场的经济调节均是现代经济发展的必需。新中国成立 64 年来，经历了由一只政府"看得见的手"到政府与市场"双管齐下"、由集中资源配置、实行计划经济到"两只手"相互配合的社会主义市场经济。20世纪 80 年代以来，在世界范围内，一方面，计划经济的破灭和出于对政府过度干预的担忧导致市场"迷信"盛行，以"新自由主义"为代表的许多学者大力呼吁让政府回归到古典主义的"守夜人"角色中来;另一方面,"市场失灵",特别是2008年的世界金融危机,又使人们对政府经济职能寄予厚望。政府与市场的关系就仿佛跷跷板的两头,要么此上彼下,要么此下彼上,难以协调和平衡,至今仍然是一个没有解决对策的难题。但是,正如市场失灵并不必然导致政府过度干预,同样政府失灵也并非必然要求构建不受干预的市场。实际上,政府经济职能绝不是要不要权力或其大小的问题,也不是简单的职能强化或弱化的问题,而是政府与市场职能如何正确分工、各就其位、准确定位和相互配合的问题,关键是政府管理职能既不"缺位",也不"越位",而应是全面落实"到位"的问题。

最后,克服"政府失灵",关键在于政治民主与科学决策。历史告诉我们,实现政府职能和发展方式转变,建立生态文明和"和谐社会",需要全体人民的共同努力。在市场经济条件下,"市场失灵"要求政府干预,而政府干预时又同时面临"政府失灵"的危险,实际上,就世界范围来说,无论是发达国家还是发展中国家,都遇到过双重"失灵"的问题。按照西方经济学的观点,"政府失灵"的主要原因有三:(1)决策信息不完全和不及时;(2)政府机构和官员的自利动机;(3)难以预期的企业和居民对政府计划的反应。[①]对此,信息化大大降低了民众广泛参与政府经济决策的成本,提高了及时性,同时民众的意见得到尊重就会与政府政策保持一致,民众充分参与并发表意见,政府官员手中的公共权力和私利动机也能得到了较好的监督和有力制约。这些恰恰是中国协商民主政治的内涵所在,是决策科学化的基础性条件,因而也是克服政府与市场双重失灵的关键因素。中国之所以实行"社会主义市场经济",就是要用社会主义的"人民当家作主"性质,来克服市场和政府的双重"失灵"问题。2013年十二届人大一次会议通过的国务院机构改革和职能转变方案提出的"必须坚持人民主体地位,最广泛地动员和组织人民依法管理国家事务和社会事务",即反映了这个思想。

[①] [美]斯蒂格利茨:《经济学》,姚开建、刘凤良、吴汉洪等译,中国人民大学出版社1997年版,第503—505页。

新中国成立以来，中国共产党在极为错综复杂的环境和人均资源非常匮乏的条件下，带领中国人民经过64年的艰辛探索，终于形成了中国特色社会主义理论、发展道路和基本制度，初步建立起社会主义市场经济，再一次向全世界证明社会主义是可以与时俱进并有着巨大优越性。这种优越性不仅体现在其经济体制比资本主义具有更大的包容性，可以充分发挥国有经济、私营经济、外资经济的积极作用，可以有机地融入全球化的世界经济并获得共赢，而且还体现在它所具有的强大经济发展动力和充分利用各种资源的能力上。

[原载《中国经济史研究》2013年第3期]

略论工业化过程中政府角色的适时转换

在近代以来的世界历史上,从农业文明向工业文明的转化,无论是老牌的资本主义国家还是获得独立后的发展中国家,无论是社会主义国家还是资本主义国家,政府都在经济发展中扮演了重要的角色,尽管不同时期、不同国家的政府因其代表的阶级、所处的国际环境、国内经济发展水平、政府力量的强弱等不同,其在经济发展中所扮演的角色和作用有较大差异。一般来说,其扮演的角色和作用主要表现在对内、对外两个方面。今天,随着我国向社会主义市场经济过渡和对外开放、与国际经济接轨,政府在经济发展中的作用也正在发生相应的变化。

一、西方资本主义国家工业化过程中政府的作用

工业化作为一种世界范围的运动,已经有了数百年的历史。对于当今发达资本主义国家的早期工业化历史,过去我们多从资本主义生产关系和生产力等方面去研究问题,较少去深入研究政府的作用。实际上,就工业化来说,政府的作用是相当大的。

(一)早期资本主义国家政府在工业化过程中的作用

工业化是伴随着资本主义经济的发展而产生的一个社会运动过程。资本主义生产方式的萌芽,最早出现于14、15世纪地中海沿岸的一些城市,但是由于这些城邦经济没有强大的国家做后盾,不能为资本主义

生产方式的发展提供原始积累和开拓市场，因此这些地方也就失去了最早开始工业化的历史契机。最早确立资本主义生产方式并开展工业化的国家是英国，这并不是偶然的。16世纪的"圈地运动"和打败西班牙的无敌舰队，为英国的资本原始积累开辟了道路。而17世纪的资产阶级革命和打败号称"海上马车夫"的荷兰，则为工业化提供了制度和物质保障（资金、市场）。正是在此基础上，英国率先实现了工业化。从英国的工业化来看，虽然工业化是以私营企业为主要形式进行的，并且就国内经济运行来看，基本上是市场调节，政府直接干预较少。但是，政府在经济发展中却发挥了两种重要作用：一是在国内通过立法和强制的手段，为资本主义经济的运行和发展提供制度保障；二是通过武力向海外扩张和掠夺，为本国资本主义经济的发展提供了丰富资源和广大市场。没有上述两种政府作用，英、法、美等早期资本主义国家的工业化是不可能实现的。

（二）后起资本主义国家政府在工业化过程中的作用

英、法、美等国的工业化和日益强大极大地刺激了德、俄、日以及中国等尚未沦为殖民地的国家。德、俄、日等国利用强大的政府力量，实施了赶超战略。这种赶超战略就是对内利用强大的政府（中央集权）加强对资源配置的管理，扶持现代工业尤其是基础工业的发展；对外则走上军国主义道路，通过瓜分和重新瓜分国际市场和殖民地来掠夺资源和开辟市场。第一次世界大战就是由于德国要求重新瓜分世界引起的，同样，第二次世界大战也是由于德、意、日要求重新瓜分世界引起的。以德国和日本为例，如果没有政府对国内工业的大力扶持和对外的侵略掠夺，是不可能很快实现工业化的。

（三）战后独立的国家政府在工业化过程中的作用

第二次世界大战以后，随着帝国主义势力的削弱和民族解放运动的兴起，一大批殖民地半殖民地国家先后独立并开始工业化进程。由于这些国家已经不可能靠对外掠夺来加速工业化进程，相反却因经济落后而受发达国家的经济剥削和压迫，因此，一方面这些国家不得不主要靠国内的积累来为工业化积聚资金,资源短缺成为这些国家的共同特征;另一方面,这些国家也必须通过统制外贸和限制外国资本来减少不平等贸易和富国的剥削。此外,为了改变经济落后面貌和节约成本,这些国家也必须直接学习和应用国际先进的技术和管理,再加上要避免工业化初始阶段因贫富差距拉大引起社会动荡,这样,这些国家就更加强调政府在工业化过程中的作用,以国有化和社会公平为号召的形形色色的社会主义应运而生(印度和一些非洲、拉美的国家政府即以此标榜)。总之,这些国家尽管大小不一、条件不同,但是在强调政府对经济发展的作用方面则是一致的。这种作用主要表现在两个方面:一是政府直接经营企业,国有经济占较大比重,即孙中山所说的"节制资本";二是政府加强对国民经济的调控。

可以说,在资本主义国家工业化过程中,无论是发达国家还是发展中国家,无论是历史上还是今天的现实,也无论是成功的还是曲折的,政府都无一例外地发挥了重要作用。

二、中国近代以来政府在工业化中的角色

中国的工业化发轫于 19 世纪 60 年代开始的"洋务运动",但是在其后的 80 余年间举步维艰,进展缓慢。工业化真正起步,则是新中国成立以后,到 20 世纪 80 年代,我国基本上建立起独立完整的工业体系。就目前说,虽然从就业人口来看,我国还不能说已经实现工业化,并且人均国民收入与经济发达国家还有较大差距,但是我国毕竟进入了工业化过程的中后期阶段。回顾我国一百多年来的工业化历程及其政府的作用,大致可以分为三个阶段:第一个阶段是 19 世纪 60 年代到辛亥革命前的近 50 年,第二个阶段是辛亥革命后至新中国成立前的近 40 年,第三个阶段是新中国成立至今的 50 年。在上述三个阶段,在不同的基础和条件下,政府扮演了不同的角色,结果也自然不同。

(一)清政府扮演了阻碍工业化进程的角色

1840 年鸦片战争以后,尽管以林则徐、魏源为代表的有识之士看到

了中国与西方列强的差距，提出"师夷长技以制夷"，但是愚昧的清政府并没有认识到学习西方的必要性。直到第二次鸦片战争和太平天国革命失败以后，由于清政府认识到现代武器在战争中的重要性，才开始兴办近代军事工业。从1864年太平天国失败到1894年中日甲午战争爆发前的30年，史称"同光中兴"，是相对和平的时期，清政府在此期间固然搞了洋务运动，兴办了一些现代工业，但是它对民间兴办现代工业的严厉限制和政治腐败，使我国的工业化进展非常缓慢，错过了19世纪工业化起步发展的时机。而日本正是利用这30年迅速崛起的。甲午战争为帝国主义列强的资本输出打开了大门，虽然清政府同时也准许民间兴办现代工业，但是时过境迁，中国已经成为帝国主义列强群雄角逐、各霸一方的竞争场地。在甲午战后兴起的实业救国热潮中，民间兴办了一些现代工业。而清政府对民办企业不仅没有实质性的扶持，即为其发展提供一个良好的政治经济环境，相反，政府及官吏以各种名目大肆盘剥现代企业，与同期日本鼓励扶持民间投资兴办现代企业的政策措施形成鲜明对照。

（二）民国政府客观上亦扮演了阻碍工业化进程的角色

辛亥革命以后，中国进入武人专权和军阀割据时期，政府对工业化的作用自不必多说。1928年，国民党名义上统一中国后，一方面标榜遵循孙中山"节制资本"主张，强调利用政府力量来推动中国的工业化进程，并成立了资源委员会，也确实兴办了一些工业，另一方面却违背孙中山"耕者有其田"和民主政治思想，政治上专制腐败，国内阶级矛盾不是缓和而是激化，因此1927—1937年抗战爆发前，中国民族工业仍处境艰难，农村经济凋敝，工业化了无进展。抗战爆发后至1949年国民党逃离大陆，战争成为其主要任务，其经济政策和手段的出发点都是为了维持其统治，国民党政府在"战时"的名义下，加强了对国民经济的控制。国民党政府的节制资本和战时经济统制，结果是国家资本迅速膨胀，民族资本则因受到压制和排挤陷入困境。此外，政府还通过苛捐杂税和恶性通货膨胀政策，盘剥压榨人民，使农工商业陷入停滞萎缩境地。从辛亥革命建立民国政府到1937年抗日战争爆发前，是20世纪上半期中国推进工业化的一次外部环境相对有利时机,但是中国历届政府却由于自身原因,未能抓住这个时机推进中国的工业化。同样,抗战胜利以后,国民党政府不顾全国人民"和平""民主"的强烈要求,一意孤行,发动内战,又一次延误了工业化。

(三)新中国政府扮演了领导、促进工业化的角色

新中国成立以后,政府即将快速工业化作为自己坚定不移的奋斗目标。新中国成立之初,中国共产党根据自己的认识和旧中国的遗产,提出了在国营经济领导下多种经济成分并存的基础上,通过节制资本、统制外贸和实施"四面八方"政策(即公私兼顾、劳资两利、城乡互助、内外交流),尽快实现工业化。1950年朝鲜战争爆发以后,中美两国的军事冲突使得国际环境变得严峻起来,对于求强求富的工业化,新中国政府更着重于其求强的方面,即尽快建立加强国防力量的重工业。于是,中国共产党接受了作为成功范例的苏联工业化模式(即斯大林创造的优先发展重工业模式)。"一五"计划期间,由于市场机制与过高的经济增长指标及优先发展重工业战略在资源配置方面发生矛盾,导致了全面激进的社会主义改造,1958年又在"大跃进"的浪潮中建立了政社合一的人民公社。1956年以后,我国基本形成了以单一公有制和行政性计划管理为特征的传统社会主义经济体制。

在上述经济体制下,从"一五"计划后期到改革开放前,各级政府在工业化过程中扮演了唯一的决策和实施人的角色,承担了全部的责任,由此导致了经济运行中的"投资饥渴症"和资源约束型的经济波动。由于政府是工业化的唯一决策人和监督实施者,而信息不足和管理能力有限,则限制了政府决策的科学性,提高了监督实施的成本。在这种情况下,由于中国共产党未能突破单一公有制的框架,因此只能在中央政府与地方政府之间的权利分配上动脑筋,结果却陷入"一统就死,一死就叫,一叫就放,一放就乱,一乱又统"的怪圈。

改革开放以后,随着非公有制经济的发展和人民公社的取消,特别是乡镇企业的迅速发展和大量引进外资,工业化中的投资主体已经呈现多元化,政府的角色也逐渐由唯一决策和实施者向领导和协调者转变。

1992年，中国共产党确定了社会主义市场经济体制改革目标以后，尽管大的体制框架已经确定，但是在具体实施过程中，特别是在向市场经济的过渡期间，政府究竟应该扮演什么角色、发挥什么作用，仍然是一个有待进一步探讨的重要问题。1995年10月中共十四届五中全会通过的"建议"提出："政府的经济管理职能要真正转变到制定和执行宏观调控政策，搞好基础设施建设，创造良好的经济发展环境上来。把不应由政府行使的职能逐步转给企业、市场和社会中介组织。"1998年，九届人大和新一届政府终于开始了带有根本性的政府机构和职能改革。在这里，怎样处理政府与国有企业的关系和如何确定政府在经济运行中的领导协调作用，是转换过程中最为突出和紧迫的两个问题。

三、政府与国有企业关系的转变

政府与国有企业的关系，大致可以分为两个方面，一是政府究竟应该拥有多少国有企业（即国有经济应在国民经济中占多大比重），应该在哪些行业拥有或拥有多少国有企业（即国有经济的产业结构）；二是政府在国有企业的经营管理中应该扮演什么样的角色，发挥什么作用。

当代国有经济的产生和发展，主要是由以下两个原因促成的：在发达国家，主要是出于政府调控经济的需要，而在发展中国家，除了独立时没收而来的以外，则是为了实施赶超战略。在传统社会主义国家里，国有经济被推到极限，剩下的所谓"集体经济"，实际上也具有半国有的性质。无论中国还是外国的经验都证明，单一公有制的经济结构无益于工业化，国有经济比重太大阻碍了经济发展。现在经济学家一般认为，决定国有经济所占比重及其应进入和控制哪些行业，应从以下两个方面考虑：一是哪些行业属于有关国计民生的重要行业，私人资本垄断对社会不利；二是国有企业与私营企业相比效益如何，国有企业不应进入那些既不属于第一种情况，其经营效益又不如私营和个体企业的行业。世界银行研究报告认为，一个国家国有工业企业在国家工业总产值中所占比重的大小，与这个国家的发展水平没有什么相关关系，而一些与经济发展阶段无关的经济、政治、社会和历史的因素，则对国有经济比重的大小起了很大的决定作用(如第二次世界大战以后各国没收敌产)。同时,无论是发达国家还是发展中国家,不同行业中国有经济所占的比重则表现出一种大致相同的规律,即与这些行业的战略地位和规模经济效益情况密切相关。[①]

我国国有经济所占比重较大,主要是历史和政治因素造成的(新中国成立前后的没收官僚资本和敌产,20世纪50年代的社会主义改造和单纯追求公有制的高级形式)。改革开放以来,国有经济在国民经济中的比重呈下降趋势,1992年底与1978年相比,国有工业企业产值在全国工业总产值中的比重已由77.6%下降到48.3%;在社会商品零售总额中,国有部门所占比重已由54.6%下降为41.3%。到1996年,国有经济在国内生产总值中的比重为40.8%。[②]应该说,这种下降是正常和合理的,它既不影响公有制经济的主体地位,更不会削弱政府对国民经济的调控能力,相反,将更有利于国内竞争环境的形成和投资主体的多元化,从而加快工业化的步伐。尽管如此,据1994年统计年鉴,1993年全国仍有国有企业176万余个,职工10875万人。

如此众多的国有企业,并且大部分是中小企业,经营管理成本都很高。与过去传统计划经济体制下的国有企业不同,尽管现在的国有企业比改革前效益提高了很多,但是对大部分没有规模效益的中小企业来说,其生存发展环境更艰难了。从外部环境来看,随着市场经济体制的逐步形成,过去那种全面短缺的时代已被买方市场取代,企业不仅要面临买方市场的选择和其他经济成分的激烈竞争,政府也越来越难以用行政手段来保护国有企业。从企业内部来说,则受到以下几个问题的严重困扰:(1)冗员多;(2)负债重;(3)负担重;(4)体制没理顺;(5)产业结构不合理。

在现有条件下,国有企业的出路何在?1992年以后,经济学界提出了两个办法,一是建立现代企业制度,即从体制变革的角度去解决问题;二是盘活国有经济,即调整国有企业结构,抓大放小。1993年和1994

---

① 世界银行研究报告丛书:《公有制工业企业成功的决定因素》,中国财政经济出版社1987年版。

② 张卓元等主编:《20年经济改革回顾与展望》,中国计划出版社1993年版,第34页。

年，多数人将希望寄托于企业改制，即第一种办法上。1995年以来，由于多数人认为第一种办法短期内不会产生较大成效，因而开始将工作重点放在第二种办法上。1997年党的十五大以后，国有企业双管齐下，上述两个办法并用，加快了改革步伐。

从政府经营管理国有企业的成本来看，如果将改革重心放在建立现代企业制度上，其成本太大，成效不确定。第一，建立现代企业制度不单纯是一个企业制度问题，它需要一个比较完善的法制前提和相对成熟的市场机制，同时，还需要现有的政府管理人员和企业经营人员具备运用现代企业制度的知识和技能，这不是短时间能达到的，时间成本很高。第二，即使建立了现代企业制度，它也只能解决体制问题，解决不了目前国有企业存在的诸如负担重（离退休人员）、负债多、产业结构不合理、经营性资产结构不良等非体制问题，大部分企业仍难走出困境。第三，数量如此多的国有企业，而且大部分是中小企业，建立政企分开的现代企业制度，将需要建立庞大的管理机构（管理机构、监察机构、仲裁机构），其占用的人力和费用将会很大（假如我国有足够的专业人员）。第四，就目前来看，无论是发达国家还是发展中国家，尽管存在着大量经营管理较好的国有企业，许多国家已经建立了现代企业制度，但没有哪个国家已经设计出比较完善的国有企业经营管理体制，国有企业与政府的关系以及"低效率"仍是一个需要探索解决的问题。西方国家20世纪80年代的国企"私有化"浪潮即从另一个方面反映出，许多国家为解决国有企业的低效率甚至亏损问题，不得不采用缩小国有经济比重或退出某些行业来代替制度变革。

因此，将国有企业的改革重心放在第二种办法上，则是目前较好的选择。通过国有经济的产业结构调整和资产盘活，抓住那些关系到国计民生的重要企业和具有规模效益的企业，放开那些经济效益低而又不重要（即社会效益很小）的企业，退出那些政府经营成本太高的行业（如劳动密集型、竞争激烈型、经营管理分散型行业）。通过这种调整，国有企业的数量会有所减少，国有经济在某些行业或地区的比重会有所下降，但是国有经济的资产总量不会减少，只是重新组合。这种国有经济的结构调整，将会缓解政府的财力紧张，大大提高国有企业的经济效益和社会效益，但是采用这个办法，会给社会带来一定程度的震荡，相当一部分国有企业的职工将要由现在的依赖国家转为依靠自己和社会，实际上现在已经有 1/3 以上的国有企业职工因企业亏损而陷入困境。但是只要政府的措施得当，这种调整就不会造成不良影响。事实证明，自 1995 年实施再就业工程以来，社会吸纳国有企业下岗职工的能力大大增强，国有企业优化结构、减员增效改革并没有导致社会的震荡。

四、政府吏治好坏与工业化的关系

中国工业化的历程实际上是政府主导和推进型，因此政治体制和吏治如何直接关系到政府在工业化中的作用。

中国 1978 年以前的工业化，基本上是在市场化程度很低的条件下，由政府主导进行的。在这种条件下，政府吏治的好坏，直接影响着政府在工业化中的作用。

1860—1911 年的清政府，是以地主豪绅为社会基础的封建政权。一方面，这个政权继承了中国历史上长期形成的中央集权制度，存在着一个庞大的官僚阶层，虽然它与中央贵族集团、地方豪绅势力共同统治国家，但是官僚阶层却有一个特点，即它的经济收益更多地依赖于其职位，权力寻租是其"致富"的主要途径，即所谓的"三年清知府，十万雪花银"。而 1840 年西方资本主义入侵、中国开始工业化以后，正赶上清王朝在统治了 200 年进入社会生活浮华、政府腐败的后期，作为新兴的、获利丰厚的近代工业，自然要成为官吏权力"寻租"行为热衷的地方。另一方面，清王朝是由满族地主阶级建立和控制的政权，清政府内部始终存在着满族统治集团与汉族官僚之间的矛盾，满族统治集团对汉族官僚始终存在着较深的戒备和防范。19 世纪 60 年代以后，由于在太平天国运动中八旗、绿营的溃败和汉族官僚集团镇压有功，以曾、左、李为代表的汉族官僚集团实际上把持了相对大的地方权力，因此作为新兴的近代工业，又往往成为汉族官僚挟以自重的本钱，从而使政府主导型的工业化经常受到政治斗争之害。

辛亥革命虽然推翻了腐败的清王朝，建立了中华民国，但是封建统治基础基本上没有改变，只不过皇室贵族被军阀取代，它与旧的官僚阶层和地方豪绅共同把持了各级政府，其政治的腐败甚至比清政府有过之而无不及。1924年，国民党改组后建立的广东和武汉国民党政府在政治上曾出现新气象，但是好景不长，通过"反共""清党"建立起来的南京国民党政府，不仅清洗了政权内部具有民主意识的国民党"左派"和共产党，其后为了镇压倡导激进改革的共产党和工农运动，又与军阀、官僚、乡村中的地主豪绅联成一体，国民党政权的社会基础与北洋军阀相比，并没有根本性的改变。正是在这种情况下，国民党政府的吏治状况并没有好转，凡国有资本、国家经营的企事业、政府的财政经济管理部门，无不成为贪官污吏横行的渊薮。因此，国民党政府的国家资本和公营企业被称为"官僚资本"，国民党被称为"刮民党"，政府主导不仅没有促进工业化，反而因政府的腐败和压制民族资本，阻碍了工业化的进展。①

　　1949年10月由中国共产党建立的中华人民共和国，是与清政府、国民党政府完全不同的新政府。首先，共产党通过彻底的土地改革，完全清除了长期统治农村的地主豪绅和旧的官吏；其次，共产党基本上将旧的官吏排除在新的政权之外（接收的旧人员基本上都转业或遣散），新政府的官吏基本上都是由共产党人和愿意接受共产党思想的青年组成；第三，由于共产党的性质、纲领和历史经验，对城市的资产阶级存在较大的戒备和防范，对这个阶级及其政治上的代表进入各级政府部门实行较严格的限制。由于共产党是靠人民的支持，也是利用国民党政府的腐败夺取政权的，它的思想理论、组织纪律也是与腐败和权力"寻租"行为格格不入的，因此刚刚结束革命的新中国政府，其行政效率、官吏的清廉程度都是前所未有的。尽管如此，在个体和私营经济广泛存在的混合经济（新民主主义经济）中，金钱对官吏的诱惑还是不可阻挡的，特别是在民主和法制还不健全的条件下，权力更容易与金钱作交换，金钱也更容易侵蚀政府机构。新中国成立仅两年的1951年"整党"和1952年

---

　　① 参见武力：《官僚资本概念的形成和没收过程中的界定问题》，《中共党史研究》1992年第2期。

"三反""五反"中揭露出来的官吏贪污受贿问题,即说明了这一点。

1953年开始的向单一公有制的社会主义过渡,从制度上极大地限制了官吏的腐化和寻租行为,以后不断开展的各种政治运动更是将官吏的腐败和寻租行为降至了最低点。可以说,新中国成立以后,政府主导型的工业化基本不存在官吏腐败问题和由此引起的副作用。但是从另一方面讲,这种单一公有制和不断的政治运动虽然抑制了官吏的腐败,但是也使各级官吏缺乏经济利益激励和约束,变得更服从上级,更不愿承担责任,从而使上级的决策失误更容易被贯彻甚至放大。改革开放以后,随着多种经济成分的并存发展和市场经济的建立,为政府官员和国有资产的代理人员的贪污、盗窃、寻租行为提供了更多的诱惑和机会。如何清除"腐败"成为重要问题。

从近代以来的官吏腐败和寻租行为来看,其方式主要有以下四种:一是贪污,化公为私,中饱私囊,即国有资产的流失,如清政府和国民党时期的许多"官僚资本";二是搜刮盘剥,即巧立名目加重人民负担或利用权力勒索,如清政府时期的"报效";三是寻租,即用权力交换金钱,如国民党政府时期的官吏在企业中拿"干薪""干股";四是利用权力为自己的经营提供优惠、便利或压制竞争对手,如清政府时期张之洞、盛宣怀等在自己开办某企业时即利用权力不许其他人在当地开办同类企业与其争利。上述行为对于政府主导型的工业化来说,其阻碍作用主要表现在三个方面:第一,导致国营企业经营管理不善和国有资产流失,使国营企业失去应有作用;第二,压制了民营经济的发展,寻租行为导致了不公平竞争,扰乱了市场,扭曲了政府对经济的干预行为;第三,加速了政治腐败。官吏的腐败导致前两种结果,而前两种结果又反过来助长了官吏的腐败。因为既然权力可以寻租,可以换来个人收益,官吏就会用手中的权力去制造新的寻租机会和获利源泉。另外,这种腐败具有很强的传染力和示范效应,会吸引新官吏和更多的官吏去这样做。国民党政府在抗战胜利后对沦陷区的接收加速了官吏的腐败,即证明了这一点。这些历史经验和教训,很值得我们今天认真吸取。

五、政府在经济运行中作用的转变

从世界工业化历史进程来看，政府在经济运行中的作用大致可以分为两种情形：第一种是较早实现工业化的欧美等国，政府经历了从"无为而治"（即以"看不见的手"调节为主）到20世纪30年代凯恩斯主义的政府积极干预，西方发达国家最近几十年来政府对经济的干预和调控不断加强；第二种是工业化起步较晚的新独立国家（俄国工业化起步虽不算晚，但十月革命以后，苏联仍然面临严峻的工业化问题，因此这里也把它列入第二种情形），无论是社会主义国家还是资本主义国家，都经历了由50、60年代政府过度干预经济转向70年代以后更多发挥市场调节的作用。就我国来看，政府在经济运行中的作用，在改革开放以前，是以行政命令的方式自上而下地直接管理经济，市场机制的调节作用被压到最低限度。改革开放以来，随着多种经济成分并存结构的形成和政府"简政放权"，指令性计划的比重越来越小，逐步形成了政府调控市场、市场引导企业的间接管理关系。

但是，在上述改革过程中，也出现了以下两个认识误区：一是认为市场机制是万能的，忽视了资源短缺、市场发育程度很低的现实，过分强调市场机制的调节作用；二是错误地总结了过去的经验教训，将单一公有制的弊病看成中央集权的恶果，将改革初期中央政府权力下放的权宜之计看成市场经济的固定模式，忽视了在多种经济成分并存格局已经形成、市场处于幼稚阶段、政企尚未分开的条件下，中央政府一定程度的集权，可以减少经济运行的混乱，有助于国民经济的综合平衡。

我们知道，在市场经济条件下，一般来说，以下事情是必须由政府去做的：（1）对国民经济的宏观调控；（2）健全经济法制；（3）实行国民收入的二次分配；（4）对稀有和不可再生资源加强管理；（5）防止垄断，保护竞争；（6）直接投资和经营具有自然垄断性质或社会效益高但经济效益不高的事业。这些政府职责，除前三项属于宏观经济调控范围外，后面三项则属于微观经济运行范围。再从与市场相关的所有来源于政府的公共政策来看，它大致可分为以下几类：（1）财政、税收、金融政策，其目的为保证国民经济稳定增长和收入的公平分配;(2)公共事业投资、社会公共服务的提供和社会福利政策;(3)反垄断和反不正当竞争的政策及法律;(4)针对具有自然垄断性质的公益事业的进入、退出及定价行为所实施的管制;(5)处理外部不经济的政策(如《环境保护法》);(6)处理内部不经济或信息偏差的政策(如《消费者权益保护法》《广告法》《劳动者安全保护法》等);(7)产业鼓励政策和科技振兴政策。从以上政府的职责来看,除了第一项政策与宏观经济相关外,其余六项政策都与微观经济相关。如果说政府的宏观经济调控对企业和个人来说是间接调控,那么上述政府对微观经济的管制行为和政策,对企业和个人来说则可称之为直接调控。

在传统计划经济体制下,由于前两种调控都是以指令性计划和行政命令的方式贯彻实施,因此在简政放权和开放搞活的改革中,虽然强调了宏观调控,但是却忽视了对微观经济的必要管制,不少人在"政府调控市场,市场引导企业"和建立市场经济的口号下,将政府对微观经济的必要管制置于微不足道甚至不需要的地位。而恰恰在这方面,由于中国人口众多、自然资源短缺和市场发育水平低,政府对微观经济的管制是非常必要的(仅指那些旨在维护公共利益不受私人决策损害的政府控制行为)。

纵观世界各国的工业化进程,可以看到,随着工业化水平的提高和向后工业化过渡,政府的直接调控和间接调控作用都在加强。我国前一时期政府直接调控范围和作用的缩小,是由于改革前政府对经济的干预过度,矫枉难免过正,这既不意味着政府在市场经济中无所作为或仅仅充当裁判的角色,也不意味着地方政府可以各自为政,进一步扩大自己的权力。实际上,就目前来看,由于我国正处于工业化的起飞阶段。加上自然资源短缺、经济发展不平衡、市场幼稚,虽然政府与国有企业的关系仍然是政企分开、继续放权的问题,但是中央政府与地方政府的关系已经不是放权,而是如何适当集权的问题,以避免经济过热、资源浪费、市场分割和国有资产流失。但是,这种适当集权和加强宏观调控,只能建立在政府职能转变的基础上。

[原载《中国经济史研究》1999年第3期]

1949—2002年中国政府经济职能演变述评

最近两年来，关于中国政府经济职能转变的研究成果越来越多，这些时贤新论自然是为了满足中国经济发展和改革走到今天所产生的需求。但是追根溯源，从更长的历史过程去回顾和看待这场正在进行的制度变迁，似乎还有一些容易被忽视的方面值得探讨。

首先需要说明，这里所说的中国政府，既不是现代政治理论概念中的狭义政府（相对于立法和司法机构而言的行政机构），也不是一般意义上的广义政府（相对于非政府组织而言的政权组织和体系，既包括行政，也包括立法和司法机构），而是更为广泛的概念，它不仅包括广义的政府概念，还包括处于执政地位的中国共产党的组织和机构，因为这样谈论中国政府的经济职能，可能更接近实际，因为中国共产党始终是新中国政府的实际领导者。

一、两种政府理念和两类政府

近代以来，在资本主义创造的工业文明基础上，关于政府的理念，产生了如下两大体系：一是为私有制和市场经济服务的所谓资本主义理念，即主权在民，政府是全体人民的，而不是个人或集团的私物。这个理念从西方启蒙运动的代表伏尔泰、孟德斯鸠、卢梭，到美国的《独立宣言》，直至林肯提出的"民有、民治、民享"，得到了很充分的阐发，最后传到中国，孙中山提出"天下为公"。布坎南将这种理念概括为立宪理论——国家是所有公民自由意志的体现。西方发达国家的政府就是按照这种理念组成和运行的。

第二个体系是马克思主义。马克思主义针对资本主义社会存在的因生产资料占有上的不平等所导致的不公平，以及政府维护这种基本制度的现象，提出了阶级斗争理论，认为政府实际上是一个阶级压迫另一个阶级的工具，无产阶级所建立的政府也是无产阶级专政。这种理念经过列宁和斯大林的实践以及理论完善，形成了社会主义国家的政府理论。

再从政府的经济职能来看，在前述的第一个体系中，又存在着两大流派。一是不主张政府干预或尽量少干预的有限政府理念，这个流派以亚当·斯密的"看不见的手"和"守夜人"理论为基础。从亚当·斯密开始，在1929年世界经济危机和罗斯福推行新政前，一直是主流。后来虽然凯恩斯的政府干预理论占了上风，成为主流，但是以哈耶克为代表的反击和20世纪70年代以后西方经济出现"滞胀"，使得其重新成为显学，并有所发展。

二是主张政府应该干预经济的理论。这个理论以市场失灵和赶超战略为基础，从汉密尔顿、李斯特、亚当斯，到凯恩斯形成了比较完整的理论和政策，成为战后至20世纪60年代西方经济学的主流，直至今天的斯蒂格里茨，仍然强调政府在经济发展中不可替代的作用："政府的显著特征——拥有全体社会成员和强制力——使政府在纠正市场失灵方面具有某些明显优势。"他列举了政府在纠正市场失灵方面有四大优势：（1）征税权；（2）禁止权；（3）处罚权；（4）交易成本低：组织费用低，不存在搭便车，收集信息多，调节社会组织，避免逆向选择。①

至于马克思主义关于政府经济职能的理论，在发展中也有变化。在马克思和恩格斯那里，未来社会主义社会政府的经济职能，是建立在生产的社会化、公有制和计划经济之上的，是资本主义生产方式已经不能容纳的社会化大生产的管理者。

到了列宁和斯大林时期，由于革命首先在经济落后的俄国取得胜利，

---

① ［美］斯蒂格里茨等：《政府为什么干预经济》，郑秉文译，中国物资出版社1998年版，第74页。

无产阶级建立的政府所面临的国民经济，不仅不是资本主义所不能容纳的社会化生产，甚至还没有完成工业化。因此，列宁将无产阶级政府的主要经济职能定为千方百计实现工业化。针对第二国际的一些人提出的"我们还没有实现社会主义的客观的经济前提""俄国生产力还没有发展到足以实现社会主义的水平"，列宁不仅认为："既然建设社会主义需要有一定的文化水平（虽然谁也说不出这个一定的'文化水平'究竟怎样，因为这在各个西欧国家都是不同的），我们为什么不能首先用革命手段取得达到这个一定水平的前提，然后在工农政权和苏维埃制度的基础上追上别国的人民呢？"[①] 甚至说："如果德国革命仍然迟不'诞生'（指不能借助于国际无产阶级的力量和发达国家的经济——武力注），那么我们的任务就是要学习德国人的国家资本主义，用全力仿效国家资本主义，为了比彼得更快地促使野蛮的俄罗斯仿效西方主义，我们不惜采用独裁方式，在反对野蛮势力时，不拒绝使用野蛮的斗争手段。"[②]

列宁逝世以后，斯大林建立起来的社会主义模式中的政府经济职能，主要目的是实施优先快速发展重工业的工业化战略。

列宁和斯大林的社会主义政府经济职能的理念，除了上述快速工业化目的外，另一个理论基石是马克思的公有制和计划经济其实二者是相辅相成的。列宁就说："没有建筑在现代科学最新成就上的大资本主义技术，没有一个使千百万人在产品的生产和分配中最严格遵守统一标准的有计划的国家组织，社会主义就无从设想。"[③]

至于第一个理论体系中所担心的"政府失灵"问题，即今天我们热烈讨论的政府干预经济的"负面效应"，在这里是不存在的。因为按照马克思列宁主义理论，无产阶级是最先进的阶级，其建立的政权及其官员无私利可言，并且社会主义是建立在生产社会化和公有制基础之上的，

[①]《论我国革命》(1923年1月16日和17日)，载《列宁选集》第4卷，人民出版社1972年版，第691页。

[②]《论"左派"幼稚性和小资产阶级性》(1918年5月5日)，载《列宁选集》第3卷，人民出版社1972年版，第544—546页。

[③]《论"左派"幼稚性和小资产阶级性》(1918年5月5日)，载《列宁选集》第3卷，人民出版社1972年版，第544页。

人们的利益是一致的，完全可以避免生产社会化与私有制矛盾所导致的西方国家的弊病。同时，生产的社会化和政府与人民的上下一致，使政府完全可以实行最有效的计划管理。因此 20 世纪 20 年代兰格提出的"市场社会主义"理论在很长时期并没有引起社会主义国家的重视。

苏联社会主义模式就是按照上述理念建立起来的，其政府经济职能也是众所周知的。后来的社会主义国家，基本上也是遵循这种理念来构建政府经济职能的。对于按照这种理念建立起来的以公有制和计划经济为基础的政府，张丽曼从政府管理模式角度，将其概括为"全能型政府"；高萍则从经济职能角度，将其概括为"政府统制"型[1]。这里则吸取和沿用了这两个概念。

二、新中国政府的建立及其经济背景

1949 年 10 月 1 日，中华人民共和国中央人民政府成立，也就是这里所要讨论的新中国政府的起点。新中国政府的成立是民主革命的结果，但不是资产阶级领导的革命，而是由中国共产党领导的革命。中国共产党是一个按照列宁主义建党原则建立起来的无产阶级政党，它在漫长的革命中，是靠武装斗争、走农村包围城市道路取得胜利。"枪杆子里面出政权"这句毛泽东的名言，最能概括新中国政府的来源。

新中国政权既然是中国共产党领导工农武装革命建立的，因此，虽然它与俄国十月革命后建立的工农革命政权有所不同（主要是对待民族资产阶级），实质上却没有不同。1949 年 9 月中国人民政治协商会议通过的具有临时宪法性质的《共同纲领》规定：中华人民共和国"实行工人阶级领导的、以工农联盟为基础的、团结各民主阶级和国内各民族的人民民主专政"。毛泽东在制定这个纲领的会议开幕词中也指出："领导我们事业的核心力量是中国共产党，指导我们思想的理论基础是马克思列宁主义。"

可以说，从中华人民共和国成立的第一天起，政权就牢牢地掌握在

---

[1] 高萍：《50 年来中国政府经济职能的变化与启示》，《中国经济史研究》2002 年第 4 期。

中国共产党手中，党在实际上对人民代表大会、政府和司法机关实行着"一元化"的领导，并且不受其他政党或团体的监督和制约。这就是新中国政府经济职能的政治基础和逻辑起点。

虽然新中国政府是以马克思列宁主义为指导思想，其政体又如上述，但是在当时中国这样一个人口众多、以传统农业为主、经济发展极为不平衡的大国，要实现列宁和斯大林所设想的在经济上实行全面统制的"全能政府"，即政府全面直接控制经济，仍然是一件困难的事情。这需要一场剧烈的制度整合，即后来所说的"社会主义改造"。

在这里，似乎不需要再从理论上论述当时中国共产党为什么会选择苏联模式的社会主义经济制度，因为翻开历史文献，这方面的论述已经太多。需要论述的是，中国共产党为什么要作这种选择？这种选择为什么能够在中国实现？

首先，从为什么作这种选择来看。众所周知，中国共产党是一个马克思列宁主义革命政党，但是这并不意味着中国共产党在新中国建设中也亦步亦趋地按照苏联模式去做，新民主主义革命的胜利和《共同纲领》即体现出中国共产党是从中国国情出发的。为什么后来又走上了苏联的单一公有制和计划经济的社会模式呢？这不能不看到当时历史环境的影响。

（一）历史环境对选择强大政府路径的引诱

首先，新中国成立前后的国际环境对形成强大政府起了推动作用。新中国成立前后，世界已经经历了两次世界大战，虽然战后世界政治格局发生了巨大变化，形成了以苏联为首的强大社会主义阵营，但是冷战格局造成的战争阴霾并没有消散。对于中国来说，不仅过去的100年里受到外国的侵略和蹂躏，而且战后的世界仍然是美苏等大国凭借实力来主宰世界。1950年朝鲜战争爆发后，美国立即驻军台湾，即表现出要干涉中国的内政，此后随着战争的扩大，对中国实行封锁和利用联合国来谴责和孤立中国，都使得中国再次面临受到侵略的威胁。

除了西方国家的敌视以外，与中国接壤的苏联，作为同盟者，对中国也并不是平等对待和尊重中国主权和独立的。例如苏联与美英达成的牺牲中国利益的《雅尔塔协议》，实际上是一个欺负中国的不平等协议。苏联利用 1945 年出兵东北后的现状，迫使国民党政府与其签订了"城下之盟"——《中苏同盟条约》，获取了在东北的特殊权益，并使中国失去了在蒙古的主权。1949 年新中国成立后，对过去政府所签订的不平等条约准备重新审查，其中最先做的事情，就是毛泽东亲自赴苏，商谈重新签订中苏友好同盟条约。但是斯大林在不能完全维持从国民党政府所获得的权益时，除了坚持蒙古的地位外（实际上在 1948 年米高扬秘密访问西柏坡时，即否定了中国共产党希望将来在蒙古问题上修改国民党政府的条约），还坚持其在东北和新疆有特殊权益，即签订了后来被毛泽东称之为"不平等"的秘密协定。

美苏两个大国的上述表现，都使新中国领导人迫切感到中国的独立和自己的权益必须依靠自己的实力来保护。①

此外，从当时刚刚经历的惨痛的历史教训来看，100 年来中国被列强不断地侵略和蹂躏，除经济落后外，还因为中国是"一盘散沙"，缺乏一个强大有力的政府。特别是日本军队任意屠杀中国人的惨状记忆犹新，需要强大的政府、建立强大的国家以保卫人民安全，在当时实际上是置于首位的选择。此外，辛亥革命以后的不断战乱和军阀割据、地方豪绅控制基层政府的现象，还说明作为经济落后和政治经济发展极为不平衡的大国，强大政府是维持统一与和平的重要保障。

从国内环境来看，迅速改变中国经济落后的面貌，实际上是实现中国强大的根本。新中国成立以后，面对的是一个人口众多、人均资源匮乏、资金极为短缺的现实，要赶上欧美和周边的日本和苏联，必须要加快发展速度。而要加快速度，就必须加快重工业的发展。此时，对于中国这个大国来说，依靠对外扩张来获取资源和市场显然不可能，苏联的援助也很有限。实际上新中国面临着与"十月革命"后的俄国所面临的几乎完全一样的国际环境和国内经济。1922 年，列宁针对苏联需要迅速发展重工业的情况说："重工业是需要国家补助的。如果我们找不到这种补助，那我们就会灭亡，而不成其为文明的国家，更不必说成为社会主

---

① 参见《中苏同盟的经济背景：1948—1953》，香港中文大学亚太研究所 2000 年。

义的国家了。所以我们在这方面采取了坚决的步骤。"①

1953年中国转入大规模经济建设后，资金和物资显得捉襟见肘，要么放慢工业发展速度，按照市场化配置资源，这在今天看也未尝不可，甚至可能从长期看经济发展速度并不慢，但是当时根据历史经验和理论（帝国主义和无产阶级革命时代），却担心战争随时可能爆发，不愿意放慢速度；要么尽可能地将剩余拿到国家手里，压低消费，并采取行政办法配置资源，使投资向重工业倾斜，这就是斯大林采取的办法。我国从1953年起选择了苏联的工业化模式。

（二）建立强大政府所具备的历史条件

如果说上述环境对中国选择强大政府和苏联工业化模式只是一种诱惑，或者说是中国共产党领导人的主观愿望，那么它变成现实，就需要客观基础和条件。

首先，从政治上来看。中国共产党通过20多年革命的锻炼，形成了极为强大有效的组织系统和高度一致的众多党员，其组织的效率不仅是中国有史以来最强大的，也是现代一般政党所不具备的。中国共产党不仅自己的组织效能极强，而且通过动员和领导广大人民群众参加民主革命，还形成了最有效的社会政治动员能力和强大的统治国家的力量。到1952年，中国共产党通过农村土地改革和城市民主改革，彻底消灭了农村的士绅阶层和城市的黑社会，党和政府的控制能力已经下达到农村和城市的基层。

中国共产党及其所领导的政府的强大，不仅表现在上述动员和控制社会方面，还表现在其他的政党和组织都完全接受它的领导，没有任何政党或组织能够在政治上独立或制约中国共产党的决策和权力。

就社会各阶层来看，人数最多的农民，经过彻底的土地改革，不仅过去在政治上可以与基层政府抗衡的士绅阶层已经消失，甚至连可能对中国共产党不满的小地主和富农实际上也被消灭了。农村中不仅形成了清一色的个体农民，而且基层组织的领导者（乡村干部和农会领袖）也

---

① 《列宁论新经济政策》，人民出版社1992年版，第200页。

是革命的获益者，不仅其财富，其权力和地位也来自中国共产党。他们是中国共产党最忠实的支持者。从城市来看，中国共产党及其政府在就业、工资和劳动保护和保险方面确实大大改善了他们的处境，他们自然要拥护这个从农村来的、自称他们阶级的政党。至于所谓的资产阶级，经过日寇和国民党政府的摧残和战争的破坏，到解放时已经衰落，又经过新中国政府整顿市场、限制政策以及"五反"的整治，到1952年底不仅政治上没有了表达自己意见的地位，在经济上也远不能与国家抗衡。

其次，从经济方面来看。旧中国强大的官僚资本为新中国建立强大的国家资本奠定了基础，新中国政府通过没收官僚资本和敌产，控制了金融、重工业、现代交通通信等关系国民经济命脉的行业。另外，在新中国成立初期，受战争和国民党长期通货膨胀的影响，市场混乱，为了保证供给和稳定市场，国营贸易企业也迅速发展起来，并控制了主要工农业产品的流通。在对外贸易方面，西方的封锁和贸易重心转向苏联和社会主义国家，是国营外贸企业在"统制外贸"后形成垄断的另一个重要原因。在投资方面，政府也成为现代工业和基础设施的主要投资者，这一方面是因为可能成为投资主体的农民太穷、资产阶级元气大伤、外资不能进入，另一方面，也是政府发行"公债"、控制信贷和限制资产阶级的结果。

至于当时在国民经济中占很高比重的小农经济（有一亿多户），规模小，经营分散，无力与市场和国家抗衡，更重要的是土地改革所实行的无偿的、平均分配土地的方法，动摇了私有财产神圣不可侵犯的信念（本来中国传统社会这个观念就很薄弱），已经将国家的权力和意志注入了农民的私有土地。特别是人数众多的、在农村掌握基层政权的贫下中农，作为中国共产党的既得利益者，在统购统销和合作化面前，不仅无力，也不愿意反抗。

总之，上述主客观条件促成了新中国政府必然是一个强大的并且将在经济方面走向全面控制的政府。这才是目前中国政府职能演变的基础和起点。

三、改革开放前的政府经济职能

可以说，从1949年新中国成立到1956年社会主义改造基本完成，是国家权力逐渐侵入私人经济领域并最终取代私人在生产和消费方面自主权的过程。在这个过程中，政府经济职能的范围和强度自然是越来越大。到1958年农村实行"政社合一"的人民公社后，各级政府不仅已经完全成为整个经济的主宰，甚至控制了经济的各个方面，生产的计划管理和各种票证制度，使得人民甚至连消费的自主权都丧失了。当然，政府经济职能无限度地扩大和侵占私人决策领域，是为了达到以下三个目的：（1）保证政府最大限度地索取剩余并将其投入经济建设；（2）保证投资和国民经济高效率地运转，以加速经济发展；（3）保证高积累、低消费水平下的社会稳定。下面就从这三个方面，来分析1978年以前的单一公有制和计划经济体制下的政府经济职能及其内在矛盾。

第一，剩余索取和政府投资确实达到了最大限度。如前所述，单一公有制和计划经济的形成，中国与苏联一样，更多的是出于加速工业化的需要，即在资金短缺的条件下，依靠压低消费、提高国内积累的办法增加资本投入。1953年开始的统购统销，是采取强制的办法从个体农民那里换取剩余农产品，在遭到农民的消极抵抗后，农业合作化自然加快了速度。1956年以后，虽然大多数农业合作社并没有如预期的那样比个体经济增加产出和提高效益，却保持甚至发展到更大规模的人民公社，最重要的原因是这种集体所有制保证了国家对农业剩余的索取。在城市，社会主义改造的结果与农村一样，不仅企业利润完全被政府拿走，而且劳动者工资的多少也完全掌握在中央政府手中。职工和农民一样，他们与政府在创造的财富分配方面，不是政府像税收那样按比例提取，而是相反，政府规定职工和农民拿取的定额，其余归政府。我将这比喻为一种"倒定额租制"。过去地主与佃农之间的"定额租制"，即地主不管农民产出多少，按定额索取租金，其余归农民，其结果是地主不承担风险，一般可以刺激农民扩大生产。而这种政府规定职工和农民拿取的份额，其余归国家的办法，当然是最大限度地索取了剩余，甚至可能侵占到生活必需部分（1960年的大饥荒，就与政府"反瞒产"和征收了"过头粮"有很大关系）。由于农民的消极反抗和为了留有余地，政府向农民作了退让，让农民拥有总额5%以内的自留地（不在政府征收剩余范围）；在城市，由于企业生产的消极怠工不像农业那样明显，在"大跃进"后，政府甚至仍然想取消奖金甚至计件工资，使职工即使多干也不能多得。

应该说，在单一公有制和计划经济体制下，政府对工农业剩余的索取确实达到了历史上从没有达到过的高度，这是市场机制无论如何做不到的。1953—1978年的25年里，尽管我国经历了剧烈的"折腾"，发生了"大跃进"和"文革"这样的挫折，但是国民经济仍然保持了较高的增长速度，基本建立起独立的工业体系，应该说是与这种高积累、高投入分不开的。

第二，经济效益却远没有达到预期的目标。根据马克思主义的理论，无论斯大林还是毛泽东所设想的单一公有制和计划经济体制，都要比资本主义制度表现出更高的效益、更快的发展速度。因为计划经济避免了资本主义的无政府状态和生产过剩危机，使资源得到最佳利用，而公有制则避免了资本主义阶级压迫和剥削所造成的劳资对立和劳动者的缺乏积极性。但是，从1956年社会主义改造完成以后，无论是哪个行业，都没有出现预期的效果。相反，据统计，在1978年以前，劳动生产率和经济效益最好的是"一五"时期，而"一五"时期的投资效益和劳动生产率的提高又不如恢复时期。

在宏观经济管理方面，本来计划经济是为了提高资源利用效率，降低经济运行成本，避免企业和个人生产的无政府状态造成资源配置不当和浪费，但是，由于计划经济在决策方面的信息不充分、滞后甚至扭曲，执行过程中的不可预见因素多，以及官僚主义的阻碍，失误频繁，"计划赶不上变化""一年计划，计划一年"成为形象的概括。即使改革开放前最好的"一五"计划，也是在执行了两年半后才正式确定和公布的，其间还出现了两次波动。至于1958年以后的计划更是缺乏科学性，经济运行几乎不是按照计划，而是按照行政命令办事，其效果也就可想而知了。浪费和低效几乎成为1978年以前体制的代名词。

在微观经济运行方面，公有制也同样没有起到调动人民群众生产积极性的预期作用。在农村，人民公社的集体生产和平均分配，压抑了农民的生产积极性，这一点在当时与"包产到户"后1978年以后的结果相比，是很清楚的，无须赘述。在城市，"职工吃企业的大锅饭，企业吃国家的大锅饭"压抑了企业和职工的积极性。

由于上述的"倒定额租制"分配制度，职工和农民的生产积极性，即劳动投入和对产出的关心自然下降，不仅与原来预期的社会主义积极性相去甚远，甚至不如过去的私有制和"单干"，因此"怀旧"和商品经济暗潮总是时起时伏，威胁到"社会主义"，于是"阶级斗争"和政治运动就成为不可缺少的督促机制，"增产节约"运动、社会主义教育运动等，几乎没有停顿过，并且间隔越来越短，声势越来越大，论调越来越高，直至爆发打倒"走资派"的"文化大革命"。

第三，实现了最低水平的社会保障，保证了高积累下的社会稳定。如果上述体制仅具有最大限度地索取剩余功能，显然很难持续那么长的时间，哪怕是采用高压的手段。实际上，单一公有制和计划经济制度，或者说这时的政府，还同时具有另一种功能，即对全体人民尽可能实行社会保障，从而保证了高积累和物资匮乏条件下的社会稳定，当然这种保障是有差别并且是低水平的。对于这一点，城市居民的情况一般大家比较熟悉，就不用说了，即使拿被认为改革开放"只失去了锁链"的农民来说，虽然在人民公社时期被束缚在土地上，剩余几乎被政府全部拿走，但是"政社合一"的人民公社，也基本保证了农民最低限度的口粮、医疗、教育以及鳏寡孤独的生活，农民既无破产之忧，也不担心生产过程中的供销关系。

既然在单一公有制和计划经济体制下的经济运行并没有达到预期的提高宏观效益和调动人民群众积极性的目的，因此从1956年起，中国共产党就开始探索改善社会主义经济管理体制，1956年提出了不少好的思想，如陈云提出的"三个主体和三个补充"，李富春提出的"两种计划方法"，周恩来提出的"稳步前进"，刘少奇提出的"利用市场"，毛泽东提出的"十大关系"和"消灭资本主义，还可以再搞资本主义"，等等，但是1957年反右运动以后，由于毛泽东把公有制和计划经济看成不能动摇的社会主义基石，那么改革就被局限在管理方面。其内容主要为：一是行政权力的集中与分散，如中央与地方经济权限的不断调整，政府与企业权限的不断调整，其结果是"一统就死，一死就叫，一叫就放，一放就乱，一乱又统"。二是调整干部与群众的关系，试图通过干部深入实际，参加劳动、甚至是经常性的体力劳动，来消除官僚主义，改善干群关系，提高效率。三是加强政治动员。1957 年开展了反右和社会主义教育运动，1958 年宣传总路线，1959 年"反右倾"，1962 年批判"三风"，1963 年"全国学习解放军"，1964 年开展农村"四清"和城市"五反"运动，1966 年开展"文革"，不断寻求新办法。

四、改革开放以来政府经济职能的转变

1978 年中共十一届三中全会以后，随着改革开放的深入，逐渐形成了多种经济成分并存和市场机制发挥基础性调节作用的经济体制框架，因此政府的经济职能也就自觉或不自觉地相应发生了转变。这种转变可以大致划分为两个阶段：第一阶段是从 1979 年到 1991 年，重心是消解旧的政府职能，即缩小政府管理经济的范围和权力；第二个阶段是从 1992 年至今，重心是创新，即建立与市场经济相适应的政府职能。

在第一阶段，单一公有制和计划经济条件下的政府原有经济职能主要是从两个方面逐渐消解的。第一，放权让利，给原有公有制经济自己活动的空间，允许非公有制经济和"三资"企业存在和发展。这个方面以农村改革最为突出，成效也最大，从 1979 年开始推行农业生产经营责任制（"大包干"）到 1983 年取消人民公社，不过 5 年的时间。在城市，国营企业的改革推进虽然不快，但是从简政放权到推行"承包制"，也扩大了企业的经营自主权和对利润的分享。这种政府放松对公有制经济的控制和剩余索取，尤其是农村，应该说是调动了农民和企业的积极性，是 20 世纪 80 年代经济高速增长的动力之一。在公有制经济体制内改革的同时，政府还通过实行对外开放、鼓励城市待业人员自谋职业和农村"专业户"的发展，并对他们网开一面，让市场机制去调节。于是，在公有制外形成了一个极具活力的经济成分。

第二，逐步放松对整个经济的行政控制，退出部分领域，让市场机制替代调节。在这个方面，政府的指导思想经历了从"计划经济为主，市场调节

为辅"的主从结构,到"计划管理与市场调节相结合"的板块结构,再到"政府调控市场、市场引导企业"的上下结构,最后1989年又回到"计划经济与市场调节相结合"的含混提法。但是,上述指导思想毕竟反映出政府越来越多地将原来由自己直接管理的领域让渡给市场调节。即使在1989—1991年治理整顿期间,市场化仍在推进,如粮食流通体制的改革、证券市场的建设等。

这个时期,政府经济职能的转变,最大特点是在"解放思想、实事求是"和坚持"四项基本原则"的路线下,"摸着石头过河",改革和完善以公有制和计划经济为主体的经济体制。改革的动力主要来自政府对发展速度和效益的追求。

第二个阶段是从1992年至今。1992年的邓小平南方谈话和党的十三大确定了市场经济为中国的体制改革目标,并得到普遍认同。随后党和政府的改革措施即向着这个目标前进。政府经济职能的转变由20世纪80年代的"摸着石头过河"转为主动推进,并提出到20世纪末基本建立起市场经济体制的框架,到21世纪20年代,建立起比较成熟的市场经济体制。

这个阶段的政府经济职能改革,主要集中在两个方面:一是对国有经济实行彻底的调整和改革,攻克传统体制固守的最后一个堡垒。改革的历程是:20世纪90年代上半期强调转换经营机制和建立现代企业制度,1996年以后,则将建立现代企业制度与"抓大放小"、股份制改造结合起来,政府转让出部分国有经济,并使其退出部分领域。这个改革目前还没有完成。二是政府积极构建与市场经济相适应的管理体制。在1993年、1998年进行了两轮大规模的政府机构改革的同时,既加强了政府宏观管理职能建设,又加强了政府对企业行为和市场秩序的规范职能,还将新的社会保障体系建设纳入了政府的主要职责。

政府对经济职能已经由1978年以前的全面直接的"统制型"(或称为"全能型")转变为间接管理的"调控型"(或称为"效益型")。

五、几点启示

吴敬琏曾经概括说:"目前可以把发达国家政府在经济方面的作用大

致分为三个方面：一是收入再分配，即对由市场决定的收入分配进行调节，以避免收入两极分化；二是保持宏观经济稳定，以避免市场经济活动的过度波动；三是在'市场失灵'的情况下，干预资源配置，例如，对具有外部性的物品（如高污染产品、高社会效益产品和公共物品）的生产进行调节，执行反垄断、反不公平竞争立法，等等。"[①]

主张政府积极干预经济的斯蒂格里茨则提出："政府的显著特征——拥有全体社会成员和强制力——使政府在纠正市场失灵方面具有某些明显优势。"他列举了政府在纠正市场失灵方面有四大优势：(1)征税权；(2)禁止权；(3)处罚权；(4)交易成本低：组织费用低，不存在"搭便车"，收集信息多，调节社会组织，避免逆向选择。[②]

而联合国和西方经合组织衡量政府规模大小的标准，则主要是看财政支出及其占GDP的比重，即财政支出越多，占GDP的比重越大，政府规模越大；财政支出越小，政府规模也越小。因为政府的边界可以通过财政支出反映出非市场资源配置的功能，财政支出占GDP的比重则是衡量政府规模大小的主要标准。

显然，无论是主张减少政府干预的吴敬琏，还是主张政府积极干预经济的斯蒂格里茨，上述关于政府经济职能的论述，以及联合国的标准，都是针对已经完成工业化和市场经济成熟国家的政府。中国是一个人口多、人均资源短缺、尚未完成工业化、经济发展非常不平衡的大国，那么到底应该如何看待中国政府目前的经济职能呢？

总结50多年来中国经济体制变革和政府经济职能演变的经验教训，可以得出是否有利于社会经济发展和社会稳定，才是衡量政府经济职能是否适当的首要标准。

中国政府经济职能从计划经济体制下的"全能型"向市场经济体制下的"效能型"转变，除了受执政党认识水平的制约外，实际上还受到经济发展水平（人均GDP）、经济发展不平衡程度（城乡之间、地区之间、产业之间）、国有经济地位、对外开放程度四大因素制约。例如对

---

① 吴敬琏：《当代中国经济改革战略与实施》，上海远东出版社1999年版，第426页。
② ［美］斯蒂格里茨等：《政府为什么干预经济》，郑秉文译，中国物资出版社1998年版，第74页。

国有企业的改革，最好的办法是降低国有经济的比重和退出竞争性行业，但是这只能逐步地进行，如果像俄罗斯和东欧那样迅速地"私有化"，在中国的政治条件下，恐怕首先是各级官员利用权力和知识信息优势，形成"权贵私有化"，结果是"官僚资本"垄断和政治极端腐败，从而导致社会动乱。因此，不要期望中国政府经济职能的转变通过再一次大的政府机构改革就能够完成，这将是一个长期的过程。

同时，政府经济职能的转变又是两个过程的交汇：一是政府不断消解计划经济时期遗留下来的不合时宜的旧职能，其特点是收缩政府权限；二是在市场经济基础上，针对市场经济体制不成熟、"市场失灵"问题多而需要的干预，针对中国国情和发展水平而需要加强的职能。这两个过程的交汇，往往扰乱了人们的视线，既容易把权宜之计当作基本制度，也容易把形式相近的措施当作"新瓶装旧酒"，更容易把发展过程中特有的现象当成中国的国情和特色。

总之，通过对新中国成立以来政府经济职能演变的考察，我产生了以下几点想法，认为值得考虑：一是在分析评价过去的"全能型政府"时，应该剥离其政治、社会整合、国防等作用与经济发展的关系，不能简单混在一起评价。二是政府"强大"与"放权"的关系：强政府并不意味着政府一定要拥有强大的国营经济和直接控制许多经济部门。三是中国的改革实际上是在经济运行中市场机制逐渐替换政府直接管理，政府经济职能转变始终是决定中国经济体制改革的关键因素，过去如此，将来也是如此。四是政府经济职能转变并不意味着政府管的事情越来越少，而是"有所为，有所不为"。与经济发达国家相比，从财政支出占国内生产总值的比重来看，目前中国政府规模还是很小的，经合组织的国家财政支出一般都占 GDP 的 50% 左右，而中国财政支出（不包括预算外）占 GDP 的比重，20 世纪 90 年代以来始终不到 20%，当然这是由经济发展水平决定的。①

[原载《中国经济史研究》2003 年第 4 期]

---

① 参见邹东涛、席涛：《制度变迁中的中国政府管理经济职能的分析》，《管理世界》2001 年第 5 期。

第三篇

"三农"问题和城市化

农民意识·家庭经营·土地制度
——读《毛泽东视野中的中国农民问题》的几点思考

毛泽东对近现代中国的历史影响很大，对农民问题的认识影响尤其大：民主革命是靠农民取得胜利的，新中国成立后重大的体制变革都是从农村开始的，如土地改革、社会主义改造、中共十一届三中全会后的改革、民主化的推行等。同时，1978年以前的许多失误也是源于毛泽东对农民的认识误区。温锐教授的《毛泽东视野中的中国农民问题》早在2004年就已经出版了，但可惜一直没有时间认真阅读，近来因为要研究有关问题，特意找出来翻阅，结果被其吸引，一路读了下来，主要是书中的不少论述激起了我的共鸣，讲出了我已经想了很久的问题的答案，同时也有信心梳理出自己长时间萦绕在脑海里的一些感觉，于是写了这篇不够严谨的文章。

一、关于农民的主体和农民意识的思考

关于"平均主义"与农民意识的关系，我在研究近代以来的农民问题时，也的确遭遇过温锐教授所说的一些困惑："多年农民正是在大批特批农民资本主义自发倾向中被赶进集体化和人民公社的，现在广大农民冒死瓦解了人民公社，怎么又是'一大二公'人民公社的始作俑者呢？"平均主义到底与农民是一种什么关系？因为土地改革和农业合作化、人民公社化时期，农村也的确存在过严重的"平均主义"

倾向。对于这个问题，温锐教授称，通过大量的实证研究和深入考察，他学习和使用了毛泽东划分阶级和阶层的分析方法，很好地解释了这个问题。1927年，毛泽东在《湖南农民运动考察报告》中即分析说："乡村人口中，贫农占百分之七十，中农占百分之二十，地主和富农占百分之十。百分之七十的贫农中，又分赤贫、次贫两类。全然无业，即既无土地，又无资金，完全失去生活依据，不得不外出当兵，或出去做工，或打流当乞丐的，都是'赤贫'，占百分之二十。半无业，即略有土地，或略有资金，但吃得多，收得少，终年在劳碌愁苦中过生活的，如手工工人，佃农（富佃除外）、半自耕农等，都是次贫，占百分之五十。"由此引申分析，温锐教授认为地主富农和"赤贫"者都不是农民的主体，而约占农村人口70%的中农和"次贫"的农民，才是农民的主体。

"平均主义"是最下层的"赤贫"的思想意识。当社会危机加深，不仅赤贫队伍扩大，而且作为农民主体的"次贫"和中农也不能照旧生存，于是以反对暴政为导火索，农民起义就爆发了。在这个时候，已经失去一切的"赤贫"（包括流民、土匪）因最勇敢和最具有破坏力，往往成为领导力量，因此他们的平均主义要求就往往成为农民起义的口号和诉求。至于在和平时期，由于农民的主体在政治上基本没有话语权，或话语权被他们的传统"代言人"（乡村士绅）所把持，因此就看不到农民主体意识的表达。因此这个阶层所具有的强烈的发家致富欲望就被忽视了。但是，当土地改革使得农村变成清一色的农民以后，"发家致富"便展示了真正的农民主体意识。然而，农民主体历来没有或不允许有真正代表自己的组织，人口多而分散导致其政治力量弱小，便成就了他们胆小怕事、服从权威和遵纪守法的本性。这时，如果有被认定的所谓农民意识，无非是赤贫群体或社会主导层的意识而已。他们最需要的是社会安定和有序的发展环境，因为他们不仅经济上最脆弱，政治上也没有力量进行抗争。

这种分析方法，证之于历代农民战争，证之于土地改革、农业合作化以及1978年农村自发出现的"包产到户"，都可以得到合理的解释，同时，也可以理解毛泽东时而强调农民的革命性和走社会主义道路的积极性,时而强调农民中的自发资本主义倾向问题的根本所在。该书在分析了毛泽东与农民各阶层的关系,以及各阶层的意识差异之后,指出:"毛泽东以农村下层贫民尤其是'赤贫'为革命'先锋',空前成功地组织起亿万农民队伍,打烂了旧世界,成就了辉煌的功业。然而,时势变迁,面对建设一个新世界,仍然采取革命战争非常时期的策略,以'革命先锋'作为'建设先锋',导致了一个恐富、怕富,以穷为荣、以穷革命的局面,与发展经济相悖,走向了毛泽东良好主观愿望的反面。"应该说是很准确的。

上述问题自然又引发出下述问题:既然农民主体的意识并不是"平均主义",也不具有革命性和破坏性,那么在社会安定、发展经济的和平年代,农民组织不仅不可怕,更是必要的,无论对乡村社会安定还是发展农村经济都是必要的,因为农民是一个弱势群体,仅仅有政府的保护和代理是不够的,甚至是成本太高的,他们需要自己的组织来维护自己的合法权益。农民组织对于党和政府来说,不仅不是异己的力量,而且是强化执政能力的得力帮手或必需。这就是温锐教授得出的结论,也是我所赞同的。

温锐教授在书中还提出,对于农民意识的认识存在两个需要认清的问题:一是农民的意识划分为主体的意识与非主体的意识(或称为主流意识与非主流意识,因为农民是分阶层的,各阶层的意识实际上是有差异的)。二是农民的主流意识因时代和外部环境变化,其思想意识也是变化的,没有固定不变的农民意识,例如当年农民的革命意识就是环境变化的结果(暴政下官逼民反、超经济强制下的土地兼并、大饥荒等),历代农民战争和毛泽东关于农民革命性的论述可以证明;又如以经济社会建设为中心并向现代产业转移的意识,就是时代变化与农民主体意识结合的结果(发家致富、多种经营、乡镇企业发展、民工潮)。在不同的环境和时代面前,可能会出现农民中的哪个阶层更突出,它主导或引领着整个农民的意识,例如在革命的环境下,贫雇农和流氓无产者最突出,而在和平建设尤其是工业化、市场化时期,兼业农民、率先创业致富农民最突出,等等。这是值得我们在研究"三农"问题时特别正视的重要问题。

二、关于小农经济的落后性问题

自从世界进入以资本主义经济为标志的工业文明时代以后，对于东方（传统农业）文明基础的所谓"小农经济"，亦即"农民家庭经济"或"农民经济"，就存在着多种看法：第一种看法是马克思主义经典作家论述的"宗法小农"。马克思、恩格斯的看法是小农经济最终要灭亡，农业也最终会变成资本主义经济，而列宁和斯大林则进一步认为，小农经济作为一个落后的生产方式，不是在资本主义社会里不断分化，最后消失在资产阶级和无产阶级两大对立的阵营里，就是在无产阶级夺取政权以后，被改造成为社会主义集体经济。苏联20世纪20年代著名的农业经济学家恰亚诺夫则提出"自给小农"的论述。他认为：小农经济具有坚韧性和适应能力，因为它是为生存而生产，可以不计算自己的劳动成本，因此它比从事商品经济的企业具有更强的生命力。西方经济学家舒尔茨则认为小农在市场经济面前是"理性的"。虽然历经土改到集体化运动长期改造后的中国农民，在1978年以后率先为中国经济改革杀出一条血路，推动了中国经济全新格局的出现，并对中国传统的农民理论展示了全新的挑战，但传统的农民理论，至今仍然多少左右或影响着我们对农民与农民经济的准确认识。20世纪90年代以来，温锐关于"动态开放小农"的概括，则是对几十年来中国传统的农民问题理论进行了一次证伪式的清理。

20世纪中国农业经营规模的变化，经历了一个非常有趣的轨迹：即在20世纪上半叶，伴随着外国列强入侵引发的中国产业结构变化和中国市场融入了资本主义世界市场，以及几乎连续不断的战乱和社会动荡，农业经营规模呈现出小型化趋势，直至新中国成立前后实行的历史上最彻底的平均分配耕地的土地改革，此后中国大陆农村成为清一色的个体农业。到了这个极端后，农业经营规模又从1953年起开始急转直下地向相反方向转化，即向集体所有制的规模经营转变。从1953年到1956年底，仅用4年的时间，就基本上改变了中国几千年实行的家庭经营，到1958年，这种农业生产合作社又迅速过渡到"政社合一"的人民公社。

但是，这种集体经营从 1956 年算起，只维持了 25 年的时间，到 1981 年全面推行家庭联产承包责任制后，就重新回到家庭经营的轨道上去。如果从每个家庭平均占有的耕地数量来看，由于人口的增加，已经低于 1956 年农业合作化前，这种状况一直延续至今。怎样看待这种种植业历经曲折最终仍然回归小型化的历史趋势以及它将怎样走向适度规模经营，其条件是什么？

关于农业的家庭经营问题。由于中国人口多耕地少，中国农业的经营规模一直很小，到近代以来，随着工业化的推进，在西方发达国家里，农业的规模开始扩大，但是仍然没有脱离家庭经营。在我国，对土地改革以后的农业合作化运动所导致的单一集体经济到底应该怎样看，已经争论了 50 多年，目前仍然是见仁见智，莫衷一是。

应该看到，毛泽东用阶级分析的方法，认为土地改革以后的贫下中农具有走社会主义道路的积极性，并且通过利用这种积极性来加速农业合作化的进程。怎样看待这种贫苦农民的社会主义积极性？他们心中的社会主义到底是科学社会主义还是农业社会主义，实际上关系到对后来建立的集体经济的判断。温锐教授自 20 世纪 90 年代初开始以阶层分析的方法深化阶级分析方法，指出这种所谓的"贫下中农具有的走社会主义道路的积极性"，其实是土改后农村中少数还处于底层的"贫农"即"赤贫"的积极性，是当时他们还缺乏独立从事家庭农业生产能力的实况与社会主导者传统社会主义理想相结合的积极性；即便这部分贫农，一旦他们随着经济发展而具备了独立从事家庭经营的能力，这种积极性也就消失了。同样的，他们与当时的社会主导者所要的公有制，也不是建立在社会化大生产基础上的规模经济，而是建立在甚至都难以维持家庭生产经营的落后生产力水平上的，其结果只能是平均主义而不是高效率的。

早在 1995 年，温锐教授就提出："中外古今的历史证明，家庭承包并不是由于生产力水平低下决定，更重要的是受农业劳动本身的特点所制约，是由农业中家庭个体经营形式本身具有的适应性和生命力决定的。它对不同层次的生产力水平具有较大的宽容度，既能适应于手工劳动为特点的农业生产，又不完全排斥实行现代化技术手段的先进生产方式。通过市场这一纽带，它可以适应专业化、集约化、商品化，走向社会化。"而直到1998年9月，江泽民在安徽视察时才肯定地说："农业以家庭经营为基础，是农业生产的规律决定的，也是生产关系一定要适应生产力发展要求的规律决定的。""从实践看，家庭承包经营再加上服务，能够容纳不同水平的农业生产力，既适应传统农业，也适应现代农业，具有广泛的适应性和旺盛的生命力，不存在生产力水平提高以后就要改变家庭承包经营的问题。"1998年10月召开的中共十五届三中全会则对家庭承包经营作出了相同判断："这种经营方式不仅适应以手工劳动为主的传统农业，也能适应采用先进科学技术和生产手段的现代农业，具有广泛的适应性和旺盛的生命力，必须坚持。家庭承包经营是集体经济组织内部的一个经营层次，是双层经营体制的基础，不能把它与集体统一经营割裂开来，对立起来，认为只有统一经营才是集体经济。"

目前，我国农村的许多地区，根据十几年来农业产业化和家庭经营的需要，利用新中国成立以来付出极高成本才形成的集体经济组织框架，逐步形成了集体经营和家庭经营并存的双层农业生产经营制度。这种双层经营制度可以说是新中国成立初期刘少奇、邓子恢等提出的首先发展供销、信贷合作社，从农业生产外部将农民组织起来、克服小生产者的弱点思想的发展，也是对新中国成立四十多年来农业经济体制变革正反两方面经验教训的总结。这种双层经营制度的最大优点就是它所具有的包容性和灵活性，这就将经营规模的选择权交给了农民，农民可根据不同地区、不同发展水平，根据效益原则，自由选择和决定集体经营的范围和领域，从而避免行政干预和体制变革的"一刀切"。

但是，由于目前农村基层组织的民主和法制建设还很不完善，普通集体成员与村干部的知识和信息很不对称，这就为村干部利用集体资产和权力牟取私利提供了可能，许多集体企业经营管理不善，不少村干部利用变动土地承包人来谋取少数人利益的事屡见不鲜。由此可见，公有制和双层经营，还必须有农村的民主和法制比较完善来保证。

温锐教授还根据自己长期的实证调研，立足于从历史与现实的结合上重新认识农民和重新认识农民经济，明确提出了中国农民家庭经济为

"动态小农经济"的概念。他认为：农民家庭（小农）经济具有自发的激励功能和随商品市场经济发展的适应、转化功能，是一个动态的、开放的经济形式，是能够与时俱进的生产组织形式，在封建社会里，它可以商品经济与地主阶级并存；在资本主义社会里，它又可以与资本主义经济并存，与规模经济并存；而在社会主义社会里，它同样可以市场经济与公有制和现代企业并存。中国的农民不仅不保守，甚至更富有学习和吸收现代科技的精神。建立在重新认识农民和农民经济基础上形成的"动态小农"论，对准确把握现代化进程中的中国农民问题和发挥亿万中国农民的主体创造性具有理论与现实参考价值。

三、关于土地制度问题

土地制度也是该书探讨的重要问题之一。作者对中国共产党土地制度和政策的演变耳熟能详，所下功夫最深，除本书以外，其成果还有《中央苏区土地革命研究》（1991年）、《毛泽东与中国农村经济之变革》（1995年）、《农村租佃制度与农村社会经济》、《农村土地制度创新的认识障碍》和《"十五"以来新中国农地产权制度变革史研究述评》等，不仅说明了近代以来土地制度演变的前因后果，而且从中国古代"普天之下，莫非王土"与民间土地市场非常发达看似相悖的现象，提出在保证国家对土地的终极所有权的基础上，完善和保障农民对土地的具体财产权或物产权，真正使农民对土地的使用权和收益权稳定化和长期化。

由于我国的基本国情是人口多，耕地少，经济落后，因此有大量的人口滞留在农业和农村，这就导致了最好的土地制度不仅应该能够实现土地的产出最大化，提高这种稀缺资源的利用效率，而且必须考虑到这种土地制度的外部性，即它的分布和流转不致引发因部分人失去生存手段而出现收入差距过大和由此引发的社会动荡，历史上因失地和无地农民发动的大大小小农民起义连绵不断，史不绝书。中国明清以降，随着土地流转市场化和兼并的盛行，即所谓的"千年田八百主"，出现了这样一种趋势，即越是人均土地稀缺的地方，公田（以族田为主要形式）越发达，土地实际上已经成为家族和同宗的基本社会保障；与此同时，在这些地方，永佃制也开始流行。这种土地制度的创新，反映出土地的过度集中和租佃制，可能甚至会增加土地的产出，但是却不利于整个农村社会的安定，会导致一部分人被排斥在农业生产之外，"饥寒生盗心"，他们因衣食无着，会对整个社会经济的发展带来负面作用。

因此，在新中国成立初期完成彻底的"耕者有其田"的土地改革以后，在工业化和城市化还不能立刻吸纳农村和农业大量富余的人口时，土地制度应该具有的社会安定保障功能就突出出来。这应该是农业合作化以后土地归公和1978年以后实行以家庭承包经营为基础的双层经营责任制的内在原因。

另外，中外历史已经证明，不仅在现代大型企业中两权分离是有效率的，即使在传统农业中，土地的所有权和使用权分离对农业生产来说也是有效率的。明清以降公田、农业租佃制的发展，以及永佃制的产生，将土地的所有权分解为"田底权"和"田面权"并且可以各自流转，是传统农业文明高度发达的产物，这种历史经验应该与今天农民首创的家庭经营责任制有直接或间接的传承关系。只不过前者的土地所有权是地主，收取的地租为个人或家族所有，而今天的土地所有权归集体（社区），收取的地租（很少）归集体（社区），用于公共开支。

中国的国情和农业发展历史已经说明，目前中国共产党实行的农村土地所有权和使用权的分离是适当的。它不仅抑制了土地兼并，实际上为还没有彻底脱离农业和农村的大量农村人口提供了最后的保障，而且它对于耕地这种稀缺资源在未来实现工业化和城市化后的规模经营提供了制度保证，同时也使农用地向非农用地转变所带来的收益由国家和社区共同享用提供了保证。换句话说，不可再生的土地因为稀缺和随着经济发展的升值，将日益成为整个社会的财富。

四、关于家庭经营与商品经济的关系

由于中国从秦统一以来就是一个地域广大的以农业为主的大国，区域之间自然条件和资源禀赋的差异，导致了经济的多样性以及商品经济的发达，特别是明清以降，由于人口增加和耕地有限，农业富余劳动力越来越多，因此不仅地域之间越来越注重发挥农业生产结构的比较优势，而且越来越多的农民家庭从事兼业劳动，即从事更带有交换性质的家庭副业，或从事手工业和商业。在江南一带，在明清时期，"男耕女织"实际上不再是自然经济的写照，而是农业与为市场而生产的手工业结合的写照。据国民党中央农业实验所对19省928县的调查，1935年农村从事手工纺纱织布业的农户占总农户的比重在10%以下的有广东、福建、云南、察哈尔4省；在10%—20%的有山西、甘肃、江西、安徽、浙江、湖南6省；在20%—30%的有四川、江苏、湖北、广西、贵州5省区；在30%以上的有河北、陕西、山东、河南4省，其中最高的河南省约占48%。19省总计，平均占总农户数的24%，约1400万户。难怪有学者称中国的封建社会的经济（特别是后期）应该是小商品经济。有学者认为："与其说中国封建小农经济是缺乏商品经济的自然经济，倒不如说它是不能缺少商品经济补充的自然经济。"费孝通的《江村经济》里对此也有生动的描述。林刚教授也论述了江南农民家庭怎样利用现代工业来发展自己的家庭工业。

中国小农经济因家庭劳动力富余所导致的普遍兼业，使得农民从来就不是一个被限制在土地上的保守者，他们与市场的结合，以及长期从事的手工业和商业活动，使得他们不断地寻求农业以外的生存和发展机会。它们并不惧怕市场，甚至喜欢市场，因为市场不仅能够使他们的农业产业链条延长，获取农产品贸易和加工的收益，而且能够给他们带来农业以外的就业和机会，因此农民在工业化、市场化面前并不保守，他们乐意也能够及时地吸取新的技术，来发展自己的兼业活动，甚至完全转移到非农产业去。改革开放以后乡镇企业"异军突起"，就充分说明了这一点。对于这个问题的认识，应该说是该书的最大新意。作者基于自己长期的农村调查研究，一再指出："农民家庭经营在我国2700多年的发展历程表明，它能与同时空的商品经济共存，具有灵活适应转化功能和连接市场的基因。""家庭之'小'与皇权之'大'结合，家庭经营永远是小农经济；而在家庭之'小'与市场之'大'的嫁接与选择中，家庭经济就不再是传统小农，而是市场经济网络中的一个网眼，是商品经济或市场经济中的市场主体。"

五、客观、全面是历史研究的原则

最后，谈谈该书对 1978 年以前的农业集体化时期得失的认识。众所周知，否定农业社会主义改造完成后的农村集体经济，不仅是时髦，甚至已经成为经济学界的主流认识。但是，该书并没有随大流，而是实事求是地分析毛泽东的得失，分析集体化的得失。

该书指出：20 世纪 50 年代的农业合作化之所以出了毛病，根本原因是对农业家庭经营的认识，无论是毛泽东还是刘少奇、邓子恢，实际上都接受了从马克思到斯大林的观点，即认为个体的农业家庭经营，即小农经济是没有前途的，它不是被资本主义消灭，就是在无产阶级取得胜利之后，通过合作化走向传统公有制的规模经济。因此，该书反问道："如果所追求的'集体化'目标真的没有问题，那么办得快又有什么不好呢？正因为如此，邓子恢与毛泽东的分歧，就不可能从理论上来影响毛泽东。"

还应该指出，土地改革以后的农民，特别是原来的贫雇农的确具有互助合作的积极性，这是因为经过长期战争的破坏和消耗，很多农民难以进行一家一户的独立生产，这可以从当时的全国农户调查资料得到证明：到 1954 年末，平均每户农民家庭拥有耕地 15.80 亩，耕畜 0.92 头，犁 0.62 部，水车 0.11 部。但是可以肯定，农民所要的互助合作，是自愿互利基础上可以自由退出的经济组织，而不是失去自由和选择权的传统社会主义的合作组织。如果是前者，不论从支持工业化，还是推进农村公共设施建设与做好社会救济，都因它更能加速当年农村经济发展而能提供更为坚实的经济基础。

该书在批评了单一的集体生产经营不适合农业因而压抑了农民的积极性，导致农业效益低下的同时，也看到了它的另外一面，那就是：第一，通过这种动员能力和积累能力极强的体制，不仅支持了工业化，也改造了农业基础设施。例如，"在水利建设方面，完成了主要大江河的治理工作，兴建了五万多座水库，提高了人民共同利用水资源和水旱防治效果。"第二，在经济发展水平很低、总体温饱问题还没有解决的条件下，保证了人人大体平等地享有社会经济发展的总体成果。例如，"在公共教育方面，在'文革'结束时就基本实现了义务教育，教育经费的投入最高曾达到国民生产总值的5%，……即使在'文革'期间，城乡学龄儿童也根本不存在上不起学的问题；在公共医疗卫生方面，县城和公社均建立了卫生院，并培养了遍布乡村的赤脚医生队伍，城市职工实现免费医疗，农民看病通过合作医疗也收费低廉，发烧感冒打针吃药费用，一般群众还是能支付得起的"。我认为这些评价都是客观公允的。

[原载《中国经济史研究》2010年第1期]

我国农业经营规模的转变历程及其发展趋势

新中国成立至今,农业的经营规模问题一直是个争论较多、没有解决的重要课题,从根本上来说,它只能伴随着我国工业化和农业现代化的完成而最终解决。但是,我们今天正确认识这个问题并采取适当的方针政策,却可以加快改变目前农业落后面貌的步伐,推动我国农业现代化的进程。自新中国成立以来,我国农业的经营规模发生了五次大的急剧性变化。第一次是新中国成立前后的土地改革,第二次是20世纪50年代中期的合作化,第三次是50年代末期"一大二公"的人民公社,第四次是1962年起实行"三级所有,队为基础"的人民公社,第五次是1978年以后实行的"家庭联产承包责任制"。在30余年间农业经营规模发生如此频繁急剧的变动,在世界范围内也是绝无仅有的,为我们研究总结农业现代化过程中经营规模的变化和规律提供了丰富的材料。这里仅从农业生产效益的角度,探索一下实现农业规模经营的前提和条件,为认识和解决这个问题提供一些参考意见。

一、20世纪50年代经营规模变动原因和后果分析

新中国成立前后发生的土地改革,是中国土地私有以来耕地分配最彻底、最平均的一次政治经济变革。它消灭了较大规模的地主家庭雇工经营,基本消灭了富农家庭的雇工经营,使农业几乎变成了清一色的小农家庭经营,农业的家庭经营规模很小。1950—1957年,中国的农业经

营逐渐由家庭经营走向集体经营，并且集体经营的规模越来越大，农民的选择权力也越来越小，直至最终消失。

新中国成立以后，尽管经过土地改革，但是由于长期战争和旧中国"三座大山"的压迫剥削，广大农民生产资料非常缺乏。据1954年全国农户抽样调查，土改结束时，全国农民平均每户只有0.6头耕畜、0.52部犁、0.1部水车，对大多数农民来说，以家庭为单位的生产经营活动困难很多。在这种情况下，由于党和政府的提倡，加上过去不少地区有互助的基础，1950—1952年间，以不打破家庭核算、带有换工性质的互助组发展较快。由于互助组建立在自由自愿结合的基础上，规模不大，内部基本上是平等交换的互助关系，因此受到贫下中农的欢迎，效果较好。

1951年，针对一些老解放区的互助组在农业经济恢复发展、农民能够独立进行家庭生产经营后出现的涣散趋势，党内出现了两种看法：一种认为，互助组涣散是农业恢复发展、农民中农化的结果，并不可怕；另一种看法认为，应通过合作社的形式，逐步战胜小生产者的自发资本主义倾向，引导农民走向社会主义的集体经济。经过争论，后一种观点成了全党的共识。

1953年，党在过渡时期的总路线提出后，初级农业生产合作社作为个体农业向社会主义集体农业过渡的形式，数量迅速增加，规模不断扩大，1955年下半年形成了建社高潮。在1955年以前，初级合作社的组建基本遵循自愿互利、进退自由的原则，而在1955年合作化高潮中，农民的选择余地则几乎不存在了。此后，大量初级社迅速转为高级社。

1958年，在"大跃进"和向共产主义过渡的热潮中，全国农村建立起人民公社的体制。在半年时间里，全国就有99.1%的农户加入了人民公社。人民公社的特点是"一大二公""政社合一"，即一是规模大，平均每社有5443户农民；二是公有化程度高，以公社为基本核算单位；三是公社不单是经济组织，还是基层政权组织。如上所述，土地改革以后开展合作化至1958年建立人民公社，都是为了改造以小农经济为特点的传统农业，提高农业劳动生产率，达到农业规模效益。但是，无论是扩大经营规模，还是"包产到户"，结果都与农业规模效益无缘。

我国的农业到底在什么条件下才能实现规模效益？1951年，毛泽东与刘少奇对在现有农业生产力水平没有变化（即没有实现机械化前）的条件下，合作社是否比家庭经营更有效益的问题上产生了分歧。毛泽东认为："既然西方资本主义在其发展过程中有一个工场手工业阶段，即尚未采用蒸汽动力机械、而依靠工场分工以形成新生产力的阶段，则中国的合作社，依靠统一经营形成新生产力，去动摇私有制基础，也是可行的。"[①] 但毛泽东忽视了两点：一是农业生产不同于工场手工业的生产，不能像工场手工业那样进行分工和协作；二是农业合作社不是资本主义手工工场那样的商品生产企业，它主要不是为市场生产，基本不受市场平均利润率的制约。换句话说，合作社基本上不存在来自外部的竞争和制约，没有一种机制逼迫它的效益必须高于家庭经营。

1952年8月的全国劳动就业会议，讨论了农业剩余劳动力的出路问题，认为根本办法就是搞合作社，用合作社的方式发展非农产业，实现农村剩余劳动力的就地转移。1953年10月，当农业发展跟不上工业高速增长的需要时，毛泽东在与农村工作部的两次谈话中再次表达了小农不能产生规模效益的思想，认为以家庭经营为单位的小农不能使农业实现大幅度的增产，必须大办合作社。

1954年以前办的初级社，其农产品产量的确比单干农民和互助组有较大幅度的增加，但是这种明显的增产有以下四个重要原因：一是合作社尚处于试办阶段，一般原有的经营管理基础较好（多为好的长年互助组转建），参加者基本上都是自愿的，并有较好的合作经历。二是得到国家的各种帮助，如贷款和优先优惠提供农用生产资料等。三是农业投入增加。当时的典型调查和抽样调查都反映出，合作社在人力和物力的投入上都高出单干农民和互助组很多。四是合作社允许社员自由退出，这既减少了合作社内部的摩擦成本（或称之为内耗），又淘汰了一批办得差的合作社，这是保证合作社优越性的"安全阀"。1953—1956年毛泽东提出"办大社"思想并得到贯彻，再一次反映了追求规模经济的愿望。

1958年开始的"大跃进"，为了实现经济的高速增长，在农业方面，再一次将农业的超常规增长寄托于规模效益上，人民公社和"一大二公"

---

① 薄一波：《若干重大决策与事件的回顾》上卷，中共中央党校出版社1991年版，第191页。

的起因,理由之一就是认为小社限制了规模效益。当时列举的大社的几条优越性,基本都是规模效益的表现。但是当时只看到大社可能带来的规模效益,却忽视了一个重要问题,即农业的集体经营与家庭经营相比而存在的管理成本。管理成本的大小,决定了集体经营是否比家庭经营更有效益。

由于理论上的缺陷和缺乏实践经验,在20世纪50年代推进农业合作化及向高级社、人民公社过渡时,党没有看到农业产业的特点及在规模效益上与工业的差别。因为,一方面,即使是现代农业,其生产要素的不可分性也不像工业那样显著,其规模效益比起工业而言要小得多;另一方面,50年代我国的农业技术水平仍处于传统的畜力耕作阶段,能体现规模效益的主要生产工具基本还停留在手工阶段,因此其技术性规模效应很低。而作为集体经济所必然具有的管理成本,则因产权模糊、劳动激励不足、农业劳动监督困难等大大增加,甚至超过了技术性规模效应,使集体经济的规模效益为负值,这可以从60年代初的"包产到户"和改革开放以后的"家庭联产承包责任制"取得的成效得到证明。

这里所说的管理成本,主要包括三个方面:一是摩擦成本;二是监督成本;三是经营管理所需要的正常费用,如管理人员的工资、办公费用、为经营管理或分配而召开社员会议所耗费的社员工时等,这里尚未包括因决策或管理失误所造成的损失和浪费。以家庭为单位的生产经营,因为摩擦成本和监督成本基本不存在,由于生产规模小,管理者同时又是生产者,正常的管理费用也很低,管理成本低得几乎可以忽略不计。互助组的管理成本也较低,一是因为组织规模小;二是带有交换的性质,仍以家庭为核算单位;三是建立在自愿互利基础上,摩擦成本和监督成本都很低。

初级生产合作社的管理成本则因社而异,凡基础较好(指建立在效益较好的长年互助组基础上),以自愿互利为前提建立、社员进退社自由,社员素质较高(指能产生多个有文化、有管理集体经济能力的干部、称职的会计,可以实行民主管理)的合作社,其管理成本较低,能显示出规模效益。若上述三个条件不能同时具备,其管理成本则视上述条件具备的程度成反比,即条件具备得越多,成本越低;条件具备得越少,成本越高。

至于高级社，由于实行生产资料集体所有，按劳分配，经营规模较大，而且多数不是建立在自愿互利基础上，因此管理成本大大增加，这主要表现在：（1）摩擦成本增加，如评工分、派活、农具使用、干部与群众的关系等方面的矛盾和为解决矛盾所占用的工作时间；（2）监督成本，如群众对干部的监督、干部对群众的监督、群众对群众的监督；（3）因财产公有、干部群众责任心降低而造成的工具折旧加速和人力、物力的浪费；（4）脱产、半脱产干部的工资和办公费用。

1958—1960年以"一大二公"为特点的人民公社的管理成本就更高了，其经济效益之低人所共知，这里就不再赘述。

二、人民公社体制下的经营规模和制度分析

1958—1960年三年"大跃进"的失败，改变了毛泽东等人的"公有制程度越高、生产组织规模越大，越有利于经济发展"的观念，从1961年开始探索和修正人民公社的生产组织规模和所有制。1961年3月，中共中央在广州召开工作会议，会议在毛泽东的主持下，讨论和制定了《农村人民公社工作条例（草案）》，提出公社规模不宜过大，实行公社、生产大队、生产队三级所有，生产大队为基本核算单位。1962年2月，中共中央发出《关于改变农村人民公社基本核算单位问题的指示》（简称《指示》），决定将基本核算单位由生产大队下降到生产队。关于生产队的规模，《指示》规定：生产大队一般相当于原来的高级社；生产队则一般以二三十户为宜，在平原和地少人多的地区可以多些，在山区、丘陵地区和地多人少的地区可以少些。1962年中共八届十中全会正式通过的《农村人民公社工作条例修正草案》（简称《农业六十条》），又明确规定人民公社的规模是一乡一社。至此，基本形成了至1978年改革前近20年的"三级所有，队为基础"和"政社合一"的农业生产经营制度。

在1961—1962年的生产关系调整过程中，一些地区重新恢复了在1957年和1959年尝试并有效的多种形式的"包产到户"（或称"责任田"），并取得了较好的效果，其中尤以受"大跃进"之害最重的安徽省

推行最为有力。"包产到户"适应了当时中国农业生产的特点，调动了农民的生产积极性，提高了农业产量。据1961年10月安徽省36个县的典型调查，实行"责任田"的36个生产队，粮食平均产量比上年增长38.9%，而另外36个条件大体相同、未实行"责任田"的生产队，平均亩产只比上年增长12%。可以说，1962年前后部分地区试行的"包产到户"，尽管农业生产经营的规模变小了，但事实证明这种以家庭为经营单位的变动效果较好，有利于农业的恢复发展，只是由于它客观上否定了集体经营，并将导致农村公有制的削弱，因此遭到毛泽东的批评，并很快被禁止。

在1956—1978年的22年间，农村的集体经济是以全体社员共同占有财产和共同进行生产经营的方式运行的。在这种体制下，就个人（或家庭）追求自身利益来说，个人行为和行为后果的相关程度很低。用经济分析语言说，集体所有制成员的行为后果基本上是外在性的，他们不能通过其自身努力最大化来谋取其个人收益最大化。因此，从降低个人成本的角度来看，社员往往倾向于在获取同等收益条件下使个人努力最小化（即效益最大化），也就是常说的"搭便车"。

另外，这种集体经济还存在着社员集体行使权力的特定要求与这种行使方式费用过高的矛盾。集体经济的权力平均性质和权力行使时的集合性质，要求社员只能以集体方式来行使各种权力。但是，当所有者人数超过一定限度后，随着所有者人数的增加和权力行使频率的提高，这种权力行使方式的费用便会大大增加。当费用超过行使权力所带来的收益时，行使权力本身就成为得不偿失的事情，或者行使权力变得不可能。初级社规模扩大后许多地方反映社员权力变小和高级社以后"民主管理"始终不能真正实行即证明了这一点。由于政社合一，公社同时又作为基层政权组织而隶属于区、县政府，生产大队和生产队则作为行政的下级单位隶属于公社，结果无论是公社还是生产大队、生产队，都失去了作为经济组织的独立地位。因此，在生产经营上也就很难有真正的自主权，一切重要的生产经营和分配活动都必须听命于上级，而不能因地制宜、因时制宜地组织生产和安排各种农事活动。由于上级政府只行控制之权而不承担其后果，因此越发助长了上面的瞎指挥（计划脱离实际或不顾效益)。

1961年实行了以"三级所有,队为基础"和"政社合一"为特征的经营组织形式后,虽然基本经营核算单位比高级社缩小了,但是政府对生产队生产经营的干预却比初级社和高级社都大了。就全国来讲,1956—1978年的22年间,除苏南、大中城市郊区等经济发达地区和少数社队外,集体经营的效益都不如家庭经营的效益高。

三、20世纪80年代集体经营向家庭经营的转变

改革开放以来,农业经营规模再次发生了巨大变化。由于试点证明"家庭联产承包责任制"能够调动农民的生产积极性,促进农业的大幅度增长,因此中共中央和国务院采用行政命令的办法,在全国推广"家庭联产承包责任制"。由于当时"左"的观念影响较大,人们尚心有余悸,改革自然要靠行政办法推进,而这种方式就难免在贯彻政策时实行"一刀切",即一些原来农业集体经营较好的生产队也实行了"分田到户"。只有少数城市郊区和极少数非农产业非常发达、农民不愿分散经营耕地的生产队仍继续实行农业的集体经营。

据统计,到1984年底,实行联产承包责任制的生产队已占全部生产队的99.5%,其中实行大包干的生产队又占实行联产承包责任制生产队的98.3%;在全国18799万农户中,实行联产承包责任制的农户达18397.9万户,占总农户的97.9%,而其中实行包干到户的农户已达18145.5万户,占总农户的96.5%。

1978年开始的农村经济改革,就农业生产本身来说,最大的变化是由30户左右的生产小队集体生产经营转为以家庭为单位的生产经营。1978—1984年我国农业的超常发展,即是这种体制"矫正效应"的结果。但是,也应该看到,这种农业的超常发展,是建立在1978年以前集体经济所积累的综合生产能力(包括农田基本建设、水利设施)基础上的,同时在供销方面,又保持了计划经济下的低风险和提价收益。

1985年以后,农业因生产经营制度变革带来的"矫正效应"基本释放完毕,农业的增长必须靠生产要素投入、技术进步和提高劳动生产率

来保证。同时，在1984年前后，由于几年的农业剩余基本留在农民手中、传统计划经济体制下的短缺（特别是建筑材料和轻工业品）和计划经济的松动，使得改革初期农民不得不将其主要资源（人力、物力）投入农业的局面不再存在，代之而起的是20世纪80年代中后期乡镇企业的迅猛发展。由于工农业比较利益的驱动（农业收益低）和销售渠道的不畅（"卖粮难"），农民生产粮食的热情下降；另一方面，由于改革以来农业超常规增长，国家也减少了对农业的投入。这使得农业基础设施恶化，从而导致1985年以后农业的增长速度放慢和主要农产品产量的下降和徘徊，农民来自农业的收入减少。但是问题还不止于此，农业生产经营单位由集体转变为家庭以后，虽然农业生产本身的不经济问题解决了，但是小农经济在外部交往中的不经济问题也随之产生，特别是在经济体制转轨过程中这个问题更显突出。

1984年以后，随着经济体制改革的全面展开，在城市工业品价格放开和通货膨胀的情况下，农业作为弱质产业，农民来自农业的收入增长缓慢，城乡之间收入差距拉大。同时，改革以后农村的政企分开，一方面导致基层政府与生产部门脱钩，不能再像过去那样将辖区内的公共设施建设与生产投入统筹安排，兼顾公共积累、公共消费与农民的家庭消费；另一方面，以家庭为生产经营单位的农民，也难以有效地监督和抵制一些基层干部的非法的或不合理的收费。改革前，国家是通过人民公社、统购统销从内部征收和进行公共积累，而现在农民负担过重已成为屡禁不止、打击农民生产积极性、困扰农业发展的严重问题。

1978年以后农业生产经营规模的缩小（由生产队转为家庭），并不是孤立地、单一的生产环节的变革，与此同时，在传统计划经济体制下建立的农业供销、信贷、社区财政、救灾保险、生产服务等体制都发生了变化。如果说党和政府对包产到户式的生产改革还因有20世纪五六十年代的经验能够看得比较清楚的话，那么对于整个经济体制改革所导致的农业家庭经营的外部环境变化及配套改革，在一开始甚至1992年社会主义市场经济改革目标确定以前，却并不是很清楚。其中关键的问题是农村基层政府在农业生产个体化和市场经济条件下，究竟应该扮演什么样的角色，发挥什么样的作用，以及如何发挥作用。

1979—1992年间，基层政府（指乡村两级政权）对农业的作用基本上只是看守剩余的集体资产（主要是土地的发包和使用监督）和征收集体资产租金（家庭承包提留），而原基础设施修建、对生产和供销提供服务等职能萎缩以至消失，而适应家庭生产经营的新的职能却没有建立起来。于是，关于农业要实行适度规模经营的呼声在1989年以后又高起来。

改革近20年来，随着农村非农产业的迅速发展及大量农民向非农产业和城市的流动，农村中开始出现一些以家庭为单位的农业生产经营大户；一些非农产业发展较快的村镇，由于工业可以"反哺"农业，开始追求高效农业，出于规模经济的需要，又将已经分散的农业集中起来统一经营。可以说，目前是小规模家庭经营、较大规模的家庭经营、集体所有制或股份合作制形式的规模经营并存发展。但是，由于农村的剩余劳动力仍然很多以及其他原因，农业的比较收益与非农产业相差较大，农业投资回报率太低，农民投资农业的积极性不高，因此以追求利润为目的的农业规模经济不会发展很快。这一点也可以从1990年中共中央政策研究室和农业部农村固定观察点办公室对274个村庄的跟踪调查结果得到证明。该调查结果显示，农民对农业生产的集体经营兴趣并不大，倒是对产前产后服务和集体兴办非农产业有普遍要求。

四、积极发展和完善双层经营制是最佳选择

通过上面对我国农业生产经营规模及制度变迁历史的叙述，可以看出，土改和1978年的两次变革（加上1961年试行"包产到户"算三次），都不追求规模效益，结果都促进了生产发展，提高了农业经济效益。合作化和人民公社两次变革，都是追求规模效益，但都失败了，农业经济效益不但没有提高，反而下降。原因何在？这里必须分析三个条件：一是中国的国情，即农业的发展水平，包括剩余人口和地区之间的不平衡问题；二是小农经济的效益问题，包括使其效益发挥出来的条件，即人均自然资源的占有、市场的发育、政府职能的转换等；三是外部环境，包括工业化程度、国家的价格政策、户籍制度、政府对农业的干预程度、

非农产业对农业过剩人口的吸纳能力等。

如果舍弃上述具体的条件，单纯从理论上来说，单一的小农经济和单一的集体生产都各有其优点和弊病。就我国的小农经济来看，其优点是管理成本低、可精耕细作，在产品价格有吸引力和耕地可以增加的条件下，会扩大经营规模、增加投资、改进技术；在农业投资回报率明显低于非农产业时，则会及时转移投入。但是，其缺点也是明显的。就单一的集体经济来看，在原来的传统农业条件下，预期的好处是：专业分工、农田基本建设、推广新技术、抵御天灾人祸、减少对外交易的损失（或增加对外交易谈判的实力）、转移剩余劳动力。其抵消因素为：产权不明确造成的浪费和国家干预过多，内部因成员不能自由退出、管理缺乏民主化而导致的摩擦成本很大，因农业劳动特点和缺乏民主使监督成本过高。

另外，因国家实行农副产品统购统销并基本取消了产品和要素的市场交易，规模经营产生的谈判实力不能发挥作用，又因国家实行了严厉的户籍制度、计划管理体制和较高的赋税（主要是低价收购农副产品形式），使得集体经营所具有的便于农业剩余劳动力转移的优势也没有发挥作用。

1956—1978年的22年间，集体经营除了在农田基本建设方面发挥了优势，在把农民固定在土地上和保障计划管理体制正常运行方面发挥了非经济的社会作用外，规模经营的好处与成本增加相抵，经济效益不仅没有增加，反而低于家庭经营。

综上所述，新中国成立以来的历史证明，单一的家庭经营和集体经营都各有利弊，对于中国以农业为生命线、亟待改造和发展的国情来说，都不甚理想。在目前的社会主义市场经济条件下，除了农业生产力水平比过去有了提高外，有以下几个条件发生了变化：一是外部变成了市场经济，使规模经营所具有的承担风险能力、市场谈判实力可以发挥作用；二是集体经济具有了真正的经营自主权和外部的市场，可以向非农产业投资，也可以雇用集体外部的劳动力，可以发挥发展非农产业的优势（即组织基础、管理经验、一定数量的资金和场地）；三是国家对户籍管理的放松，使得集体经济中的农民在择业方面有了一定自由，这不仅加速了农业剩余劳动力向非农产业的转移，使农业人均资源增加，劳动生产率得以提高，而且为部分农民退出集体经营提供了可能（如外出打工、自己经营个体或私营企业），从而减少了集体经营内部的摩擦成本；四是国家已度过了工业化初期阶段，靠非农产业本身的积累即可保证国民经济的持续快速发展，不再需要农业作出牺牲，相反却要增加对农业的投资，而集体经营在争取贷款、税收减免、接受国家科技投入方面都比家庭经营有优势；五是集体经济在维护当地社会治安、环境保护、公共设施投资、缩小贫富差距、社会保障等方面，也比家庭经营有明显的优势。

以上只是简单分析了在一般条件下家庭经营和集体经营的长处和短处，目前我国农业究竟应该怎样走，何时才能普遍走上规模经营的道路，还是一个有待深入探讨的问题。对此我认为，首先应该分析三个条件：

一是农业剩余劳动力向非农产业转移的情况和速度。因为只有农业剩余劳动力基本转移完毕，农业人均自然资源相对宽裕，效益型的规模经济才可能形成。

二是地区之间农村经济发展不平衡的程度。我国是一个农业大国，地域辽阔，地区之间自然条件差异较大，再加上近代以来形成的经济发展不平衡，使得南方与北方、东部与西部、沿海与内地甚至一个县内不同地区的农业，都在发展程度上存在着较大差异。这种差异在相当长的时期是不会改变的，因此，我国农业的经营规模不应该也不可能保持一种范式。对此必须始终保持清醒的认识，使农业的经营规模完全与当地的经济发展水平相一致。同时，规模经营并不意味着一定是集体经济或股份合作经济，扩大家庭经营规模，甚至是建立私营农场，也将是我国农业走向规模经济的重要形式。

三是农业生产组织制度创新和市场化成熟情况。目前，我国正在全面建立社会主义市场经济体制，这种经济运行基础的全面创新，既对农业生产提出了新的要求，如资源配置结构、企业（包括个体农户）顺应市场需求等，也使得农业的生产经营组织制度、政府与农民的关系等方面有待进一步完善，如耕地的所有者与使用者以及与国家三者之间的关系，农村人口向非农产业和城市流动后在新部门和城市中的福利和社会保障，以及他们与原籍集体经济的关系，政府农业投资保障和管理制度，农业的社会服务体系发展程度，等等。

可以说，社会主义市场经济的发育程度是决定农业走向规模经济和取得规模效益速度的重要因素之一。即使在社会主义市场经济的条件下，我国农业要实现规模效益，仍然必须具备以下条件：

（1）从根本上说，必须是大量的农业过剩人口向非农产业转移完毕，使农业的自然资源和人力资源的比例达到规模效益的要求，农业劳动生产率大幅度提高。

（2）农业生产和经营的现代化。从技术上来说，机械化、电气化代替了大量的人力和畜力，使就业人员大大减少；从经营管理上看，趋于企业化、科学化，监督管理成本较低。

（3）除了家庭经营规模扩大这种形式外，凡采取股份制、合作制、公有制等集体经营形式者，都应是建立在自愿互利基础之上的，这就需要政府提供法制保障。

我国农村的许多地区，利用新中国成立以来付出极高成本才形成的集体经济组织框架，逐步形成了集体经营和家庭经营并存的双层农业生产经营制度。这种双层经营制度的最大优点就是它所具有的包容性和灵活性，这就将经营规模的选择权交给了农民，农民可根据不同地区、不同发展水平，根据效益原则，自由选择和决定集体经营的范围和领域，从而避免行政干预和体制变革的"一刀切"。

[原载《教学与研究》1997年第2期]

革命与改造：经济史视角下的乡村社会治理演变

中共十八届三中全会将"完善和发展中国特色社会主义，推进国家治理体系和治理能力现代化"作为全面深化改革的总目标。乡村社会治理是国家治理体系和治理能力现代化的重要组成部分，也是难度最大的部分。在中国，乡村社会治理是一种复杂的政治现象，既有政府的管理，又有村民的自治；既有法定的制度，又有村规民约；既有国家的介入，又有民间的参与。而且更复杂的是，乡村社会治理受民主革命、社会主义革命以及改革开放等重大社会变革影响，受经济发展阶段和体制急剧变迁的制约，呈现出变动不居的动态，并且这个过程还没有结束。历史是最好的教科书，研究新中国成立以来乡村社会治理的演变历史，无疑对我们认识国情和乡村社会治理变化规律具有借鉴作用。

一、旧中国的乡村社会治理结构

中国是一个幅员辽阔、人口众多、经济发展不平衡的大国，在长达2000多年的封建社会里，即使实行高度中央集权，拥有庞大的官僚集团和体系，也难以实现乡村的直接统治，形成所谓的"政不下县"，依靠士绅地主和宗族制度来实施乡村治理的格局。处于国家与农民之间的乡绅阶层，具有承上治下的职能，替国家征收各种赋税和摊派，负责管理地方的公共事务，这种地主士绅的统治往往还借助于族权。正如傅衣凌先生所说:"乡绅一方面被国家利用控制基层社会,另一方面又作为乡族利益的代表或代言人与政府抗衡,并协调、组织乡族的各项活动。"[①]

在以科举选任官僚的中央集权社会里,乡村治理基本把持在地方士绅手中。科举制不仅为国家选拔了大量"知识精英",也为乡村培养了大量士绅。这些人世代居于乡村,他们既了解政治(政府),也熟悉地方情况,"修身齐家"的延伸就是维护和造福所在地方。他们这样做,从经济学角度来看,也是追求利益的最大化,因为不仅他们的生产消费来自当地的环境和条件,他们世代形成的亲戚邻里关系以至其身家性命也与地方息息相关,更不用说要实现更高层次的社会认可和价值认同。因此,除了"摊派"以外,这些士绅还愿从他们收取的"地租"中拿出一部分,来主办地方事务,如办教育、修道路、赈灾济贫等。

乡镇作为一级正式的政权组织,是从清末"新政"开始的。1908年,清政府在"预备立宪"中颁布了《城镇乡地方自治章程》,规定:凡府厅州县官府所在地为城,其余市镇村屯集等地人口满5万以上者为镇,不满5万者为乡。城镇乡均为地方自治体。乡设立议事会和乡董,实行"议行分立"。乡议事会在本乡选民中选举产生,为议事机构。乡的自治执行机构则很简单,只有乡董、乡左各1人。乡议事会和乡董的职责为学务、卫生、道路、农工商务、慈善事业、公共营业。其行政开支的费用,即自治经费的来源,在本乡自筹。由于这种新建立的乡村基层政权承认原有的乡绅治理,国家并没有将其"官僚化"即纳入政府体系,其基础仍然没有改变。

乡镇地方自治体制在辛亥革命以后有所变化,其基本原则亦为民国政府所继承。1934年国民政府通过《改进地方自治原则》,明确规定县地方制度采用两级制,即县,县以下为乡(镇、村)。1939年又颁布了《县各级组织纲要》,1941年颁布了《乡(镇)组织条例》。根据一系列制度安排,乡正式成为国家的基层政权。按照规定,乡(镇)设立乡(镇)代表会议,为决策和议事机构;另设乡(镇)公所,为办事机构,其下又分设民政、警察、经济、文化四股。乡(镇)公所同时"受县政

---

① 傅衣凌:《中国传统社会:多元的结构》,《中国社会经济史研究》1988年第3期。

府之监督指导,办理本乡(镇)自治事宜,及执行县政府委办事项",其功能主要是编查户口、整理财政、规定地价、设立学校、推行合作、办理警卫、"四权"(选举权、被选举权、监察权、罢免权)训练、推进卫生、实行造产、开辟交通、实行救恤等。

由此可见,国民党政府是试图强化乡村基层政权,并通过它来达到稳定乡村秩序、推进乡村发展的。但是,与这种在农村建立"政府主导型"办事机构和职责相匹配的两个基本问题,国民党却没有解决,这就是上述庞大职责(事权)所需要解决的财权(经费)和干部队伍建设两大关键问题。

在办事经费方面,国民党政府由于军费开支浩大,又要着力发展国营经济,受到战争和经济落后的制约,财政收入入不敷出,不仅不能给农村基层政权提供财政转移支付,还要从经济落后的农村提取大量的苛捐杂税。因此,作为"事权"庞大的农村基层政权来说,就只有两个选择:一是该办的事情不办,如教育、卫生、道路、救济等;二是利用权力,在替上级政府征收粮款和杂费时趁机"搭车",敛取钱财,甚至自设名目,任意敛取。由于上级政府需要他们代征粮款和维持农村治安,对其自筹经费行为甚至"越界"行为也就睁一只眼、闭一只眼了。而这些由于各级政府特别在县及基层政权"事权"扩大所导致的财政支出增加,主要都转嫁到农民头上,由此导致农民负担甚至超过了封建社会,农民不仅没有享受到现代化的好处,反而日益贫困,这就是为什么农民积极支持和参加共产党领导的旨在推翻国民党统治的民主革命的根本原因。

在农村政权的干部队伍建设方面,国民党政府同样是非常失败的。如前所述,封建社会依靠乡绅和宗法维持了对乡村的有效治理,但是,这种国家通过乡绅和宗法治理农村的局面在鸦片战争以后被打破了。随着工业化、市场化和城市化的推进,不仅农业成为收益低的产业,农村生活条件越来越落后于城市,而且新兴知识的学习、有用信息的集散,乡村也远不能与城市相比(特别是科举制的废除),于是传统的居于乡村的"耕读之家",开始转业和流向城市。19世纪末新兴产业和新式学堂的兴起,使以产品和资金流向城市(包括外国)的城乡关系进一步发展为农村一些有文化的人大规模向城市流动,导致了农村经济枯竭和人才枯竭。这也是 20 世纪二三十年代"乡村建设"思想兴起的原因。

农村一些有文化的人的大量流失，而农村管理依然延续着传统的"士绅治理"，加重了乡村治理的难度，即一是现代化和"政府主导型"导致的乡村事务繁多，专业人才和财力不足；二是政治腐败和战乱频仍，上级政府、军阀横征暴敛，使征粮、征兵成为乡村政权的主要任务，这使得乡（镇）管理人员无法维护正当的地方利益，无力承担乡村政权的基本职能。在这种情况下，农村出现了所谓"土劣化"倾向。即使是好人，要执行和完成上级政府的任务，也必须超限度地搜刮农民，走向民众对立面。因此，乡绅中好的越来越少，土豪劣绅越来越多。对于乡村管理，"好人不能干，坏人争着干"，即美国学者杜赞奇所说的"赢利型经纪人"不断取代"保护型经纪人"。[①] 这种趋势从清末到新中国成立前愈演愈烈。在中国共产党领导的土地改革中，有一个共性的现象，即在旧政府中担任过乡村基层政权职务的人一般都民愤很大，这也证实了民国时期农村基层政权与农民的对立程度。

总之，近代中国的农村在帝国主义、封建主义以及官僚资本主义的压迫下，处于不断的动荡和衰败之中。

二、第一次大变革：新民主主义革命

上述这种乡村社会窳败、政权"土劣化"倾向，终于被中国共产党领导的土地改革和乡村政权重建所制止了。从 1927 年大革命失败以后，以毛泽东为代表的中国共产党人开始深入农村，开展武装斗争、土地革命和建设政权，因此在中国共产党领导的根据地和解放区，不仅彻底摧毁了旧的乡村政权，也彻底消灭了这种"士绅"治理乡村的基础——地主阶级。在土地改革完成以后的民主建政中，农村基层政权是按照中国共产党提出的马克思主义新理念、党政合一的自上而下的新体制、忠于

---

① 杜赞奇利用"满铁"资料，对 1900—1942 年的华北农村进行分析之后，在《文化、权力与国家：1900—1942 年的华北农村》一书中提出了乡村基层领袖在国家与乡村社会之间扮演着"经纪人"角色。他将"经纪人"分为两类：一是"赢利型经纪"，他们将小农视为榨取利润的对象；二是"保护型经纪"，他们代表社区利益，并保护自己的社区免遭国家的侵犯。

新政权的农村文化人和土改积极分子为主体建立起来的民主政权,民主的观念和制度,从土地革命时期革命根据地普遍召开苏维埃代表大会和建立政权开始进入几千年实行封建专制主义的中国乡村,这是近代中国共产党改造中国传统乡村专制的最大贡献。此后在抗日战争时期,出于抗日民族统一战线的需要,中国共产党在根据地实行了"三三制"民主政权建设,主动限制共产党人在民主政权中的人员比例不超过1/3,同时通过"减租减息""整理乡村财政""反奸清算"和建立各种民众组织,充分发动群众参与抗战、乡村治理和建设。

解放战争时期,无论是战略防御还是战略进攻阶段,都需要有巩固的农村根据地,而要做到这一点,中国共产党就必须建立高素质的农村基层组织和稳固的农村基层民主政权,以获得广大农民的拥戴和顺利实施党的农村政策。刘少奇当时就说:在国共两党的斗争中,"解决力量对比关系,就要实行土地改革。蒋介石靠美国,我们是靠老百姓。但靠老百姓要有两个条件:第一个就是反对地主,平分土地;第二个就是民主,不准许站在人民头上屙屎撒尿。这两个条件我们可以做到,做不到就不像个共产党的样子"。[①]因此,整顿党在农村的基层组织和建立乡村民主政权,也就成为解放战争时期中国共产党在农村工作中与土地改革并重的两大任务之一。

在开展土地改革和农村整党工作的同时,中国共产党自然看到了建立和健全政权机构的重要性和迫切性。全国土地会议期间,刘少奇在给中央的报告中即指出:在会议综合的各地农民的四大要求(土地、生产资本、民主、负担公平)中,"土地与民主又是基本要求,而民主是保障与巩固土地改革彻底胜利的基本条件,是全体农民向我政府和干部的迫切要求"[②]。1947年11月12日中共中央批转的《中央工委关于政权形式问题给冀东区党委的指示》即提出:"目前解放区各级政权形式,应采取从下至上的代表会议制度,其名称或称农民代表会,或称人民代表会均可(一般以称人民代表会议为妥。中央注),但在土改中被打倒的地主富

[①] 《刘少奇选集》上,人民出版社1981年版,第395页。
[②] 《刘少奇年谱》下,中央文献出版社1996年版,第86—87页。

农及其它反动分子，均不应有选举权与被选举权（新式富农除外。中央注）。望在土地改革中，应将解放区政权，改组为人民代表会政权。"①

1948年2月22日，中共中央在关于《老区半老区的土地改革与整党工作》的指示中提出："在一切地方，在土改工作与整党工作大致完成以后，即应实行普选，成立乡村人民代表大会，并改选乡村政府。在农会的委员会中，在乡村人民代表大会及政府委员会中，一般地贫雇农新中农应合占三分之二，旧中农及其它劳动分子应占三分之一。"②

1948年4月，毛泽东指出："在反对封建制度的斗争中，在贫农团和农会的基础上建立起来的区村（乡）两级人民代表会议，是一项极可宝贵的经验。只有基于真正广大群众的意志建立起来的人民代表会议，才是真正的人民代表会议。这样的人民代表会议，现在已有可能在一切解放区出现。这样的人民代表会议一经建立，就应当成为当地的人民权力机关，一切应有的权力必须归于代表会议及其选出的政府委员会。到了那时，贫农团和农会就成为它们的助手。"③1948年12月20日，中共中央发出《关于县村人民代表会议的指示》，指出人民代表会议是新民主主义政权的最好形式，要求各地认真贯彻，建立和完善这种制度。作为几千年来处于被压迫、毫无政治地位、被称为"愚、弱、穷、私"的农民，其参与乡村政治的广度和深度不仅是中国几千年历史中从来没有的，也远远超过了同期的国统区和发达国家。不了解这一点，就不能明白为什么中国共产党领导的新民主主义革命的道路和特点是"农村包围城市"，以及为什么能够成功。新中国成立前后进行的土地改革，不仅彻底摧毁了旧的乡村政权，也彻底消灭了这种"士绅"治理乡村的基础——地主阶级。在土地改革完成以后的民主建政中，农村基层政权是按照马克思主义新理念、中国共产党提出的党政合一的自上而下的新体制、忠于新政权的农村精英和土改积极分子为主体建立起来的，因此，农村基层政权从一开始就是国家政权的基层组织，与中央和上级政府保持高度一致，作为党和政府在农村的代理机构，而不是自治机构。1950年12月政务

---

① 《刘少奇年谱》下，中央文献出版社1996年版，第104页。
② 《周恩来选集》上，人民出版社1980年版，第294页。
③ 《毛泽东选集》第4卷，人民出版社1991年版，第1308页。

院颁布的《乡（行政村）人民代表会议通则》和《乡（行政村）人民政府组织通则》规定：乡人民政府委员会的职权为执行上级人民政府的决议和命令；实施乡人民代表会议通过并经上级政府批准的决议案；领导和检查乡人民政府各部门工作；向上级反映本乡人民的意见和要求。

对于农村基层政权中的工作人员，国家有理由相信他们的忠诚，作为土地改革的最大受益者，他们也确实应该对新生政权忠心耿耿。同时，中国共产党从1951年开始，在农村不断地进行"整党""整风"来改造农村基层干部，提高他们的素质。这一切为后来急剧推进农村的现代化奠定了组织和干部基础。

通过土地改革和乡村基层政权与组织建设，中国政府第一次将管理权下伸到乡村基层直至家庭，一家一户的农民被组织到各种组织中，而这些组织和基层政权又由党组织统一领导，党内则实行严格的下级服从上级、全党服从中央的制度。这种高度组织化极大地提高了政府的统治力和资源动员能力，从而为后来的农副产品统购统销、农业合作化以及迅速向人民公社过渡创造了条件。政府和各种准政府组织的建立，形成政府治理延伸到家庭。

三、第二次大变革：合作化与人民公社

当民主革命和国民经济恢复任务完成后，工业化就成为整个国家经济建设的重中之重。于是城乡经济关系的焦点就集中在两个方面：一是如何加快农业的发展，以便在耕地少、人口多的条件下，解决中国的吃饭问题和为工业化积累资金。二是在优先发展重工业战略下，如何协调城乡关系（包括工农关系），保证中国的工业化迅速实现。

在市场经济运行中，由于重工业投资大、建设周期长，产业的升级和人口转移一般是遵循从农业到轻工业再到重工业的发展规律，而在国家安全处于突出地位的新中国成立初期，中国选择了当时并不具备比较优势的重工业优先发展战略，这就使得中国需要进行超越常规的制度安排才能完成跨越式的经济发展，而以多种经济成分并存和市场为基础的新民主主义经济则不能满足这种优先快速发展重工业战略和高积累政策

的要求，于是可以集中资源和实行高积累的计划经济和生产资料公有制就成为1953年以后党和政府的选择。

由于当时农业是工业化资金的主要来源，而农业生产的过度分散和剩余极低，导致要保证工业化对农产品的需求，就必须将农民组织起来，这样既有利于发挥农村劳动力过剩的人力资源优势，又便于政府提取农业剩余。

当时采取的办法就是走农业合作化的道路，它的目标是"三赢"：一是改造落后的小农经济，充分发挥农村人力资源优势，使农业获得大发展；二是保证为工业化提供必要的积累；三是保持工业化和高积累过程中的社会稳定和避免两极分化。而要实现这个目标，当时建立在土地改革基础上的高度组织化的乡村治理结构仍然不能胜任。

当1955年下半年到1956年，农业合作化以"急风暴雨"式的群众运动而迅速完成以后，其限制农民自由和经营中管理监督成本太高的弊病就立刻暴露出来。1957年许多合作社经营不善和部分社员"拉牛退社"即说明了这一点。在1957年春许多人都认为农业合作社经济效益问题严重的同时，还出现了一个始料未及的现象，那就是1956年度的农副产品统购中出现了合作社干部与社员一起对付国家的局面。过去一直以为，国家在农副产品统购上面对上亿户的小农经济的成本肯定要高于面对组织起来的合作社，而合作社则使得干部与群众的经济利益一致起来。于是1957年在农村开展的社会主义教育运动中很重要的内容就是教育干部。实际上，从1958年开始的"并大社"直至迅速发展成全国范围内的"一大二公"的人民公社，在很大程度上是国家要通过"政社合一"的方式来直接控制农村集体经济组织，因此在三年"大跃进"以后，人民公社仍然以"三级所有、队为基础"的形式继续保持下来。

1953年的粮食市场波动和国家被迫实行主要农产品"统购统销"的政策就说明了这一点。而农业社会主义改造的提出和加速进行，以及1958年进一步过渡到"政社合一"的人民公社，只不过是这个历史逻辑的必然演绎。可以说，从1949年新中国成立到1956年社会主义改造基本完成，是国家权力逐渐侵入私人经济领域并最终取代私人在生产和消费方面自主权的过程。在这个过程中，政府经济职能的范围和强度越来越大，到 1958 年农村实行"政社合一"的人民公社后，各级政府不仅已经完全成为整个经济的主宰，甚至控制了经济的各个方面，生产的计划管理和各种票证，人民连消费的自主权都丧失了。当然，政府经济职能无限度扩大和侵占私人决策领域，是为了以下三个目的：其一，保证政府最大限度地索取剩余并将其投入到经济建设中去；其二，保证投资和国民经济高效率运转，加速经济发展；其三，保证高积累、低消费水平下的社会稳定。因为在新中国成立初期完成彻底的"耕者有其田"的土地改革以后，在工业化和城市化还不能立刻吸纳农村和农业大量富余的人口时，土地集体所有制所具有的社会保障功能就突出出来。这应该是农业合作化以后土地归公和 1978 年以后实行以家庭经营后直至今天仍然维护土地集体所有的内在原因。

1953 年我国转入大规模经济建设后，许多农村青年为城市的收入和生活条件所吸引，纷纷涌入城市和工矿区，这不仅加剧了城市的失业问题，也增加了农副产品供给的紧张，因此，中共中央和国务院不得不一再发出指示，要求各级政府限制农民进入城市就业，城乡之间的劳动力流动应该有计划地进行。以后，随着计划经济体制的建立和城市就业和食品供应紧张，特别是 1960 年以后，城乡之间人口的自由流动基本上被严密的户籍制度和粮票等生活必需品供应制度严厉隔绝。与此同时，农村地区之间的人口流动也由于实行单一的集体所有制而受到严厉限制，除了特殊情况和计划招工外，农民被束缚在既有的那块土地和社区内，乡村治理形成了政府自上而下直至家庭的直接控制体制。

这种高度组织化是建立在传统农业为主的前工业化、温饱没有解决的基础上的。这种生产力水平与上层建筑的错位只能依靠政府的高压政策来维持。总之，以农业合作化和人民公社为标志的政府对农村社会越来越严格的控制，主要目的是保障高积累政策的实施以及在这个政策下的农村社会稳定和生产的发展。但是事与愿违，政府控制得越严、越死，农民的集体生产积极性越低，而个人利益的追求和商品经济的骚动越强烈，于是就实行更加严格的控制，从"整社"到农村社会主义教育运动，直至"文革"。而严格的户籍制度则限制了农民的自由迁徙和身份转变，这不仅固化了城乡"二元经济"，也固化了城乡"二元社会"。

到改革开放前,由于"政社合一"的集体经营体制束缚了农民的积极性,粮食等主要农产品的增长始终不能满足人口增长的需要,城乡居民生活困顿,全国人民的温饱问题没有得到解决,有 2.5 亿农民生活在贫困线以下。1976 年,全国农村集体分配每人平均只有 63.34 元。许多贫困地区的生产队,进行简单再生产也很困难,变成了"吃粮靠返销,生活靠救济,生产靠贷款"的"三靠"生产队。就是过去比较富裕的地方,经过"十年动乱"也变穷了。素称"天府之国"的四川省,1957 年是粮食调出省,到 1976 年变成调进粮食的省。浙江省是全国第一个粮食达到《1956 年到 1967 年全国农业发展纲要》规定指标的省,过去粮食生产自给有余,到 20 世纪 70 年代中期,省内自产粮食不够吃,也不得不向国家要求调进粮食。由"三农"问题导致的"吃饭"问题成为当时中国最突出的问题,农村改革不仅势在必行,而且是体制最薄弱的环节,并且过去有成功的"包产到户"历史经验。

四、第三次大变革:家庭承包制与市场化

农业合作化和集体化虽然解决了农业为工业化提供积累的制度保障问题,但是没有解决好"三农"本身的发展问题,农民的自主权和利益受到了伤害,而 1978 年开始的农村改革,由于尊重农民的权利和利益而为农业的发展提供了巨大的动力。

原有农村集体生产经营被家庭经营所取代,使得建立在集体经营管理体制上的政权管理模式——人民公社体制丧失了"政社合一"的经济基础。随着乡镇政府取代公社,原有的生产大队和小队,也分别转变为村民委员会和村民小组,这种组织只是拥有土地所有权、发包权和为政府收缴税赋的责任。

农业家庭经营和"政社合一"人民公社的解体,标志着高度组织化和行政化的乡村社会治理结构开始发生根本性的变化,原来被高度组织起来的农民逐步获得了自由支配自己劳动、生产资料和收益的自由,原有的乡村组织也逐渐松弛甚至废弛和有名无实。1982 年通过的新修订的《宪法》明确规定,城市和农村按居民居住地区设立的居民委员会

或者村民委员会是基层群众性自治组织，从而奠定了村民自治的法律基础。1987年11月，全国人大通过了《中华人民共和国村民委员会组织法（试行）》，对村民委员会的性质、地位、职责、产生方式、工作方式等作了具体、明确的规定，正式确立了我国农村基层实行村民自治的法律地位。至此，我国农村基层形成了"乡政村治"的新的治理体制。

在1992年之前，由于乡镇政权成为一级财政，有收税的责任和支出的需要，因此对乡村基层控制仍然很紧，加上国家的政策基本上不允许农民及其资本异地流动，提倡"离土不离乡，进厂不进城"，再加上私营经济尚未真正获得合法地位，农民尚心有余悸，因此乡村社会的治理结构呈现出原有组织松弛、原有基层干部权力缩水，但仍然在发挥作用。村民自治组织实际上仍然是乡镇政府职能的延伸，但是对农民的控制能力已经大大弱化。但是由于限制农民的地域性流动，农村以社区为单位的原有精英仍然在原地，因此党的组织系统仍然比较完整，仍然保持着乡党委（原来的公社）——村支部（原来的生产大队）——党小组（原来的生产小队）这个架构，并在乡村治理结构中处于核心地位，发挥着领导中枢的作用。

1978年以后对原有农村社会治理结构产生重大冲击的因素除了家庭经营和市场化外，还有一个因素就是农村人口的流动。在改革开放初期，我国仍然延续了计划经济时期的城乡人口分隔的政策，例如1981年10月，迫于城镇就业压力，中共中央、国务院《关于广开门路，搞活经济，解决城镇就业问题的若干决定》就规定："严格控制农村劳动力流入城镇。对农村多余劳动力，要通过发展多种经营和兴办社队企业，就地适当安置，不使其涌入城镇。根据目前我国的经济情况，对于农村人口、劳动力迁进城镇，应当按照政策从严掌握。"当然，城市粮油计划供应制度也限制了农村人口向城市流动。

1992年初邓小平南方谈话后，中国加快了建立社会主义市场经济的步伐，随着城市粮油定量供应制度的取消，由"农民工"组成的"民工潮"开始成为整个20世纪90年代城乡关系的特点，也是中国经济转型过程中独有的现象。但是从1992年开始，随着市场化、工业化、城镇化的加快，以及城乡收入差距的扩大，不仅将农村的资源和资金转向城镇，也不断将数量众多的农民以经商、投资、打工等多种方式吸引到城镇。这种空前规模的农村青壮年人口流出,使得原有乡村社会组织更加衰落,无论"乡政"还是"村治",都面临着缺乏精英问题,就像20世纪初废除科举和鼓励兴办实业后,乡村精英转向城市读书和就业一样。

人民公社解体后形成的"乡政村治"社会治理方式,一方面重新划定了国家权力与社会权力、农村基层政府与村民自治组织的权力边界,从而为农村基层社会的自我组织和管理提供了一定的社会与政治空间,同时也为农民的经济自主和政治民主提供了基本制度与组织框架,使得农村基层政权与村民自治组织的关系已由原来的行政隶属关系逐渐转变为合作治理的关系。但是另一方面,从1985年实行乡级财政后农村基层政府由于事权的增加,特别是1994年实行分税制后地方财政的紧张,导致乡村基层政府和村民委员会的主要任务是收取各种名目的税费。这又反过来加剧了乡村基层政府与农民的矛盾,即所谓的"干群矛盾"。乡村社会治理陷入分裂状态。

五、第四次大变革:"反哺"和法治建设

改革开放以前,农民和乡村对工业化和城市的支持,主要是通过上缴农业税和提供低价的农副产品来进行的。换句话说,就是农村通过向城市提供农业剩余,为工业化积累资金和降低成本,同时,又通过限制农民流动来减轻城市压力和维持社会安定。当然,也有部分农村人口通过考学、参军、有计划的招工等形式转到城市,但是这种转移人数非常有限。改革开放以后,农民和乡村对工业化和城市的支持形式发生了巨大的变化。随着农产品"统购统销"制度的废止和农产品的市场化,通过直接和间接的农业剩余来支持工业化和城市的比重越来越低,而农民通过提供廉价的劳动力和乡村资源(资金和土地等)来支持工业化越来越成为主体。上述三种乡村支持工业化和城市化的方式,是1978年以来中国经济高速增长,特别是对外贸易超常增长的主要动力,也是城市空间规模快速扩张的重要原因。

随着人民温饱问题的解决和工业化进入中后期发展阶段,二、三产

业已经有足够的能力承担起工业化后期的积累任务,如果继续让农民为工业化提供积累,不仅有失公平,也不利于扩大内需。

2004年9月,胡锦涛在中共十六届四中全会上指出:"综观一些工业化国家发展的历程,在工业化初始阶段,农业支持工业、为工业提供积累是带有普遍性的趋向;但在工业化达到相当程度以后,工业反哺农业、城市支持农村,实现工业与农业、城市与农村协调发展,也是带有普遍性的趋向。"[①] 在随后召开的中央经济工作会上,胡锦涛指出,中国现在总体上已到了以工促农、以城带乡的发展阶段,取消农业税具备了条件。在上述思想指导下,在全国绝大多数省份已经取消农业税的情况下,2005年12月29日,第十届全国人大常委会第十九次会议通过《关于废止中华人民共和国农业税条例的决定》,一个在中国延续了2600多年历史的税种宣告终结。从而也彻底结束了乡村基层政府所承担的征收税费的职能,标志着乡村基层政府开始转向服务型,由"取"转变为"予"。与此同时,2005年10月,中共十六届五中全会通过《十一五规划纲要建议》,提出要按照"生产发展、生活富裕、乡风文明、村容整洁、管理民主"的要求,扎实推进社会主义新农村建设。2005年的上述一系列举措标志着我国的乡村基层社会治理结构发生了历史性转折。从2004年开始,中央政府不断加大对农村的转移支付力度,以实现"反哺"和"城乡一体化"。

为了与上述"反哺"政策和建设社会主义新农村目标相适应,中央加强了乡村基层党组织建设。2004年底召开的中央经济工作会议和中央农村工作会议,强调要不断增强农村基层党组织的创造力、凝聚力和战斗力,充分发挥农村基层党组织的领导核心作用,为建设社会主义新农村提供政治和组织保障。与一系列加强乡村基层党组织建设的举措相配套的,是党和政府大力推进乡村的民主和法治建设。从2003年民政部、司法部联合出台《关于进一步加强农村基层民主法制建设的意见》,到2004年中共中央、国务院出台《关于健全和完善村务公开和民主管理制度的意见》,再到2010年十一届全国人大常委会第十七次会议通过《中

---

① 《胡锦涛文选》第2卷,人民出版社2016年版,第247页。

华人民共和国村民委员会组织法》修订案,直至 2014 年中共十八届四中全会通过《中共中央关于全面推进依法治国若干重大问题的决定》。

2012 年 11 月,党的十八大报告提出:"科学规划城市群规模和布局,增强中小城市和小城镇产业发展、公共服务、吸纳就业、人口集聚功能。加快改革户籍制度,有序推进农业转移人口市民化,努力实现城镇基本公共服务常住人口全覆盖。""加快完善城乡发展一体化体制机制,着力在城乡规划、基础设施、公共服务等方面推进一体化,促进城乡要素平等交换和公共资源均衡配置,形成以工促农、以城带乡、工农互惠、城乡一体的新型工农、城乡关系。"①

这次乡村社会治理变化的实质,是在公有制为主体的市场经济基础上,在城镇化加速和乡村人口大流动的情况下,在政府实行"反哺"和"城乡一体化"政策的背景下,通过改革和法治建设来界定和维护政府管理与村民自治的界线,同时保证基层党组织、各类企业和各种社会团体、全体居民在乡村社会治理中有法可依,都能够积极参与,充分发挥作用。这次大变革仍然在进行中。

[原载《国家治理》2015 年第 4 期]

---

① 胡锦涛:《坚定不移沿着中国特色社会主义道路前进 为全面建成小康社会而奋斗——在中国共产党第十八次全国代表大会上的报告》(2012 年 11 月 8 日)。

试论中国城乡统筹发展的宏观经济条件

1949年中华人民共和国成立以来的城乡经济关系，经历了一个剧烈的变化，它由旧中国的城市剥削、压迫乡村的半封建、半殖民地的对立关系，演变为新民主主义的城乡互助关系；又由于加速工业化的需要，演变为计划经济体制下的农村为工业化提供积累的城乡分隔关系；改革开放以来，我国的经济体制改革一直是通过工业化、市场化和城市化的迅速演进来打破城乡分隔、农村为城市提供剩余的关系。工业化的水平和国家的财力最终决定了我国的城市化水平和城市反哺农村阶段的到来。

一、我国产业结构演变及经济增长

按照工业化的一般规律，工业化的实质就是产业结构的升级，即从原来的以传统的第一产业为基础和主要部门转变为以第二产业为基础和主要部门的产业结构，而第二产业发展所带来的资本增加、技术进步、市场扩大以及第一、第三产业的发展，都推动了经济总量和质量的大幅度提高，是我国改革开放以来经济高速增长的主要原因，由此也引发了城乡关系发生了巨大的变化。1949年以来我国的城乡关系，无论我们主观上是怎样认识它、规范它，实质上都脱离不开制约它的基础，即产业结构。因此，要讨论如何统筹城乡关系，必然离不开研究我国的产业结构及其变化趋势。

中国产业结构的演变经历了以下几个历史阶段

新中国成立之初，我国产业结构基本呈现一个工业基础薄弱的传统农业国特征，1952年第一、二、三产业增加值之间的比例关系为50.5∶20.9∶28.6。为实现工业化，我国选择了优先发展重工业的产业结构演进路径。但矫枉过正，1953—1978年，国内生产总值年均增速为6.1%，而第二产业则高达11%，其中工业增加值年均增速为11.5%，而第一、三产业增加值的年均增速仅为2.1%、5.5%，到1978年，三次产业结构比例变为28.1∶48.2∶23.7，三次产业的不协调，导致我国农业基础薄弱，人民生活物质短缺。

改革开放以来，依靠制度创新、投入增加、技术进步和国外市场不断扩大的推动，政府和民间加快经济发展的双重积极性得到充分发挥，工业化、市场化和城市化带来了发展的奇迹，我国的产业结构演变则呈现出快速工业化和结构不断升级的历程。按照我国产业结构演变、GDP的增长以及国家的经济体制改革和宏观经济政策，可以将产业结构的演变大致划分为两个时期：（1）1978—1996年为第一个时期，在这个时期，产业结构是在普遍短缺的经济紧运行条件下，在计划与市场双重调节下，以需求为导向的纠偏性均衡发展阶段，并历经了两个调整过程。（2）1997—2006年为第二个时期，产业结构则是在需求不足的买方市场条件下，在市场和政府干预的引导下，以城市化和产业升级为导向的二次产业加快发展和重型化阶段。

在第一个时期，产业结构的演变又可以细分为三个阶段，即1978—1984年的农业超常发展阶段，1985—1991年的第三产业和轻工业快速发展阶段，1992—1996年的整个工业超常发展阶段。

中共十一届三中全会后，为扭转畸形的产业结构，我国进行了以改革开放和经济调整为标志的第一次结构调整，此阶段主要集中于1978—1984年。这个阶段的主要目标和任务，是从体制、政策和措施三个方面纠正新中国成立以来长期形成的农、轻、重比例失调，加快农业和轻工业的发展。在体制方面，最大的动作就是在农村全面推行了家庭联产承包责任制，开始开放自由市场，允许个体和私营经济发展；在政策方面，则大幅度提高了农产品收购价格，开始引进外资；在措施方面，通过实行经济调整，限制了基本建设规模，通过实行地方财政包干和分灶吃饭，实际上为地方投资轻工业（投资少、见效快、收益高）开了方便之门。这个阶段经济增长快，产业结构的变化带有纠偏的性质，即第一产业占国民生产总值比重呈现出逆向的恢复性上升，这主要是由于进行农村体制改革，农业产业潜力得到释放，农业呈现超常增长。到1984年，第一产业比重达到32%，比1978年提高4%。同期第二产业下降5%，第三产业上升1%，改善了工农业比例不协调的状况。显然，此阶段的结构调整之所以与工业化逆向，是因为释放了长期受到抑制的第一产业发展能力，是产业结构纠偏的第一个步骤。

1985—1991年，我国产业结构进入第二轮调整和发展阶段。这个时期的产业结构变化，是在第一阶段改革开放成效诱导、第一产业超常增长基础上进行的，它主要体现在第二产业和第三产业蓬勃发展，在第二产业中，轻工业比重迅速上升。一方面，1979—1984年的第一阶段的农村改革的成效，极大地推动了城市改革（当时被称为第二次"农村包围城市"），加上市场调节范围的扩大，使得以自由市场、个体经济和国营公司为代表的商业和饮食服务业得到迅猛发展；另一方面，连续5年的农业大幅度增长，使得吃饭问题基本解决，农民和城市居民的收入也有较大幅度增加，以生活资料为主要生产对象的轻工业的需求更加旺盛，这也促使了乡镇企业和城市工业的迅猛发展。于是由投资引发的通货膨胀和经济过热再次引发经济调整。这次经济过热与1977年那次完全由政府引发的投资过热不同，它实际上是政府与民间双重需求旺盛和投资冲动引发的。在这个阶段，第三产业从28.5%左右上升到34.3%左右，同时第一产业下降6%，第二产业比重保持在43%左右。其中第二产业是以轻工、纺织为主导，而重工业处于调整之中，比重下降较多。这个时期，由于个体户、乡镇企业崛起，引起了劳动力大量转移到第三产业，推动了第二产业的轻工业发展。显然，此阶段也具有补偿发展不足、调整比例关系的特征。

1992—1996年是改革开放以来产业结构演变的第三个阶段。从1992年开始，经过三年的治理整顿，又逢邓小平南方谈话后我国确立了市场经济改革目标，修改了"八五"计划指标，使得政府和民间被压抑的双重投资冲动都得到迅速释放，而投资的重点自然是效益高的工业（开发区和房地产也是以工业为主或为原料）。于是就呈现出二次产业快速发展、第一产业和第三产业相对落后的格局。如加强了基础设施和基础产业（公路、港口、电力等）投入，具有突破"瓶颈"制约的经济意义；重化工业为主导，钢铁、机械设备、汽车、造船、化工、电子、建材等工业成为经济成长的主要动力，具有产业结构升级的经济意义。1996年与1992年相比，第一产业在国内生产总值中的比重由21.8%下降为20.4%，第二产业的比重由43.9%上升为49.5%，第三产业的比重则由34.3%下降为30.1%。

1997—2006年为改革开放以来产业结构演变的第二个时期。这个时期，我国在1997年实现经济"软着陆"和我国经济运行首次出现"买方市场"，我国国内已经基本解决温饱问题，消费结构正面临着结构升级，再加上1997年出现的亚洲金融危机，使得我国的农业和轻工业因需求不足而增长缓慢，农民收入增长幅度甚至出现连续4年下滑的局面。

1997年是我国经济运行发生根本性转折的一年。经济"软着陆"的成功和"亚洲金融危机"，使得经过20年高速增长的国民经济终于告别了"短缺"常态，出现了渴望已久的买方市场，与此同时，国民经济于1995年底提前实现了"翻两番"的任务，人民基本解决了温饱问题。这种经济运行新局面的产生，预示着我国的经济发展将由过去长期的"供给"约束型转向"需求"约束型，即从旺盛的消费需求和投资饥渴转向国内市场"疲软"、需求不足。同时，温饱问题的解决和买方市场的出现，标志着我国经过20年改革开放形成的以温饱型消费为对象的现有工业产业结构必须进行调整，寻找新的经济增长点。

另一方面，从1998年开始，我国加快了国有企业的改革和调整产业结构的力度，以"抓大放小"和"减员增效"为国有企业改革目标，以压缩生产能力过剩行业为调整结构目标，以及乡镇企业的普遍转制，都导致了轻工业发展缓慢。而为了拉动国内需求，即扩大内需，政府采取了积极的财政政策，但是由于农民收入增长有限，而城镇居民随着改革的深入面临着教育、医疗、住房、养老等费用的自筹，甚至下岗、失业的担忧，因此一般消费品的内需并没有扩大多少。在这种情况下，国家的财政资金和信贷不可能再投入到供过于求的一般轻工业，因此由政府投资拉动的社会投资就集中于基础设施和能源、钢铁、建材等重化工业方面。这就使得这个阶段的产业结构呈现第一产业比重下降，第二产业（主要是重工业）、第三产业发展快的格局。

在这个时期，重工业由于城市化、消费结构升级、交通和基础设施发展的需要，同时可以通过内部循环来消化一部分产能过剩，因此表现出较大的发展空间，这就是1998年以来电子、能源、汽车、建材等行业成为工业经济增长支柱产业的原因。这种所谓的"重化工业化"趋向，实际上也反映出我国工业在经历了50年的高速发展和人民解决温饱问题后，必然要走向资本和技术密集型的高加工度化，而"新型工业化"和"创新型国家"战略的提出，加快转变经济增长方式，则是顺应了这个客观趋势。[①]

二、产业结构变动和国民经济增长预期

产业结构通常用三次产业的GDP构成来说明，这既可直观表现产业之间的结构特征，又可表现工业化进程的发展阶段特征。结合经济发展阶段与产业结构演进进行综合分析最有代表性的是美国经济学家钱纳里。他从产业结构演进角度，将各国人均GDP水平划分为6个变动时期。根据钱纳里的研究和目前我国的人均GDP（按照购买力平价计算的美元），我国目前处于工业化中级阶段，经济规模和发展速度仍然有较大的提高空间。此外，中国所具有的独特因素也进一步支持了未来经济将以较高速度增长。

第一，中国正处于工业化中期和城市化加速阶段，外延型增长仍然有较大空间。工业化中期的需求升级和城市化的加速，必然导致以重化工业带头的经济扩张。

[①] 笔者赞同赵国鸿先生用"高加工度化工业化"替代"重化工业化"来概括我国当前的工业化趋势。参见赵国鸿《"重化工业化"之辩与我国当前的产业政策导向》，《宏观经济研究》2005年第10期。

中国13亿人口的60%还生活在农村，还处于低收入和渴望向非农产业转移，中国的城市居民的消费需求正在由温饱型向小康型升级，这个客观条件，必然决定中国经济的外延型扩张还有很大的空间和强烈的需求。在工业化起飞和城市化加速阶段，在大量人口需要转移和就业的压力下，扩大经济总量和增加就业机会，不仅是党和政府的愿望，更是全国人民的强烈愿望。在今天民营经济已经大大超过国有经济和市场机制成为调节经济运行的主要杠杆的条件下，更加充分显示出我国的经济扩张是一个客观规律和要求。再以外延型发展很快并遭到诟病最多的煤炭生产来看，是需求决定了供给，当政府提高煤炭生产的安全"门槛"后，立刻就表现出煤炭价格上涨和许多农村居民又转向砍柴取暖，因为收入的提高必然导致消费水平和生活质量的提高，亦即能耗的增加。[①]下面再通过能源消耗和城市建设方面中国与世界的差距，来说明中国外延型发展的空间还有多大。

表1　中国和世界人均能源和电力使用情况

国别	1980年		1990年		2000年		2002年	
	人均商业能源使用量（千克石油当量）	人均发电量（千瓦/小时）	人均能源使用量（千克石油当量）	人均用电量（千瓦/小时）	人均能源使用量（千克石油当量）	人均用电量（千瓦/小时）	人均能源使用量（千克石油当量）	人均用电量（千瓦/小时）
中国大陆	604	306	775	424	905	827	960	987
中国香港	1079	2520	1869	4178	2319	5447	2413	5612
世界	1627	1846	1686	1746	1694	2176	1699	2225
低收入国家	442	340	449	189	569	352	493	312
中等收入国家	1246	1098	993	820	1318	1391	1338	1422
高收入国家	4796	6845	4850	7051	5430	8617	5395	8693

说明：中国大陆被列为中等收入国家行列。

资料来源：世界银行：《2001世界发展指标》，中国财政经济出版社2002年版；世界银行：《2005世界发展指标》，中国财政经济出版社2005年版；世界银行：《2003年世界发展数据手册》，中国财政经济出版社2004年版；世界银行：《2005年世界发展数据手册》，中国财政经济出版社2005年版。

---

① 参见丁双喜：《煤价上涨　贵州农民被迫上山砍柴》，《中国经济时报》2005年11月14日。

表2　2002年中国与世界交通、通信及电视人均拥有情况

国别	机动车每千人拥有量	轿车每千人拥有量	电话主线每千人拥有量①	电视机每千人拥有量①
中国大陆	12	7	209	350
中国香港	77	57	559	504
世界	135	105	183	275
低收入国家	—	—	32	84
中等收入国家	56	42	178	280
高收入国家	601	436	560	735

①电话主线每千人拥有量、电视机每千人拥有量为2003年的统计数字。

资料来源：世界银行：《2005年世界发展指标》，中国财政经济出版社2005年版。

再看中国正在加速的城市化。城市化意味着居民的消费水平比起分散居住在乡村将有较大提高，它必然导致社会在住房、道路、交通通信、水电煤气等公用基础设施投资大量增加，这里还不包括第三产业的投资。"九五"以来的10年里，我国的城市公用设施投资有了大幅度的增加，如表3所示，但即使这样高速度的增长，仍然没有达到国际水平——市政公用设施投资占全社会固定资产投资比重的国际水平为10%—15%；市政公用设施投资占GDP比重的国际水平为3%—4%，联合国推荐水平为3%—5%。①

表3　市政公用设施投资占比情况

年份	市政公用设施投资总量（亿元）	占全社会固定资产投资比重（%）	占GDP比重（%）
1952—1980年	134.24	1.47	0.24
"六五"时期	180.99	2.30	0.56
"七五"时期	511.75	2.50	0.71
"八五"时期	2449.56	3.80	1.30
"九五"时期	7050.38	5.10	1.80
2001年	2351.91	6.37	2.45
2002年	3123.23	7.23	3.05

资料来源：张伟：《城市基础设施投融资研究》，高等教育出版社2005年版，第34页。

---

① 张伟：《城市基础设施投融资研究》，高等教育出版社2005年版，第34页。

第二，受长期形成的赶超战略和就业压力的影响，经济发展速度成为政府调控经济的最优先的目标。

新中国成立以来，党的三代领导集体都将经济发展速度作为衡量社会主义优越性的主要参数，也将赶上世界先进水平作为中华民族的奋斗目标，这都反映和代表了中国人民加快经济发展的强烈愿望。要加快工业化的步伐，实现赶超，从中国人口多、底子薄和大国地位出发，就需要降低工业化的成本，即人为地压低工业化所需要的资源价格来加快工业的发展，如以国家控制土地和水、森林、矿产等，压低自然资源价格，以"剪刀差"压低农副产品价格，以国家垄断金融和规定信贷利息来压低资本价格，以户籍制来限制劳动力价格。这种以单一公有制和计划经济形式表现出来的"低价工业化"，在改革开放以后被相当程度地延续下来，这主要表现在政府为加快经济发展，在放开所有制和计划管理的限制后，却继续控制和实行自然资源的低价政策（包括对污染环境企业的处罚力度很小），政府垄断的低成本、低风险的信贷和上市公司；人为或利用市场的供求来压低职工工资，特别是农民工的工资、福利和劳保待遇。这些政策对于吸引外资、刺激私营经济的快速发展起到了决定性的作用，从而也就成为中国经济长期高速发展的主要动力之一。而这种低价的自然资源、劳动力资源和资本筹集，一是必然导致大量的技术水平低、规模小、资源消耗大、环境污染重的小型企业层出不穷；二是导致利用中国劳动力价格低、自然资源价格低的外向型制造业企业（包括外资企业）迅速发展，中国的外贸依存度不断攀升；三是导致大型企业，即使是特大型国有企业在权衡得失后，也不会走以技术创新、改善经营管理的效益型道路，而是走资本、规模和人员扩张的外延发展道路；四是导致体力劳动者的人力资本投资不足，基本权益得不到保障，从而导致职工的素质降低、责任心下降和管理粗放。此外，值得特别指出的是，地区之间因经济发展的不平衡导致的剧烈竞争，也成为刺激地方政府发展经济的重要动力。

中国是一个幅员辽阔、人口众多和经济发展不平衡的大国，除了港、澳、台与大陆的经济发展水平差距外，大陆内部的沿海与内地以及东、中、西各经济带内部的各个省、市、自治区之间的经济发展水平也存在着较大的差距。众所周知，这种在国内统一市场条件下的地区之间差距，不仅仅是各级官员的政绩和面子问题，更重要的是先发展或快发展的地区具有明显的"先发优势"，先发达的城市和地区在"低价工业化"①的体制下，会利用它的优势将周边地区的资源，特别是人力资源吸纳过来，而将其沦为产品市场、原料产地，从而进一步加剧这种不平衡。因此，即使出于地方利益和发展的要求，也必然会导致各地在发展速度、基础设施以及招商引资优惠政策上的激烈竞争。各省都争先恐后，想"大干快上"，成为新中国成立以来始终存在的强烈愿望，特别是在中央扩大地方的自主权的时期更是如此。例如这次制订"十一五"规划时，全国的GDP增长指标定位为7.5%，而25个省、市、自治区中定位在8.5%的为1个，9%的为7个，10%的为10个，11%的为3个，12%的为3个，13%的为1个，平均都在10%以上。②

根据我们的预测，"十一五"时期我国大体上能够保持约10%的经济增速，2011—2020年能够达到8.5%的增长速度。具体分析依据如下：

第一，现实经济低于潜在经济增长水平。自2003年以来，中国进入了一个新的经济高速增长周期，经济已连续4年实现了两位数增长：2003年增速为10%，2004年为10.1%，2005年为10.4%，2006年为10.7%。与此前GDP的年均增长率（1981—1990年是9.0%，1990—1997年是11.2%，1998—2002年是8.1%）相比，目前中国经济已从振动波幅较大的中速增长时期转到平稳上升的高速增长时期。连续4年两位数的高增长，虽然超过了改革开放以来的任何一次繁荣期的长度，但从走向上看，繁荣停止的迹象尚未显露。从决定潜力经济增长的几个因素看，近年来，随着投资的大幅度增加，我国资本积累的速度快速增长，资本存量的增长速度由改革开放以来年均增长11.5%提高到12.8%左右，全要素生产率增长速度接近改革开放以来年均3%的水平，国内基础设

---

① 所谓"低价工业化"，是指政府为加速工业化有意采取的降低资源和劳动力价格的体制和政策。详细论述参见中国经济增长前沿课题组：《经济增长、结构调整的累积效应与资本形成》，《经济研究》2003年第8期。

② 房维中：《"十一五"的宏观调控应从"十五"中吸取教训》，《中国经济时报》2006年1月12日。

施和重大工程建设得到明显加强，煤电油运等"瓶颈"制约明显缓解，支持经济增长的供给能力更加宽松，应该说处于历史最好时期，潜在生产能力在10.5%左右，高于改革开放28年来潜在增长率9.5%左右的平均水平。

第二，从现实经济增长因素来看，未来几年国际国内的环境仍然有利于我国经济保持较快增长。(1)世界经济仍将保持稳定增长，世界经济发展总体上有利于我国保持对外贸易的继续增长和稳定外商投资规模。据联合国、国际货币基金组织、世界银行等机构预测，2007年世界经济将增长4.9%左右，略低于2006年水平，仍高于1990—2006年平均4%的增长速度；世界贸易量增长率达到7%左右，增长势头良好。(2)资本和劳动力充裕但利用率不高。到2006年底，居民本外币储蓄高达32万亿元人民币，国家外汇储备为10663亿美元，每年吸引外资在550亿美元左右。但银行总体上出现存差，资本的利用率不高，资本的产出率也不高。加上劳动力的无限供给，应该说，支持经济增长高速度的空间是具备的。(3)我国经济发展的体制机制环境逐步改善，经济结构调整不断深入。工业化、城市化、市场化、国际化进程加快，经济体制改革和结构升级引导的内生经济增长活力进一步增强。(4)我国将继续保持宏观调控政策的连续性和稳定性，注重各种政策和手段的协调配合，确保经济发展又好又快。

第三，从长期来看，确保经济稳定健康发展的制度环境将更加优化。改革是发展的动力，是实现科学发展的根本保障。今后5—10年里，我国改革攻坚的举措将陆续出台：以转变政府职能为重点，着力推进行政管理体制改革；以理顺产权关系为重点，进一步深化企业改革；以推进公共财政体系建设为重点，继续深化财税体制改革；以完善法人治理结构和优化金融结构为重点，深化金融体制改革；以完善市场功能为重点，推进重要资源性产品和生产要素价格形成机制的改革。进一步理顺水、电、煤、油、土地等价格，建立反映资源稀缺程度和生产供求关系的价格形成机制，大力整顿和规范市场秩序。由于这些改革举措的落实，社会主义市场经济体制必将进一步完善，更能确保我国经济在效益提高的基础上实现又好又快的发展。况且，随着政府更加注重经济发展的公平性，内需不足的短板要在这个时期填补，其增长空间还是非常巨大的。

第四，从今后的发展趋势来看，中国经济增长的速度可能会有所放缓，从目前的超高速增长进入中速增长。一是因为经济增长的基数扩大了。改革开放初期的1980年，中国GDP仅有4518亿元，增加几百亿元就可达到10%的增长速度，到1990年，GDP达到18598亿元，增长10%要增加近2000亿元，而到2006年，GDP达到20.94万亿元，增长10%要增加2万多亿元。二是从短缺经济到过剩经济的转变以及从卖方市场到买方市场的转变，使中国不得不放弃过去的外延扩张、粗放经营的发展模式，从追求增长速度转而追求增长的质量和效益。

综合考虑以上因素的影响，"十一五"期间我国经济将承接2003年以来的发展势头，继续保持高增长态势，国民经济年均有望增长10%左右。在2011—2020年期间，经济增长维持8.5%的速度是有可能的，这个速度比改革开放28年来的潜在增长率平均水平低了1.5个百分点，甚至还略低于整个20世纪80年代的增长率平均水平。

三、城市支持乡村的三个基本条件分析

在以上分析的基础上，我们准备就直接关系到统筹城乡发展、实行城市支持乡村新战略的三个因素进行进一步的探讨。

第一，对我国外来财政收入增长的预测。从全国财政收入增长速度来划分，1994年以来全国财政收入增长可分为三个发展阶段：1994—1997年为第一阶段，财政收入保持在3000亿—9000亿元。1998—2001年为第二阶段，财政收入保持在10000亿元台阶。2002—2006年为第三阶段，财政收入保持在20000亿—30000亿元。其增长幅度如表4所示。

表4 中央、地方财政收入比重及增长情况

年份	财政收入（亿元）			比重（%）		增长速度（%）	占国内生产总值比重（%）
	全国	中央	地方	中央	地方		
1994	5218.10	2906.50	2311.60	55.7	44.3	20.0	11.2
1995	6242.20	3256.62	2985.58	52.2	47.8	19.6	10.7

续表

年份	财政收入（亿元）			比重（%）		增长速度（%）	占国内生产总值比重（%）
	全国	中央	地方	中央	地方		
1996	7407.99	3661.07	3746.92	49.4	50.6	18.7	10.9
1997	8651.15	4226.92	4424.22	48.9	51.1	16.8	11.6
1998	9875.95	4892.00	4983.95	49.5	50.5	14.2	12.6
1999	11444.08	5849.21	5594.87	51.1	48.9	15.9	13.9
2000	13395.23	6989.17	6406.06	52.2	47.8	17.0	15.0
2001	16386.04	8582.74	7803.30	52.4	47.6	22.3	16.8
2002	18903.64	10388.64	8515.00	55.0	45.0	15.4	18.0
2003	21715.25	11865.27	9849.98	54.6	45.4	14.9	18.5
2004	26396.47	14503.10	11893.37	54.9	45.1	21.6	19.3
2005	31649.29	16548.53	15100.76	52.3	47.7	19.9	17.3
2006	39343.00	—	—	—	—	24.3	18.8

资料来源：《中国财政年鉴（2005）》；温家宝：《2007年政府工作报告》，《人民日报》2007年3月12日。

首先，从国内外形势来看，有利于我国经济发展的因素逐渐增多。其次，我国经济本身发展在未来仍然保持着强劲的动力和巨大的潜力。目前和今后一个时期，我国仍处于居民消费结构升级、工业化和城镇化步伐加快的发展阶段。特别是构建和谐社会，建立社会主义新农村，全面落实"十一五"规划，都将增强内需动力，成为经济增长的新契机。再次，财政体制改革和支持经济发展的力度会进一步加强。另外，税制改革的深化和税收征管的加强会使税收增长继续保持强劲势头。近年来税收制度的改革和完善，使税收稳定增长的机制基本形成，拉动财政收入增长的国内流转税、进口环节税收和所得税"三驾马车"，为今后财政收入增长打下了稳定的基础。

根据以上的情况，预计2007年全国财政收入在2006年的基础上还会有新的突破，按照近年来年均增加5000亿元的水平估计，2007年的财政收入大约为44000亿元，比2006年增长12%左右；中央本级财政收入约23000亿元，约增长18%；地方本级财政收入约20000亿元，约增长12%。财政收入仍然保持快速增长的趋势。

第二,对未来城市化进展和速度的预测。改革开放以来,中国进入了快速的城镇化进程,表现为第一产业产值和吸纳就业人员均呈现迅速下降趋势,而第二、三产业产值占GDP的比重迅速上升,不仅吸纳了绝大多数新进入劳动年龄的劳动力,而且吸纳了第一产业转移出来的劳动力。但中国城市化的进程并不是一帆风顺的,特别是在20世纪90年代以后出现了较为剧烈的波动:第二、三产业的劳动力比重在1997年之前迅速增长,1997—2002年出现停滞,2003年至今又呈现快速上升的势头。以90年代后期的停滞来看,主要成因在于国有企业改革步伐的加大,大量富余人员从国有集体经济部门被排除出来。这个时期,尽管第一产业产值占GDP的比重继续下降,可从业人员的比重并没有相应下降,始终徘徊在50%左右。

在理论研究中,人们一般用市镇人口占总人口的比重来测度城市化发展水平。按此标准,近10年我国城市化进程处于快速发展阶段,城市化总体水平得到了极大的提高。到2005年底,城镇人口达56157万人,比2000年增长23.2%,比1995增长59.7%;城镇人口占总人口的比重达42.99%,比2000年提高6.9个百分点,比1995年提高13.95个百分点。"八五"时期,中国城镇人口数量以年均3.1%的速度递增,其间全国城镇人口增加了4979万人,城市化水平提高了2.63个百分点。"九五"期间,城镇人口数量增加了10732万人,年均增速达5.47%,城市化水平提高了7.2个百分点。"十五"期间,城镇人口数量增加了10563万人,年均增速达4.64%,城市化水平提高了6.9个百分点。由此可见,我国城市化进程进入快速发展的阶段。

但是从国际比较来看,中国城市化水平还远低于世界平均水平。1999—2003年,世界城市人口平均年递增2.1%,其中低收入和中等收入国家年递增2.0%,4年间,城市化水平分别提高3个百分点和2个百分点。同一时期,中国城市人口年均递增4.6%,是世界平均增长速度的2倍多;城市化水平提高了5.75个百分点,比世界城市化水平的提高幅度快2.75个百分点。但是,2003年世界平均城市化水平为49.0%,下中等收入国家平均城市化水平为50%。与之相比,中国的城市化水平分别低8.5个和9.5个百分点。这意味着近10年来按常住人口比重计算的中国城市化发展速度尽管很快,但与世界平均城市化水平相比,还相差很大,还有很大的发展空间。

第三,对外来城镇和二、三产业新增就业机会的预测。根据经济增长率和总体就业弹性变化轨迹的预测,未来15年我国城镇经济将会创造出大量的潜在就业机会。2006—2010年的5年内,城镇新增劳动力需求将达到5000万人,年均增加1000万人。考虑到中国经济规模迅速扩大、社会专业化分工加密加长的前景,以后年份新增劳动力需求呈现增大趋势,2011—2015年,城镇新增劳动力需求上升到6000万人,年均增加1200万人;2016—2020年,城镇新增劳动力需求会达到6500—6800万人,年均增加约1350万人。这样,在之后的15年里,城镇新增的潜在就业机会共达到约1.75亿人。

在这些新增的就业机会中,工业将成为吸纳就业最大的行业。在未来15年内,工业就业增长将以每年600万—700万人的速度增长,成为吸纳劳动力最大的行业。这种状况是与我国正处于工业化中期阶段、设备制造能力仍需大发展的阶段特征紧密联系的。传统服务业和建筑业一直是吸纳就业的两大行业,即使在1998—2002年这个特殊的时期,这两个行业就业仍呈现增长的趋势,以后年份这两大行业新增劳动力需求都在100万人以上。近年来,社会服务业吸纳就业增长迅速,但这个行业与新兴的社区就业联系密切,其中有相当一部分接近于非正规就业,稳定性差,但发展潜力很大。按照我们的预测,社会服务业每年新增劳动力需求在50万—90万人。

另外,吸纳劳动力的另一大行业是"其他行业"。这是一个值得关注的行业。随着市场发育和分工链条的延长,出现了越来越多无法为传统的16大行业所涵盖的新兴行业。这个行业成为吸纳就业增长最快的行业之一,尤其是在1998—2002年这段就业严峻时期,"其他行业"吸纳就业迅速增长对缓解城镇就业压力起到了至关重要的作用。根据我们的预测,未来15年中,这个行业每年吸纳就业将在100万人以上。

在此需要指出的是,长期以来,人们对服务业推动中国经济的持续快速发展寄予厚望,但近年来中国服务业占GDP的比重不升反降,由2002年的41.7%降为2005年的40.2%,从而引起了学者们的焦虑不安。

我们对此问题的认识是：一方面，由于中国工业化的水平和质量还不高，服务业大发展的条件还不具备，特别是粗放型增长模式和自主创新能力不足，使配合工业发展的生产性服务业还很微弱，这就决定了当前我国服务业仍主要是生活服务业，具有量大价低的特点；另一方面，中国巨大的收入差距影响了服务业的发展，有相当一部分人处于最基本生活需求的边缘，对质优价廉服务的基本需求无法得到充分的满足，相对富裕阶层却支撑着国外奢华性服务业的畸形发展。这样，中国服务业占GDP的比重未能与年俱增的状况，并不是非常令人难以理解的事。正因如此，我们也能看到：从2002年以来，中国服务业劳动就业占全部就业的比重，每年均以0.7个百分点的速度提高，2005年达到了31.4%，虽远低于国际平均水平，但与2002年相比，其比重仍然提高了2.8个百分点。服务业对中国就业增长的贡献，随着工业化水平的提高和科学发展观的落实，将会更加凸显。

在未来15年里加快中国的城市化进程，是完成全面建设小康社会、推进社会主义现代化伟大战略任务的必由之路，也是消除城乡二元结构、实现社会公平的必由之路。2001年诺贝尔经济学奖获奖者斯蒂格利茨认为21世纪对于中国有三大挑战，居于首位的就是中国的城市化，第二位的是就业问题，这种认识是符合实际的。要把中国这样一个农村人口占多数的国家建设成为现代化强国，没有城市化的大发展和农村劳动力向城市的大转移是不可想象的。通过全文的分析，我们可以看到：过去的15年里，中国城市化进程已经吸引了1亿农村劳动力的转移，在未来15年中，城市就业能力的增长，将会实现1.35亿农村劳动力转移到城市就业。可以说，这是按照统筹城乡社会经济共同发展的要求，实施城市反哺农村、工业支持农业的战略性决策的基本条件。

[原载《湖南社会科学》2007年第3期]

改革开放以来中国城乡关系的两次转变

在中国这样一个人口众多、经济落后和发展非常不平衡的大国，如何处理好城乡经济关系，始终关系到工业化能否顺利实现和社会主义优越性能否充分体现的两个根本问题。因此，总结改革开放以来城乡关系的变化以及原因和后果，对于贯彻落实科学发展观和建立和谐社会都是有所裨益的。

一、改革开放以前的城乡关系

旧中国给中国留下了一个烂摊子和对立的城乡关系：从经济上看，是乡村经济凋敝、城市经济畸形繁荣，城乡经济发展极端不平衡；从政治上看，城乡严重对立，城市压迫和剥削乡村。刘少奇就曾说过：中国民主革命实际上就是农民革命，中国共产党之所以能够成功地走农村包围城市、最后夺取城市的中国革命道路，就是因为这种城乡关系为革命提供了条件。

1949年中华人民共和国的成立及其前后的各项改革，标志着民主革命的胜利。就城乡关系来说，也标志着旧中国"城乡对立""城市剥削乡村"关系的结束，以及民主革命的"农村包围城市"历史使命的完成。"城乡互助"作为基本经济纲领，被列入具有临时宪法地位的《共同纲领》中。

当民主革命和国民经济恢复任务完成后，工业化就成为整个国家经济建设的重中之重。于是城乡经济关系的焦点就集中在两个方面：一是如何加快农业的发展，以便在耕地少人口多的条件下，解决中国的吃饭问题和为工业化积累资金。二是在优先发展重工业战略下，如何协调城乡关系（包括工农关系），保证中国的工业化迅速实现。当时采取的办法就是走农业合作化的道路，它的目标是"三赢"：一是改造落后的小农经济，使农业获得大发展；二是保证为工业化提供必要的积累；三是保持工业化和高积累过程中的社会稳定和避免两极分化。

但是当以单一公有制和计划经济为目标的社会主义改造完成以后，并没有出现原来设想的社会主义经济的优越性。在城乡关系方面，由于吃饭问题始终不能解决，为工业化提供的剩余非常有限，因此国家对农村经济的控制力度不断加强，不仅农村的多种经营不能发展起来，而且限制农村人口向城市流动，甚至城市人口倒流向农村，城市化非常缓慢。

经过新中国成立后近30年的发展，虽然我国的农业现代化特别是在先进技术的推广、电力、化肥、农药的使用和农田水利建设方面有了显著进步，但是受十年"文化大革命"的影响和"左"倾思想的束缚，农业和农村仍被局限在计划经济的体制下，农民仍被禁锢在城乡分割的落后乡村。在这个阶段，尽管遭受了"大跃进"的挫折和"文化大革命"的破坏，但以城市为载体的工业却取得了重大进展，基本改变了1949年中国重工业非常薄弱、国家安全得不到基本保障的落后面貌，不仅建立起比较完整的工业体系，还在科技方面培养了大量人才，并取得了"两弹一星"这样的尖端成果。

到1978年以前，由于"政社合一"的集体经营体制束缚了农民的积极性，粮食等主要农产品的增长始终不能满足人口增长的需要，城乡居民生活困顿，全国人民的温饱问题没有得到解决，有2.5亿农民生活在贫困线以下。1976年，全国农村集体分配每人平均只有63.34元。许多贫困地区的生产队，进行简单再生产也很困难，变成了"吃粮靠返销，生活靠救济，生产靠贷款"的"三靠"生产队。就是过去比较富裕的地方，经过"十年动乱"也变穷了。素称"天府之国"之称的四川省，1957年是粮食调出省，到1976年变成调进粮食的省。浙江省是全国第一个粮食达到《1956年到1967年全国农业发展纲要》规定指标的省，过去粮食生产自给有余，到了20世纪70年代中期，省内自产粮食不够吃，也不得不向国家要求调进粮食。而在城市，就业问题也越来越严重，大批城市知识青年到农村去的政策引发城市居民特别是青年的不满，不仅难以为继，而且成为危及社会安定的大问题。城乡关系面临着一个重要的转折关头。

二、以"放权让利"为特征的乡村推动城市阶段（1978—2002）

中共十一届三中全会以后，以提高农产品收购价格和实行家庭联产承包责任制为标志，国家对农村实行了"放权让利"政策，即不仅给农民以生产经营的自主权，而且减轻了国家提取农业剩余的份额。改变了过去那种国家规定农民消费和积累的定额后，其余全部征购走的办法，而是实行了"交够国家的，留够集体的，剩下的都是自己的"的"大包干"。20世纪80年代农业经济的迅速发展和乡镇企业的异军突起，使得城乡关系进入共同推进工业化的阶段。

1977年11月，邓小平开始了他复出后的第一次外出视察，选择的地点是广东省。他在听取省委汇报谈到农村政策时，即指出："同工业一样，过去许多行之有效、多年证明是好的政策要恢复。'三清'[①]，要加个清政策。清理一下，哪些好的要恢复，省里自己定的，现在就可以恢复。说什么养几只鸭子就是社会主义，多养几只就是资本主义，这样的规定要批评，要指出这是错误的。"他还强调："看来最大的问题是政策问题。政策对不对头，是个关键。这也是个全国性的问题。过去行之有效的办法，可以恢复的就恢复，不要等中央。"[②]此后他在四川省视察时再次鼓励地方主动改革。

邓小平多次提出地方要发挥主动性去调整改革，实际上鼓励了1978—1981年自下而上的农村改革。安徽、四川、贵州等地敢于在1981年中央明确表态之前再次试行过去行之有效的"包产到户"，是与邓小平

[①] 指清劳力、清物资、清财务。
[②] 中共中央文献研究室编：《邓小平年谱（1975—1997）》上，中央文献出版社2004年版，第238—239页。

的鼓励分不开的。万里后来就说过:"中国农村改革,没有邓小平的支持是搞不成的,1980年春夏之交的斗争,没有邓小平那一番谈话,安徽燃起的包产到户之火,还可能会被扑灭。光我们给包产到户上了户口管什么用,没有邓小平的支持,上了户口还很有可能会被'注销'的。"①

从1978年到1984年,我国的粮食产量结束了1977年以前长期徘徊于5000多亿斤的水平,连续登上了6000亿斤、7000亿斤、8000亿斤三个台阶,棉花产量也增长了两倍,成为新中国成立以来农业发展最快的时期。1984年我国人均占有粮食由1977年的不到298公斤增加到1984年的390公斤,人均增长近100公斤,长期困扰中国人的温饱问题得到基本解决,创造了世界现代史上的奇迹。②

农业改革不仅促进了农业的发展,同时为第二产业和第三产业的发展提供了保障、资金和市场。反过来,农村二、三产业的发展,又为农业现代化提供了有利条件和物质基础。

家庭联产承包责任制的全面推行,极大地调动了农民的积极性,不仅使得农业大幅度增产,解决了吃饭问题,也促进了农村专业户为先导的多种经济成分并存发展局面的出现,而这两点为乡镇企业的大发展创造了条件。反过来,乡镇企业的大发展,不仅为农业转移了大量的剩余劳动力,也为农业的现代化改造提供了资金和技术。

当乡镇企业在我国农村蓬勃兴起之时,邓小平就欣然指出,农村改革不但把农民的积极性调动起来了,而且得到出乎预料的最大收获,就是乡镇企业发展起来了,真是异军突起。到1987年,乡镇工业产值已经占全国工业总产值的1/4,相当于1975年的全国工业总产值。③

在改革开放以前,农民和乡村对工业化和城市的支持,主要是通过提供农业税、低价的农副产品(通过统购统销和剪刀差形式),换句话说,就是通过提供农业产品的剩余来为工业化提供积累和降低成本。当然,也有部分农村人口通过上学、参军、有计划的招工等形式转到非农产业,但是这种转移人数非常有限。改革开放以来的27年里,农民和乡

---

① 张广友:《改革风云中的万里》,人民出版社1995年版,第251页。
② 根据国家统计局《中国统计年鉴(1986)》计算整理。
③ 根据国家统计局《中国统计年鉴(1986)》计算整理。

村对工业化和城市的支持形式,则发生了巨大的变化。随着统购统销的废止和农产品的市场化,通过直接和间接的农业剩余来支持工业化和城市的比重越来越低,而通过农民提供廉价的劳动力和乡村资源(资金和土地等)来支持工业化越来越成为主体。

第一,农民提供的大量的、几乎取之不尽的廉价劳动力,为改革开放以来的沿海地区的外向型出口企业和劳动密集型企业的发展提供了快速成长的资本积累。

第二,改革开放以来,农民还通过为城市发展、经济开发区以及大量的交通等基础设施工程提供了廉价的土地资源,为许多经营型城市的发展提供了大量的资金(通过土地使用权的转让),从而降低了城市的发展成本。

第三,农民通过以乡镇企业来推动小城镇发展和直接向城市投资的形式,将大量的农村资金直接吸纳到城镇。

上述三种乡村支持工业和城市的新方式,是1978年以来我国经济高速增长,特别是对外贸易超常增长的主要动力,也是城市空间规模快速扩张的重要原因。

此外,改革开放后农产品供给的迅速增加,不仅是乡镇企业的"异军突起"的前提,还使得在国家取消城市粮油补贴的市场化改革后,保证了农副产品的低价和生活消费价格的稳定,为改革和发展作出了贡献。江泽民后来就说:"这几年物价没有上涨,与农产品价格低有很大关系。如果在很多人下岗的情况下,物价大幅上涨,城市就不会这么稳定。从这个意义上说,农民又一次为国家作出了贡献。"[①]

三、以"反哺"为特征的统筹城乡发展阶段(2002—2008)

如前所述,从1953年中国开始大规模工业建设到2002年党的十六大前的50年里,城乡关系的实质基本上是农业和农村支持工业和城市的

---

① 《江泽民文选》第3卷,人民出版社2006年版,第410页。

发展。1978年以前,在农业剩余非常有限、工业资金不足的条件下,农民主要是通过提供农副产品而不进入城市的方式,来为工业和城市的发展提供农业剩余产品和降低工业发展成本。而在1978—2003年间,当农副产品在20世纪80年代前期即已经能够满足城市需求的条件下,农民和农村则主要是通过直接投资(乡镇企业)、提供廉价劳动力(大量农民工)、提供廉价土地资源三种方式,为工业和城市的发展提供了强大的动力。

改革开放以来城乡关系第一次转变,在推动整个国民经济快速发展、城市化率大幅度提高和全国基本达到小康社会水平的同时,城乡之间的发展差距、城乡居民之间的收入差距在经历了20世纪80年代前期短暂的缩小之后,开始拉大距离。以城镇居民家庭人均生活费收入与农村居民家庭人均纯收入之比所反映的城乡居民收入差距来讲,1978年城乡居民收入差距是2.37倍,1981年为2.05倍,1985年进一步缩小到1.72倍,但1990年又扩大到2.02倍,1995年进一步扩大到2.47倍,到了2004年则进一步扩大到3.21倍。[①] 若将城镇居民的一些隐性福利和优惠折算成收入,中国城乡居民的收入差距可能达到6∶1。如果听任这种情况持续下去,那么这种城乡居民收入差距扩大的趋势有可能在今后一个相当长的时期里继续下去。世界银行2003年《中国经济报告:推动公平的经济增长》就指出,如果中国任由当前城乡差距和省际人均收入增长速度的差距继续不断扩大,到2020年,基尼系数将会上升到0.474。如果这样,就违背了我国一贯遵循的"共同富裕"的社会主义原则,也将使建立和谐社会和全面实现小康社会指标的设想落空。

这种城乡居民收入差距扩大的情况,是发生于我国国民经济经过26年的持续高速增长,整体达到小康水平基础之上的。2005年,我国的GDP总值超过18.38万亿元,人均GDP达到1700美元,已经达到中等收入国家行列;从产业结构来看,第一产业增加值已经由1978年的28.2%下降到2005年的12.5%,我国已经进入工业化中期阶段。与此同时,政府的财力也大大增强,2005年国家财政收入达到3.16万亿元,比

[①] 《中国统计摘要(2005)》,中国统计出版社2005年版,第102页。

1978年的1132亿元增加了27倍以上。① 因此，国家已经有能力将过去长期实行的农业支持工业、乡村支持城市的城乡关系，转变为工业反哺农业、城市带动乡村的新型城乡关系。

中国共产党审时度势，在2002年11月召开的党的十六大上，将城乡经济关系的认识推向了一个新的高度。大会围绕"全面建设小康社会"这个主题，提出："统筹城乡经济社会发展，建设现代化农业，发展农村经济，增加农民收入，是全面建设小康社会的重大任务。"大会明确提出解决"三农"问题必须统筹城乡经济社会发展，跳出了传统的就农业论农业、就农村论农村、就农民论农民的局限，将解决"三农"问题放在了整个社会经济发展的全局和优先位置来考虑。随后，新一代领导集体坚决贯彻党的十六大精神，于2003年1月在北京召开了中央农村工作会议。会议指出：全面建设小康社会，必须统筹城乡经济社会发展，更多地关注农村，关心农民，支持农业，把解决好农业、农村和农民问题作为全党工作的重中之重，放在更加突出的位置，努力开创农业和农村工作的新局面。从而把解决"三农"提到一个前所未有的高度。

2003年5月，我国粮食补贴改革试点工作在粮食主产区吉林、安徽两省的东丰、来安、天长三个县正式展开。这次改革的核心将国家按保护价收购农民余粮的政策，调整为以现金的形式直接补贴给农民。以三个试点县为例，平均每户农民获得补贴200多元。2004年2月25日，国务院常务会议通过对种粮农民直接补贴的实施意见，"直补"在全国实施。

2004年3月，国务院总理温家宝在十届全国人大三次会议上提出了5年内逐步减免农业税的计划，并增加国家对农村基础教育的财政支出。2004年10月，胡锦涛总书记在中共十六届四中全会上指出："纵观一些工业化国家发展的历程，在工业化初始阶段，农业支持工业、为工业提供积累是带有普遍性的趋向；但在工业化达到相当程度以后，工业反哺农业、城市支持农村，实现工业与农业、城市与农村协调发展，也是带有普遍性的趋向。"在同年12月召开的中央经济工作会议上，胡锦涛总

---

① 根据国家统计局《中国统计摘要（2006）》计算整理。

书记再次强调:"我国现在总体上已到了以工促农、以城带乡的发展阶段。我们应当顺应这一趋势,更加自觉地调整国民收入分配格局,更加积极地支持'三农'发展。"①

根据中共中央对工农关系、城乡关系的新认识,政府在 2005 年对城乡关系作了重大调整,实现了历史性的转折。2005 年 3 月,温家宝总理进一步提出工业和城市要"反哺"农业和农村的设想。他在 2005 年 3 月 14 日举行的记者招待会上宣布:"我们已经开始进入第二个阶段。""第二个阶段,就是实行城市支持农村、工业反哺农业的方针,对农民'多予、少取、放活'。"② 2005 年 12 月 29 日,十届全国人大常委会第十九次会议作出了废止农业税条例的决定。这标志着在我国延续了 2600 多年的农业税从此退出了历史舞台。

自 20 世纪 90 年代以来,由于改革开放的深入和城乡之间、地区之间经济发展的不平衡,越来越多的农民改变了过去"离土不离乡,进厂不进城"的就地向非农产业转移的模式,向城市流动和就业。他们被称为"农民工",到目前已经有 1.2 亿人之多,而他们身处城市但是户籍则在农村,基本没有享受到当地城镇户籍居民的福利待遇,甚至部分人得不到《劳动法》的保护,被随意解雇,压低和拖欠工资。2003 年 10 月,以国务院总理温家宝为重庆市云阳县人和镇农妇熊德明讨还丈夫在外打工被拖欠的工资为契机,开始关注农民工待遇问题。2003 年 11 月 5 日,国务院办公厅发出《关于做好农民进城务工就业管理和服务工作的通知》,肯定"农民工到城镇就业和跨区流动,是沟通城乡经济和发育要素市场的必然要求,也是增加农民收入的重要途径"。要求各地按照"公平对待、合理引导、完善管理、搞好服务"的要求,取消对农民工进城务工就业的不合理限制,切实解决拖欠和克扣农民工工资问题,改善农民工的生产生活条件,做好农民工的培训工作,安排好农民工子女就学。到 2006 年,全国有 12 个省(自治区、直辖市)建立了城乡统一的户口登记制度,劳动保障部门在 100 个城市进行了城乡统筹就业试点,取消

---

① 王伟光主编:《建设社会主义新农村的理论与实践》,中共中央党校出版社 2006 年版,第 213 页。

② 《温家宝总理答中外记者问》,《光明日报》2005 年 3 月 15 日。

了对农民工的歧视性规定。

2005年10月，中共十六届五中全会通过《中共中央关于制定国民经济和社会发展第十一个五年规划的建议》（以下简称《建议》）。《建议》根据科学发展观和我国经济发展已经达到工业反哺农业、城市支持乡村的阶段，为了建立和谐社会和全面实现小康目标，提出了建设社会主义新农村的重大历史任务。为了贯彻建设社会主义新农村历史任务，2005年12月31日，中共中央和国务院联合发出《关于推进社会主义新农村建设的若干意见》（以下简称《意见》）。《意见》提出："各级党委和政府必须按照党的十六届五中全会的战略部署，始终把'三农'工作放在重中之重，切实把建设社会主义新农村的各项任务落到实处，加快农村全面小康和现代化建设步伐。"《意见》从8个方面，共32条，全面论述和比较具体地规定了建设社会主义新农村的思想、方针、政策和部署。2006年3月，十届全国人大四次会议审议并通过了国民经济和社会发展第十一个五年规划。根据规划，在"十一五"期间，中央财政不仅免除了农业税和每年拿出1200多亿元用于乡镇财政支出，还将从教育、基础设施、医疗卫生等方面加大对农村的投入。

2007年10月，中国共产党召开第十七次全国代表大会。这次大会对城乡关系进入新的历史阶段后5年来的工作进行了总结，全面系统地阐述了科学发展观和建设新型城乡关系的目标和任务。大会通过的报告指出："解决好农业、农村、农民问题，事关全面建设小康社会大局，必须始终作为全党工作的重中之重。要加强农业基础地位，走中国特色农业现代化道路，建立以工促农、以城带乡长效机制，形成城乡经济社会发展一体化新格局。"[①] 在当前城乡关系中最为突出的居民平等就业、社会保障体系覆盖面以及公共医疗卫生工作的重点等问题上，提出了明确的改革和发展目标："建立统一规范的人力资源市场，形成城乡劳动者平等就业的制度。""加快建立覆盖城乡居民的社会保障体系，保障人民基本生活。""要坚持公共医疗卫生的公益性质，坚持预防为主、

---

① 胡锦涛：《高举中国特色社会主义伟大旗帜　为夺取全面建设小康社会新胜利而奋斗》，人民出版社2007年版，第23页。

以农村为重点、中西医并重，实行政事分开、管办分开、医药分开、营利性和非营利性分开，强化政府责任和投入，完善国民健康政策，鼓励社会参与，建设覆盖城乡居民的公共卫生服务体系、医疗服务体系、医疗保障体系、药品供应保障体系，为群众提供安全、有效、方便、价廉的医疗卫生服务。"①

为了贯彻党的十七大精神，2007年12月23日，中共中央和国务院召开了农村工作会议。会议首先是提出三个"明显高于"："财政支农投入的增量要明显高于上年，国家固定资产投资用于农村的增量要明显高于上年，政府土地出让收入用于农村建设的增量要明显高于上年。"其次是结合已有的"四补贴"（粮食直补、农资综合直补、良种补贴、农机具购置补贴），今年还新增加退耕还林农民的补贴、奶牛良种补贴等，中央财政拿出专门资金用于生猪补贴。据了解，明年中央财政会继续安排25亿元扶持生猪规模养殖，补贴生猪良种的标准将从今年的50元提高到100元。另外，发改委也已出台农资价格调控办法。

2008年中共中央"一号文件"又提出："按照统筹城乡发展要求切实加大'三农'投入力度。强化农业基础，必须引导要素资源合理配置，推动国民收入分配切实向'三农'倾斜，大幅度增加对农业和农村投入。要坚持并落实工业反哺农业、城市支持农村和多予少取放活的方针，坚持做到县级以上各级财政每年对农业总投入增长幅度高于其财政经常性收入增长幅度，坚持把国家基础设施建设和社会事业发展的重点转向农村。"

从2003年到2007年的5年里，国家财政用于"三农"的支出达到1.6万亿元，是改革开放前1950—1978年29年间的10倍，是1979—2002年24年间的1.3倍。财政部的统计资料显示，2008年中央财政预算用于"三农"的资金3917亿元，比上年增加520亿元，增长15.3%。

---

① 胡锦涛：《高举中国特色社会主义伟大旗帜 为夺取全面建设小康社会新胜利而奋斗》，人民出版社2007年版，第38—40页。

四、实现城乡和谐发展任重而道远

应该说，党的十六大以来逐步确定的统筹城乡发展和"反哺"政策，是中国共产党自改革开放以来，探索解决"三农"问题方面理论和实践的科学总结，也是审时度势，对未来部署的又一次重大的历史性突破。

可以说，以国家全面驱动工业反哺农业、城市支持乡村、建设社会主义新农村为标志，我国的工农关系、城乡关系进入了一个新的历史阶段。但是也应该看到，我国未来的工业化、城市化和农业现代化还有很长的路要走，受到的资源和环境的约束比过去30年还要大。

（1）从国家对农业发展的要求来看，农业内部的生产结构需要调整，即从以种植业为主向种植、养殖并重转变。由于收入的增加，我国人均主要农产品消费结构呈现出向高端转移趋势：2006年与1996年相比，粮食消费量减少28%，而植物油、肉类、蛋类、奶类、水产品的消费则分别增加了23%、32%、40%、414%、57%。另外，从2006年的消费情况看，我国城镇居民对植物油、肉禽、蛋类和水产品的人均消费量，分别比农民高15.5%、47.7%、133.3%和200%，因此，随着城市化的快速推进和经济发展，我国居民对主要农产品的需求还会稳定持续地增长。但是，我国农业生产在现有规模上保持继续增长的条件却日益严峻：一是随着工业化和城市化的快速推进，耕地面积持续减少；二是淡水资源短缺；三是近年来农田水利设施老化失修严重；四是农业劳动力素质仍然较低；五是大量使用化肥、农药、兽药等投入品，制约了我国农业产品质量和安全水平的提高，导致农业面源污染日益严重。此外，农业的现代化还需要解决好以下两个矛盾：第一，发展现代农业投入大与农业比较效益低的矛盾；第二，发展现代农业与分散的小农经济的矛盾。由于上述问题和矛盾没有解决，农民依靠农业增加收入的空间就非常有限。因此尽管国家从2004年开始实施"反哺"政策后城乡居民的消费水平差距有所缩小，但是城乡居民之间的收入差距仍然在扩大。

表1 2001—2007年城乡居民人均收入及消费水平

年份	收入			消费水平		
	农村居民家庭人均纯收入（元）	城镇居民家庭人均可支配收入（元）	城乡居民收入对比（农民=1）	农民（元）	非农业居民（元）	城乡消费水平对比（农民=1）
2001	2366.4	6859.6	2.90	1969	7113	3.61
2002	2475.6	7702.8	3.11	2062	7387	3.58
2003	2622.2	8472.2	3.23	2103	7901	3.76
2004	2936.4	9421.6	3.21	2301	8679	3.77
2005	3254.9	10493.0	3.22	2560	9410	3.68
2006	3587.0	11759.5	3.28	2850	10363	3.64
2007	4140.4	13785.8	3.33	3210	11777	3.67

资料来源：国家统计局编：《中国统计摘要（2008）》，中国统计出版社2008年版，第37、101页。

（2）这个阶段同时又是我国加速经济发展方式转变的新阶段。随着提高工业化的资源价格和加大环保力度，随着提高农民工的待遇和强化其权益保护机制，同时也随着人民币汇率的升值，也出现了资产价格和生活消费价格"双膨胀"的现象，这又反过来抬高了农业生产成本，抬高了工业化的成本，使得农民增收和向城市转移的困难增加。1978—2007年，我国的GDP总量由3645亿元增加到259530亿元，增加了70倍，换来了城市化率提高27个百分点的成就，但这是以低价工业化（即劳动力的低工资，土地、水、能源的低价，环境保护的低"门槛"）为支撑的，而受资源、环境以及科学发展观的约束，未来的工业化和城市化已经不可能重复这种低成本扩张的道路。因此也使得农业劳动力向非农产业的转移受到制约，这又反过来不利于提高农业的劳动生产率和效益，使得农业资本投入和科技改造动力不足。

此外，国际资源价格的大幅度上升和人民币汇率的升值，以及国内资源和环境的约束，都使得过去30年里出口拉动经济增长的能力变弱，尤其是过去那些利润空间很低的劳动密集型制造企业和出口加工企业，而这些企业往往是吸纳农村劳动力最多的部门。

（3）我国农村人口众多，城市化的任务还非常艰巨，1978—2007年，我国的城市化率从17.92%提高到44.94%，提高了27个百分点，已经接近了2003年全世界人口的城市化率49%，但是要达到世界高收入国家2003年80%的城市化率，按照近些年来我国城市化以每年1个百分点的递升速度和目前的人口，仍然需要35年时间，需要将46245多万农村人口转移到城镇中去。①

应该看到，虽然这次城乡关系的转变是不可逆的，但是要改变城乡之间差距过大的问题，还需要一个相当长的历史阶段，仅靠党和政府转变了观念和财政转移支付是不够的，因为这不仅是体制和政策问题，更是发展的问题，最终要依靠工业化和城市化来解决。

[原载《教学与研究》2008年第10期]

---

① 世界银行：《2005年世界发展指标》，中国财政经济出版社2005年版，第168页。

从传统到现代：中国农村和农民的复兴梦

中国是一个有着长达5000年历史的农业文明的大国，在古代社会创造了灿烂的农业文明，走在了世界的前列。但是近代以来，随着西方资本主义工业文明的兴起，中国遭遇了前所未有的"千年变局"，在资本主义列强的侵略压迫下逐渐沦为半殖民地半封建社会。1949年新中国的成立对中华民族来说是一个伟大的历史转折，它从根本上扭转了中国的沉沦，为中华民族的伟大复兴提供了制度保障。作为一个从百年动荡和战争废墟中走出来的农业人口占大多数的国家，最值得研究的成就，就是中国的农业是怎样转型，中国的农民在这个发展历程中作出了什么样的贡献。

一、中国古代社会的农业文明和近代衰落

中国是世界最古老的农业国之一，也是人类从事原始农业活动的起源中心之一。在以资本主义为代表的工业文明影响和进入中国之前，中国的农村经济基本上呈现出周期性的恢复、发展和繁荣、停滞、衰退然后再进入恢复阶段这样一个螺旋式的发展。这种周期性的发展在政治上的表现，就是朝代的更替，即一个朝代所经历的建立和巩固阶段、发展和昌盛阶段、政治腐败和社会矛盾激化阶段、大规模战争和改朝换代阶段。在这种经济和政治发展的周期中，除了因政府的过度压迫和剥削政策导致覆亡（如秦、隋、元）和民族融合引起的震荡（如南北朝、五

代十国）外，经济和政治的兴衰的深层原因是土地占有关系的变化，即土地由自耕农为主的分散占有逐步向官僚和地主手中集中。这种土地的逐步集中，一方面造成官僚和地主的奢侈腐败和诛求无已，另一方面则使农民难以维持简单再生产，直至土地集中所引发的上述现象导致农民起义。

1840年中国被纳入资本主义世界体系后，以传统农业为基础的社会兴衰周期和螺旋式发展则因工业文明的替代趋势（即工业化及其引发的政治、文化的现代化）而发生了根本变化。1840—1911年，由于中国政治上的腐败（此时清朝正处于中国自己发展周期中的土地集中、政治腐败和社会矛盾激化阶段）和西方列强的侵略，工业化进程受到严重阻碍，政治动荡和工业投资环境的恶劣，不仅使官僚地主对工业望而却步，仍将资金用于购买耕地，而且工业的不发展也使农村人口不能向非农产业大量转移，农村中地主与农民的矛盾不但没有缓解，反而因政府的腐败、社会秩序的失范，以及乡村精英流向城市而呈现出经济凋敝、治理窳败的境地，出现了所谓的乡村治理者的"土劣化"。中国这个农业大国已经到了自己不能养活自己的境地。

二、新中国前30年为工业化作出重大贡献的农村和农民

新中国成立后，面对西方封锁威胁的紧张国际形势，中国共产党为了迅速改变中国贫穷落后的面貌，加快工业化的步伐，在人均收入极低、资本积累不得不主要依靠农业的情况下，对农村的生产关系、生产力以及社会关系和治理结构都进行了急剧的变革。从土地改革到农业合作化，再到人民公社，中国农民从来没有被这么高度地组织起来。这么短的时间，将5亿个体农民如此高度地组织起来，在世界上都是空前绝后的！

新中国前30年毛泽东和中国共产党之所以这样做，是基于以下三个方面的考虑：（1）将农民组织起来，可以充分运用中国农村丰富的人力资源来替代资本的不足，加快农业发展。（2）可以有效实施高积累政策，以保证优先发展重工业战略实现，农副产品"统购统销"就是最好的说明。（3）可以避免在经济和社会急剧变动中的贫富分化和社会不稳定，

同时减轻城市人口和就业压力，城乡分隔的"户籍制度"就是最好的说明。上述三个目标在前30年部分实现了，例如，利用有限的耕地资源基本解决了庞大人口的吃饭问题；在人均收入极低的水平上实现了高积累，建立起相对独立完整的工业体系；兴修了大量农田和水利基础设施；基本保证了社会的稳定，不仅缓解了城市就业压力，甚至必要时可以吸纳城市"过剩劳动力"。

农业合作化和人民公社对突破"贫困陷阱"发挥了关键作用。"一五"期间的年均积累率由旧中国的几乎为零和负数提高到24.2%，保障了"一五"计划的顺利完成，为建立独立工业体系奠定了基础。但是其产生的弊病也非常明显。一是单一公有制和计划经济不能与发展极端不平衡的产业结构和落后的生产力水平相适应，农业还是"靠天吃饭"。二是计划经济由于没有社会化的生产为基础，千差万别、千变万化的经济运行几乎不可能事先计划好和及时调整计划，正如当时所说的"一年计划，计划一年"，即使这样，仍然与实际有较大的距离。三是这种"政社合一"的体制和高积累政策，抑制了农民的生产积极性和自主性，集体经济的效率因监督管理成本过高和"搭便车"盛行而低下。从1956年开始，从党的第一代领导集体到农村基层干部和群众，开始探索适应中国国情的发展道路和经济体制，并提出了许多好的思路和办法，例如1956年毛泽东的《论十大关系》和浙江永嘉的农业生产责任制。但是，由于毛泽东忽视了社会主义初级阶段的生产力水平，将单一公有制和计划经济的不适应看作阶级斗争，看成社会主义与资本主义两条道路的斗争，从而使探索偏离了正确方向，直至运用阶级斗争手段，并发展为"文化大革命"。

三、农村改革和农民对中国经济发展的贡献

农业合作化和集体化虽然解决了农业为工业化提供积累的制度保障问题，但是没有解决好"三农"本身的发展问题，农民的自主权和利益受到了损害。1978年开始的农村改革，由于尊重农民的权利和利益而为农业的发展提供了巨大的动力。家庭承包等多种形式责任制的全面推行，

极大地调动了农民的积极性，不仅使得农业大幅度增产，解决了吃饭问题，也促进了农村专业户为先导的多种经济成分并存发展局面的出现。而这两点为乡镇企业的大发展创造了条件，反过来，乡镇企业的大发展，不仅为农业转移了大量的剩余劳动力，也为农业的发展提供了资金和技术支持。到1987年，乡镇工业产值已经占全国工业总产值的1/4，相当于1975年的全国工业总产值。

农村改革从一开始就引入了市场机制，长期受到抑制的市场因素迅速复活，并日益显示出它调节经济的灵活性、及时性和有效性。于是，随着改革开放的深入和所有制的多样化，市场机制调节的范围和配置资源的作用越来越大，到党的十三大提出了"国家调控市场，市场引导企业"的经济体制改革目标，到党的十四大上正式形成了社会主义市场经济理论。

改革开放以前，农民和乡村对工业化和城市的支持，主要是通过上缴农业税和提供低价的农副产品来进行的。换句话说，就是农村通过向城市提供农业剩余，为工业化积累资金和降低成本，同时，又通过限制农民流动来减轻城市压力和维持社会安定。当然，也有部分农村人口通过考学、参军、有计划的招工等形式转到城市，但是这种转移人数非常有限。

改革开放以后，农民和农村对工业化和城市的支持形式发生了巨大的变化。随着农产品"统购统销"制度的废止和农产品的市场化，通过直接和间接的农业剩余来支持工业化和城市的比重越来越低，而农民通过提供廉价的劳动力和农村资源（资金和土地等）来支持工业化越来越成为主要贡献。第一，农民提供的大量廉价劳动力，为改革开放以来的经济发展提供了丰富的人力资源，大大降低了工业化的成本和企业资本积累的速度，特别是为外向型企业和劳动密集型企业的发展提供了快速成长的资本积累。第二，改革开放以来，农村不仅为城市发展、经济开发区建设以及大量的交通等基础设施工程提供了廉价的土地资源，而且许多城市还通过征购农民土地并转让其使用权，获取了大量土地收益资金，填补了城市发展的资金缺口，这种方法被称为"经营型"城市发展。第三，农民通过以乡镇企业来推动小城镇发展和直接向城市投资的形式，将大量的农村资金直接投入城镇建设。

四、"城乡发展一体化"的提出和实施

改革开放使得中国经济发展保持了连续 30 多年的年均 9.8% 的增速，中国在 20 世纪末已经跨越了温饱的"门槛"，进入了全面建设小康社会的新征程。但是，在改革开放以来的 35 年里，虽然从 20 世纪 90 年代初就打破了农民"离土不离乡，进厂不进城"的限制，中国的城市化率已经由 1978 年的 17.9% 上升到 2012 年的 52.6%，但是据调查，拥有城市户籍的人口比率仅为 36%，换句话说，还有占人口总量近 17% 的进城农民工没有能够享受与市民同等的公共产品和服务。尤其是当这些农民工在城里结婚生子，甚至孩子已经长大，他们不可能再像"候鸟"一样召之即来、挥之即去的时候，这种不平等必然导致社会的不稳定，也有失社会主义公平。

此外，经过改革开放以来的高速发展，中国农业已经摆脱了"靠天吃饭"和几亿人搞饭吃的落后局面，但是农业的基础仍然很薄弱，可持续发展的条件和环境仍然很严峻。一是随着工业化和城市化的快速推进，耕地面积持续减少，而且减少的耕地一般都是城镇周边较好的耕地。2008 年，针对不断加速的城镇化，国务院提出不能突破 18 亿亩耕地底线的艰巨任务。二是淡水资源短缺。目前我国人均淡水总资源仅是世界人均水平的 1/4 左右，更严重的是水资源的时空分布极不均衡，北方地区总体上严重缺水。三是农业劳动力素质仍然较低。许多地方因青壮年大都外出打工，留在家里从事农业的主要是妇女、儿童和老人。四是大量使用化肥、农药、兽药等投入品，制约了我国农业产品质量安全水平的提高，导致农业面源污染日益严重。

正是在上述新的情况下，如何解决"三农"问题，就成为 21 世纪摆在中国共产党面前的重要问题。2004 年 10 月，在中共十六届四中全会上，胡锦涛提出了"两个趋向"的著名论断，指出："农业是安天下、稳民心的战略产业，必须始终抓紧抓好。纵观一些工业化国家发展的历程，在工业化初始阶段，农业支持工业，为工业提供积累是带有普遍性的趋

向；但在工业化达到相当程度以后，工业反哺农业，城市支持农村，实现工业与农业、城市与农村协调发展，也是带着普遍性的趋向。""我国现在总体上已到了以工促农、以城带乡的发展阶段。"随着"反哺"阶段的到来，2004—2013年，中共中央连续10年发出"中央一号"文件来推行符合新的历史阶段的农业现代化方针政策。2012年，党的十八大重新将"农业现代化"列入了新"四化"目标，明确提出了"推动城乡发展一体化。解决好农业农村农民问题是全党工作重中之重，城乡发展一体化是解决'三农'问题的根本途径。要加大统筹城乡发展力度，增强农村发展活力，逐步缩小城乡差距，促进城乡共同繁荣"。要求"加快完善城乡发展一体化体制机制，着力在城乡规划、基础设施、公共服务等方面推进一体化，促进城乡要素平等交换和公共资源均衡配置，形成以工促农、以城带乡、工农互惠、城乡一体的新型工农、城乡关系"。

2013年11月，中共十八届三中全会通过的《中共中央关于全面深化改革的若干重大问题的决定》提出，通过改革来落实党的十八大提出的城镇化质量明显提高、农业现代化和社会主义新农村建设成效显著的目标，制定了建立城乡统一的建设用地市场，加快构建新型农业经营体系，赋予农民更多财产权利，推进城乡要素平等交换和公共资源均衡配置，完善城镇化健康发展体制机制等方面具体的改革要求。2013年12月，中央连续召开城镇化工作会议和农村工作会议，提出有序推进农业转移人口市民化，加快发展现代农业，进一步增强农村发展活力。这些都为那些依然固守在农村的农民实现建设美好家园的梦想，为那些已经进入城市或即将进入城市的农民享受市民待遇的梦想提供了实现条件。

[原载《红旗文稿》2014年第1期]

1978—2000年中国城市化进程研究

改革开放以来，中国的城市化速度大大加快，从城乡居住人口这个城市化指标来看，2000年城镇人口所占比重达到36.22%，比1978年提高了18.3个百分点；而1949—1978年的29年里，城镇人口比重仅提高了7.3个百分点。但并不是说这个结果是令人满意的，我们应该能够做得更好一点。本文试图对这22年的城市化做出恰当的评估，指出其特点和成因，并依此提出建议。

一、1979年以前中国城市化评估

（一）城市化水平

众所周知，从1949年新中国成立到1978年中共十一届三中全会以前，中国大陆的城市化相当缓慢。1950—1980年的30年中，全世界城市人口的比重由28.4%上升到41.3%，其中发展中国家由16.2%上升到30.5%，但是中国大陆仅由11.2%上升到19.4%。[①] 中国城市化的缓慢并不是建立在工业发展停滞或缓慢的基础上，正相反，改革开放前的29年，中国大陆的工业和国民经济增长速度并不算慢，1978年工业总产值比1949年增长了38.18倍，工业总产值在工农业总产值中的比重由1949年的30%提高到1978年的72.2%；社会总产值增长12.44倍，其中非

---

① 许涤新主编：《当代中国的人口》，中国社会科学出版社1988年版，第294—295页。

农产业在全社会总产值中的比重,则由1949年的41.4%上升到1978年的77.1%;国民收入总额则从1949年的358亿元增长到1978年的3010亿元(按当年价格计算),提高7.41倍,其中非农产业在国民收入构成中的比重,也由1949年的31.6%上升到1978年的64.6%。① 另据麦迪森计算,1950—1973年,世界GDP总量年均增长4.9%,人均GDP增长2.9%,其中中国大陆GDP年均增长5.1%,人均增长2.9%,高于和等于世界平均水平,高于同期发展中国家平均水平。②

上述中国城市化滞后于工业化的独特现象,是与改革开放前中国所选择的经济发展战略和由此导致的计划经济体制分不开的。笔者曾经从经济发展战略的形成及其对劳动力供求关系和转移的影响,探讨过这个时期城市化缓慢的主要原因。③

从表1可以看出,中国城镇人口在总人口中比重的提高主要发生于20世纪50年代,除三年"大跃进"时期非正常增长导致后来倒退外,1962—1978年基本上处于停滞状态。而且这个时期城镇人口的增长,也主要来自城镇人口的自然增长,与城市化没有多大关系。

表1 1949—1978年全国城镇人口变化情况

年份	总人口(万人)	城镇总人口(万人)	城镇人口占总人口比例(%)
1949	54167	5765	10.6
1950	55196	6169	11.2
1951	56300	6632	11.8
1952	57482	7163	12.5
1953	58796	7826	13.3
1954	60266	8249	13.7
1955	61465	8285	13.5
1956	62828	9185	14.6
1957	64653	9949	15.4

---

① 国家统计局:《中国统计年鉴(1983)》,中国统计出版社1983年版,第20、22、216页。
② 麦迪森:《世界经济二百年回顾》,改革出版社1997年版,第44—51页。
③ 武力:《1949—1978年中国劳动力供求与城市化关系研究》,《中国经济史研究》1998年第3期。

续表

年份	总人口（万人）	城镇总人口（万人）	城镇人口占总人口比例（%）
1958	65994	10721	16.2
1959	67207	12371	18.4
1960	66207	13073	19.7
1961	65859	12707	19.3
1962	67295	11659	17.3
1963	69172	11646	16.8
1964	70499	12950	18.4
1965	72538	13045	18.0
1966	74542	13313	17.9
1967	76368	13548	17.7
1968	78534	13838	17.6
1969	80671	14117	17.5
1970	82992	14424	17.4
1971	85229	14711	17.3
1972	87177	14935	17.1
1973	89211	15345	17.2
1974	90859	15595	17.2
1975	92420	16030	17.3
1976	93717	16341	17.4
1977	94974	16669	17.6
1978	96259	17245	17.9

资料来源：许涤新主编：《当代中国的人口》，中国社会科学出版社1988年版，第493页。

本来，由于人口的流动受到严格限制，农村人口进入城市的可能性很小，因此发展镇的数量和规模就成为1978年以前农村城市化的一个可以选择的途径，即农民通过建立和发展镇来实现自己的城市化。实际上，由于大城市土地资源的昂贵和其他问题，小城市化也是许多发达国家城市化的特点。但是，在传统经济发展战略和体制下，由于农业剩余非常有限和国家农村商品生产和集市贸易的萎缩，镇的人口增长很慢。据统计，1953年全国镇人口为3372万人，1957年则降为3047万人，1965

年增长为3793万人,1970年为4576万人,1978年为5316万人,1978年仅比1953年增加57.65%[①],低于全国城镇人口的自然增长率。同时,镇的数量不但没有增长,反而有所下降。1954年全国共有建制镇5400个,1957年则减少为3596个[②],1963年进一步减少到2877个镇,到1978年,全国镇数降至2850个[③]。由此可见,在1978年以前,镇并没有成为农村城市化的基地。

(二)城市化特点

改革开放以前,中国的城市化呈现出以下几个特点:(1)政府是城市化动力机制的主体;(2)城市化对非农劳动力的吸纳能力很低;(3)城市化的区域发展受高度集中的计划体制的制约;(4)劳动力的职业转换优先于地域转换;(5)城市运行机制具有非商品经济的特征。

这种城市化的结果,形成了城乡之间相互隔离和相互封闭的"二元社会"。这里所说的二元社会结构,是指政府对城市和市民实行"统包",而对农村和农民则实行"统制",即由财产制度、户籍制度、住宅制度、粮食供给制度、副食品和燃料供给制度、教育制度、医疗制度、就业制度、养老制度、劳动保险制度、劳动保护制度甚至婚姻制度等具体制度所造成的城乡之间的巨大差异,构成了城乡之间的壁垒,阻止了农村人口向城市的自由流动。

像大多数事情都有积极和消极两个方面的后果一样,1949—1978年经济发展战略所导致的城市化滞后和城乡壁垒,其消极作用是不言自明的,这里只想讲几句作为遗产的积极作用:第一,就当时来看,这种城市化滞后,一方面维持了高积累下的工业体系早日建成,另一方面避免了发展中国家普遍出现的"过度城市化"(高失业率、第三产业过度膨胀和城市贫民窟)。第二,作为1978年以后改革发展的起点条件,对工业化和城市化的推进都起到了"蓄之既久,其发必速"的作用。近

---

① 许涤新主编:《当代中国的人口》,中国社会科学出版社1988年版,第288页。
② 民政部:《中华人民共和国行政区划手册》,光明日报出版社1986年版,第15页。
③ 中国社会科学院人口所:《中国人口年鉴(1987)》,经济管理出版社1988年版,第626页。

30 年的优先发展重工业,为改革开放以来轻工业和第三产业的迅速发展创造了来自供给、需求两个方面的有利条件。而城乡壁垒又迫使农村优秀人才不得不就地发展非农产业和走上以小城镇为主要依托的城市化道路,从而避免了战后发展中国家人口向大中城市集中产生的严重问题。

二、1978 年以后的城市化进程及其特点

改革开放以后的城市化,是在国民经济高速增长条件下迅速推进的,城乡之间的壁垒逐渐松动并被打破,特别是乡镇企业的发展,使得中国的城市化呈现出以小城镇迅速扩张、人口就地城市化为主的特点。

(一)城市化进程

改革开放以来,我国的城市化进程大致经历了以下三个阶段:

(1)1978 年底至 1984 年,以农村经济体制改革为主要动力推动城市化阶段。这个阶段的城市化带有恢复性性质,"先进城后建城"的特征比较明显。第一,表现在大约有 2000 万"上山下乡"的知识青年和下放干部返城并就业,高考的全面恢复和迅速发展也使得一批农村学生进入城市;第二,城乡集市贸易的开放和迅速发展,使得大量农民进入城市和小城镇,出现大量城镇暂住人口;第三,这个时期开始崛起的乡镇企业也促进了小城镇的发展;第四,国家为了还过去城市建设的欠账,提高了城市维护和建设费,结束了城市建设多年徘徊的局面。这个阶段,就人口来看,城市化率由 1978 年的 17.92% 提高到 1984 年的 23.01%,年均提高 0.85 个百分点。

(2)1985—1991 年,乡镇企业和城市改革双重推动城市化阶段。这个阶段以发展新城镇为主,沿海地区出现了大量新兴的小城镇。

(3)1992—2000 年,城市化全面推进阶段,以城市建设、小城镇发展和普遍建立经济开发区为主要动力。1992—2000 年,城市化率由 27.63% 提高到 36.22%,年均提高 1.07 个百分点。大中小城镇建设投资的扩张,已经成为 20 世纪 90 年代以来新一轮经济高速增长的主导因素

之一。

(二) 城市化政策的变化

中共十一届三中全会以后，在经济高速增长而城乡户籍分隔的背景下，积极发展小城镇就必然成为可供政府选择的最佳城市化政策。中国的城市化终于由被压制转为松动和放开，过去那种控制城市人口增长和城乡分隔的政策被鼓励小城镇发展的政策所取代。1980年，在当时城乡分隔、大城市基础设施滞后的情况下，全国城市规划工作会议提出了"控制大城市规模，合理发展中等城市，积极发展小城市"的城市发展总方针。

为贯彻上述政策，20世纪80年代初，开始实行市（地级市）管县制度，地级市数量增加较快。1983—1998年，共有100多个县级市升格为地级市，仅1983—1985年的3年里，地级市的数量就净增加50个。①

1983年，著名社会学家费孝通提出"解决农村剩余劳动力问题要以小城镇为主，大中小城市为辅"，认为加强小城镇建设是中国社会主义城市化的必由之路。上述建议在当时的城乡户籍制度下应该是最好的选择，因此得到社会和政府的认同。

1984—1986年"撤社建乡"，并降低建制镇标准，结果3年里建制镇数量增加了7750个。1992—1994年，国家对乡镇实行"撤、扩、并"，结果3年里建制镇又增加了4247个。1986年国家有关部门修订"建市"标准后，县级市也增加很快。1986—1996年的11年间，县级市数量净增286个。

1993年10月，建设部召开全国村镇建设工作会议，确定了以小城镇建设为重点的村镇建设工作方针，提出了到本世纪末我国小城镇建设发展目标。会后，经国务院原则同意，建设部等6个部委联合颁发了《关于加强小城镇建设的若干意见》。1995年4月，国家体改委、建设部、公安部等11个部委联合下达《小城镇综合改革试点指导意见》，并在全国选择了57个镇作为综合改革试点。1997年6月10日，国务

---

① 朱守银：《中国农村城镇化进程中的改革问题研究》，《经济研究参考》2001年第6期。

院批转了公安部《小城镇户籍管理制度改革试点方案》和《关于完善农村户籍管理制度意见》的通知。通知认为，应当适时进行户籍管理制度改革，允许已经在小城镇就业、居住并符合一定条件的农村人口在小城镇办理城镇常住户口，以促进农村剩余劳动力就近、有序地向小城镇转移，促进小城镇和农村的全面发展。农村新生婴儿可以随母或者随父登记常住户口。此后，许多小城市为促进经济发展，基本放开了户籍限制；不少大中城市，甚至北京、上海等，也放松了外地人口进入本市的限制。

1998年10月，中共十五届三中全会通过了《中共中央关于农业和农村工作若干重大问题的决定》，提出"发展小城镇，是带动农村经济和社会发展的一个大战略"，进一步提升了发展小城镇的重要地位。2000年7月，中共中央、国务院发出《关于促进小城镇健康发展的若干意见》。《意见》指出，加快城镇化进程的时机和条件已经成熟。抓住机遇，适时引导小城镇健康发展，应当成为当前和今后较长时期农村改革与发展的一项重要任务。

2000年10月，中共中央在关于"十五"计划的建议中提出："随着农业生产力水平的提高和工业化进程的加快，我国推进城市化条件已渐成熟，要不失时机实施城镇化战略。"为了加快城镇化，2001年5月，国务院批转公安部《关于推进小城镇户籍管理制度改革的意见》。《意见》指出：小城镇户籍管理制度改革的实施范围，是县级市市区、县人民政府驻地镇及其他建制镇；凡在上述范围内有合法固定的住所、稳定的职业或生活来源的人员及与其共同居住生活的直系亲属，均可根据本人意愿办理城镇常住户口；已在小城镇办理的蓝印户口、地方城镇居民户口、自理口粮户口等，符合上述条件的，统一登记为城镇常住户口。这标志着小城镇已经废除了城乡分隔制度。有些地方甚至采取了鼓励农民到小城镇居住和创业的政策。

综上所述，改革开放以来，我国城市化政策的变化，主要体现在两个方面：一是由过去实行城乡分隔，限制人口流动逐渐转为放松管制，允许农民进入城市就业，鼓励农民迁入小城镇；二是确立了以积极发展小城镇为主的城市化方针。

（三）城市化水平

关于城市化水平，现在主要采用的指标是城市人口在总人口中的比重（见表2）。小城镇迅速发展是这个时期城市化的突出特点。

表2　1979—2000年城市化水平

（单位：万人）

分类 年份	全国总人口	乡村人口	城镇人口	城市化水平（%）
1979	97542	79047	19495	18.96
1980	98705	79565	19140	19.39
1981	100072	79901	20171	20.16
1982	101654	80174	21480	21.13
1983	103008	80734	22274	21.62
1984	104357	80340	24017	23.01
1985	105851	80757	25094	23.71
1986	107507	81141	26366	24.52
1987	109300	81626	27674	25.32
1988	111026	82365	28661	25.81
1989	112704	83164	29540	26.21
1990	114333	84142	30191	26.41
1991	115823	85280	30543	26.37
1992	117171	84799	32372	27.63
1993	118517	85166	33351	28.14
1994	119850	85549	34301	28.62
1995	121121	85947	35174	29.04
1996	122389	86439	35950	29.37
1997	123646	86637	36989	29.92
1998	124810	86868	37942	30.40
1999	125909	87017	38892	30.89
2000	126583	80739	45844	36.22

资料来源：武力主编：《中华人民共和国经济史》，中国经济出版社1999年版，第1489页；国家统计局编：《2001中国发展报告——中国的"九五"》，中国统计出版社2001年版，第325页。

说明：2000年的城镇人口数量，是按照国家统计局1999年发布的《关于统计上划分城乡的规定（试行）》计算的。因此城镇人口增加很多。可参见周一星、于海波：《对我国第五次人口普查城镇化水平的初步分析》，《管理世界》2001年第5期。

从表 3 可以看出，乡村非农产业的从业人员，自 1996 年以后即开始徘徊，说明随着城乡壁垒的松动和消失，农村基础设施差、缺乏人才、管理落后、没有集聚效益等特点，使得乡村本身已经不再是农民发展非农产业的必须之地了，小城镇成为当地农民发展非农产业的首选之地。而大城市所具有的基础设施良好、人才集中、管理较规范、信息发达、集聚效益高、机会多等优点，则成为大中型企业投资和农民转移的理想之地。因此，城市化的进展，虽然是发展大城市与发展小城镇并重，但是实际上，在未来的城市化中，大城市吸纳农村人口的作用可能会更大些。

表 3 城乡从业人员就业结构

（单位：万人）

分类 年份	城镇			乡村			城乡合计
	合计	其中国有单位	其中集体单位	合计	其中农业	其中非农产业	
1978	9514	7451	2048	30638	27856	2827	40152
1980	10525	8019	2425	31836	28836	3000	42361
1985	12808	8990	3324	37065	30086	6979	49873
1990	16616	10346	3549	47293	36424	10869	63909
1991	16977	10664	3628	47822	36481	11341	64799
1992	17241	10889	3621	48313	35826	12487	65554
1993	17589	10920	3393	48784	34242	14542	66373
1994	18413	11214	3285	48786	33902	14884	67199
1995	19093	11261	3147	48854	32467	16387	67947
1996	19815	11244	3016	49035	31668	17367	68850
1997	20207	11044	2883	49393	32221	17172	69600
1998	20678	9058	1963	49279	32150	17129	69957
1999	21014	8572	1712	49572	32072	17500	70586
2000	21274	8102	1499	49876	—	—	71150

资料来源：国家统计局编：《2001 中国发展报告——中国的"九五"》，中国统计出版社 2001 年版，354 页。

这个时期城镇化的最突出特点，是小城镇的数量增加很快。这里所说的小城镇，是指县级市（包括县级市）以下的城镇，包括县城（城关镇）和建制镇。到 2000 年底，全国小城镇（即上述的城关镇和建制镇）已达 2.03 万个，比 1978 年（2173 个）增加了 8 倍。建制镇数量已占乡镇总数的 46.7%。其中有 14 个省市自治区的建制镇比重超过 50%（上海 98.3%，广东 97.9%，广西 54.7%，海南 66.6%，福建 63.1%，山东 68.3%，浙江 56.3%，江苏 81.6%，安徽 52.6%，湖北 64.9%，吉林 53.6%，辽宁 58.5%，北京 66.2%，天津 53.8%）[1]。1999 年底，全国建制镇（不包括县级市和城关镇）镇区人口 9113 万人，占全国城镇总人口的 23.7%。[2] 这部分人口无论从基础设施、公共服务还是生活习惯，都更接近于乡村而不是城市。

建制镇的发展有过两个高峰时期，一是从 1984—1986 年的"撤社建乡"，修改建制镇标准时期，3 年增加了 7750 个；二是从 1992—1994 年的乡镇"撤、扩、并"时期，3 年增加了 4247 个。这 6 年里，建制镇共增加 11997 个，平均每年增加 1998 个，相当于 1979—1999 年净增加数的 71%。[3]1979 年全国建制镇为 2851 个，1986 年即达到 9755 个，1990 年达到 11392 个，1995 年达到 17828 个，2000 年则达到 20312 个。但是建制镇的平均规模（居民数量）开始呈下降趋势，1997 年以后则回升。1979 年镇均人口 14672 人，1986 年则下降为 6097 人，1996 年为 4519 人，1999 年为 5118 人。[4] 这反映出小城镇已经跨过单纯的数量扩张阶段，转入数量和规模同时扩张阶段。

三、隐性城市化和准城市化现象

由于这个时期我国正处于计划经济向市场经济的过渡时期，如果说

---

[1] 国家统计局编：《2001 中国发展报告——中国的"九五"》，中国统计出版社 2001 年版，第 340 页。
[2] 鲜祖德主编：《小城镇建设与农村劳动力转移》，中国统计出版社 2001 年版，第 7 页。
[3] 朱守银：《中国农村城镇化进程中的改革问题研究》，《经济研究参考》2001 年第 6 期。
[4] 资料来源：《中国城市建设年鉴（1986—1987）》，中国建筑工业出版社 1989 年版，第 557 页；刘仲黎主编：《奠基——新中国经济五十年》，中国财政经济出版社 1999 年，第 309 页；国家统计局编：《2001 中国发展报告》，中国统计出版社 2001 年版，第 304 页；鲜祖德主编：《小城镇建设与农村劳动力转换》，中国统计出版社 2001 年版，第 7 页。

这个时期的城市化与过去和以后有什么差异的话，则表现为隐性城市化和准城市化现象。所谓的"隐性城市化"，是指两种现象：一是存在尚未取得城市正式居民地位的长期留居城市的人口；二是存在大量居住乡村，但已经长期从事非农产业的居民。前者是城乡分隔的户籍制度造成的，而后者除户籍制度外，还受20世纪80年代以来提倡的农民"离土不离乡，进厂不进城"政策影响。所谓的"准城市化"，则是指目前的许多小城镇规模很小，设施落后，大批建制镇的居民虽然已经成为城镇居民，但是仍然没有脱离农业，生活条件没有根本性的改变，只能称之为"准城市化"。

首先，城乡壁垒的松动和实际突破，形成了以市场机制为城市化的主要推动力量，但是由于旧体制遗留的在财产（集体所有制）、户籍、就业、社会保障等方面的城乡之间的制度性差异，在大中城市出现了大量的"候鸟型"民工，即家庭留在农村，而长期在城市工作的民工，还有一些家庭虽然已经由农村迁到城市，但是并未得到城市的正式认可，没有获得市民资格，在许多方面受到歧视的民工。而且这部分人口的规模还在不断扩大。1997—1999年人口变动调查结果表明，离开户口所在地半年以上的人口规模逐年扩大，由1997年估计的6100万增加到1999年的8200万。考虑到漏报因素，实际人数还要多。在上述人口中，离开县所在地人口占80%。[①]

其次，隐性城市化的第二个表现，就是大量的乡镇企业和非农就业人口还存在于农村。从产业来说，他们已经实现了转移，但是从地域来看，仍然居住在农村。1992年，集聚在建制镇的乡镇企业数量，占全国乡镇企业总数的8%。[②] 1999年，建制镇拥有的乡镇企业数量，仅占全国乡镇企业总数的37%。拿小城镇比较发达的江苏省来说，2000年建制镇新增乡镇企业3607家，但是在镇区落户的仅为131家，只占3.6%；镇区集聚企业只占乡村企业数的18%，其余均分散在村庄。[③]

[①] 国家统计局编：《2001中国发展报告——中国的"九五"》，中国统计出版社2001年版，第252页。

[②] 国家体改委农村司编：《全国小城镇试点改革经验文集》，改革出版社1996年版，第15页。

[③] 鲜祖德主编：《小城镇建设与农村劳动力转移》，中国统计出版社2001年版，第6、40页。

最后，小城镇的城市功能还较弱，居民尚处于准城市化生活水平。由于小城镇数量增加很快和许多城镇升格为城市，使得小城镇的规模、基础设施以及第三产业的发展水平都比较弱。从建制镇的规模来看，1999年末，平均每个镇区有1449户，5118人；东部和中部地区的镇高于这个规模，西部地区的镇则低于这个规模。从数量上看，镇区人口在3000人以下的建制镇占总数的46.7%，3000—5000人的镇占23.1%，5000—8000人的镇占15%，8000—12000人的镇占7.1%，12000人以上的镇占8.1%。从建制镇人口的就业结构来看，非农业人口占镇区总人口的43.9%，其中东部地区为45.1%，中部地区为44.7%，西部地区为42.2%，差别并不大。①

世界银行有关专家在《1984年世界发展报告》中提出：城镇只有达到15万人的规模时，才会出现集聚效益。我国的许多研究则认为，小城镇的镇区人口至少要达到3万人以上，才能正常发挥集聚的功能。②我国目前的小城镇不仅距正常发挥城市聚集效应还有较大距离，而且建制镇因缺乏资金或投资效益太低，基础设施虽然比乡村提高不少，比城市仍然落后较多。据1996年进行的第一次全国小城镇抽样调查，按照国际通用的标准衡量，中国小城镇的废水和垃圾处理率几乎为零。除城关镇外，近40%的建制镇没有自来水设施。

目前，大部分小城镇居民还处于一种准城市化水平，除主要受中国经济发展水平制约外，还是中国城市化受农村集体所有制、户籍制度和改革开放以来积极发展小城镇方针三重因素制约的结果。这也反映出在农村人口太多的国情下，中国的城市化恐怕也只能在扩张城市的同时，逐步地实现农村人口和产业就地聚集为城镇。

四、关于未来城市化的几点思考

目前，关于城市化重要性和面临的问题的论述已经很多，人们几乎

---

① 鲜祖德主编：《小城镇建设与农村劳动力转移》，中国统计出版社2001年版，第7—8页。
② 鲜祖德主编：《小城镇建设与农村劳动力转移》，中国统计出版社2001年版，第38、95页。

耳熟能详了，但是关于中国城市化的战略选择，即中国走什么样的城市化道路（虽然我国目前继续实施1980年确定的方针）则是仁者见仁，智者见智，分歧很大，其中对此方针否定最为激烈的，当属秦尊文的《小城镇道路：中国城市化的妄想症》。① 柳随年在《关于推进城镇化的思考》一文中，根据人们的重点不同，将有关城市化的建议概括为三种观点：积极发展大城市，积极发展中小城市，积极发展小城镇。② 关于上述不同观点的争论和长短，这里不去评价，仅想读过上述文章后，就一些人们忽略的问题谈两点想法。

（一）选择中国的城市化方针，最优先要考虑的问题是什么

城市化既是经济发展的结果，又应该反过来促进经济的发展。众所周知，城市化即意味着人民生活水平的全面改善和资源消耗的提高。这对于人均资源非常短缺的中国来说，是一个困难的问题。但是人口集中到城市来，如果没有生活条件的改善，城市化又是失败的。而我国是一个人口众多、人均资源匮乏的国家，从长远来看，必须走效益型发展道路才能实现现代化和赶上发达国家，因此，中国的城市化，也必须选择效益型的道路。根据世界已经城市化国家的经验，大城市的经济效益高于小城市。如前所述，世界银行出版的《1984年世界发展报告》认为，城镇只有达到15万人的规模才会出现集聚效益，并且"从来还不清楚地证实城镇大到什么程度会出现不经济的现象"。法国经济学家维德马耳利用瑞士的资料得出的结论为：100万人口的城镇经济效益比2万人口的城镇高2.2倍，比20万人口的城镇高40%，比40万人口的城镇高19%。③ 从国际经验来看，人均GDP在3000美元以下时，如果没有特殊的限制或壁垒，人口和经济主要是向大城市集中，这是城市化的一个一般规律。④

---

① 《中国农村经济研究》2001年第12期。
② 参见柳随年：《关于推进城镇化的思考》，《管理世界》2001年第6期。
③ 鲜祖德主编：《小城镇建设与农村劳动力转移》，中国统计出版社2001年版，第95页。
④ 刘勇、张立群：《"十五"时期我国城市化发展战略思考》，《中国经济信息网·联合论坛》2000年8月14日；还可参见李云：《中国城市化亟需提速》，《城乡建设》2002年第2期。

中国的经验也证明了这一点。2001年10月18日，《经济日报》推出"中国城市竞争力排行榜"和"中国城市经济发展环境排行榜"，除深圳因特殊原因排在前列外，基本上是按照城市规模排序的，上海、北京、广州、天津等特大城市均排在前列。

应该说，大城市在节约资源、保护环境、提高经济效益以及提高生活水平等方面都比小城镇有明显的优势。由于人口太多，中国越发展，资源短缺和环境保护的压力就会越大，因此选择节约型和效益型的城市化就越有必要，这也会成为市场的自然选择。而制度的因素、各阶层利益的干扰将会逐渐被排除，因此，积极发展大中城市，以提高有限资源的利用率，应该是市场经济条件下中国未来城市化的发展趋势和规律。因势利导，扶持大中城市发展应该成为我国城市化战略的主攻方向。当然，在这个前提下，也应该充分重视小城镇的发展。

（二）应该用发展的眼光，从历史、制度和各阶层利益对城市化的制约角度来看中国的城市化道路和方针

第一，即使不考虑中国乡村人口太多这个因素，中国的城市化也是在城乡分隔的户籍制度下开始的。改革开放20多年来，尽管户籍制度已经受到很大冲击，大大松动，但是由于它与部分城市居民（主要是大中城市）的利益相联系，当社会保障制度还不能覆盖农村，当城市户口还带有高于农村和外地的社会福利，当全国的统一劳动力市场还没有形成时，要想一夜之间就取消户籍是不现实的。因此，放松户籍管制，形成我国统一的法规，禁止各城市制定歧视性、壁垒性限制迁徙政策，只能是一个渐进的过程。

第二，中国的城市化速度应该与中国经济发展水平和速度相一致。改革开放20多年来中国城市化进展很快，是与经济迅速发展分不开的。有些人用中国人均GDP和一些发展中国家的城市化水平来衡量我国的城市化，认为我国的城市化落后于工业化，实际上忽视了我国农业人口的数量和GDP分布极为不均衡。当我们看到大多数农民的收入状况、小城镇的就业结构、大中城市的失业人口，就会明白中国之所以避免了许多发展中国家出现的"城市病"（大量的贫民窟），是因为稳妥地推进了城

市化。因此，如果我们对未来经济发展的速度预期不高，就不要指望城市化的速度应该很高。

　　第三，对小城镇的发展，要顺其自然。小城镇的发展必须以经济发展为基础。由于小城镇规模太小，功能不健全、不完善，既需要大量基础设施投资，又导致基础设施投资成本偏高，使用效率低下，并使得第三产业发展受阻，而这些都导致小城镇的投资效益低于大中城市。因此，在可以预见的短时期内，在当地居民还没有足够的资金用于大幅度地改善自己的生活时，靠市场的力量是不可能为小城镇的发展筹集足够的资金的。据农村经济比较发达的江苏省调查，2000年建制镇镇区平均人口为6770人，人均财政收入为458元。"在推进城镇化中，城镇基础设施建设的任务很重，我们每个镇要增加2—3千人，就需要投资上亿元搞基础建设"，而"2000年有36.9%的建制镇'入不敷出'，要靠预算外资金来弥补；50%的镇人均财政收入不足300元，这些镇根本不可能对小城镇进行投资。全省真正能够拿出一部分资金投入小城镇建设的镇不足三分之一"。[1] 由此可以看出，小城镇要实现集聚效应，确实提供城市功能，还有很长的路要走。因此，如果政府过于强调发展小城镇，就容易引起地方政府从自己的政绩和享受目的出发，依靠行政手段筹集资金，从而不仅加重当地农民和企业的负担，也将有限的剩余（资金）从生产和急需的部门强行转移到生活消费。

[原载《中国经济史研究》2002年第3期]

---

[1] 江苏省农村社会经济调查队：《江苏农村城镇化水平的测定和对策》，载鲜祖德主编《小城镇建设与农村劳动力转移》，中国统计出版社2001年版。

1949—1978年中国劳动力供求与城市化关系研究

众所周知，从1949年新中国成立到1978年中共十一届三中全会以前，中国大陆的城市化相当缓慢。1950—1980年的30年中，全世界城市人口比重由28.4%上升到41.3%，其中发展中国家由16.2%上升到30.5%，但是中国大陆仅由11.2%上升到19.4%。[1]这种城市化的缓慢并不是建立在工业发展停滞或缓慢的基础上，正相反，改革开放前的29年，中国大陆的工业和国民经济增长速度并不算慢：1978年工业总产值比1949年增长了38.18倍，工业总产值在工农业总产值中的比重，由1949年的30%提高到1978年的72.2%；社会总产值增长12.44倍，其中非农产业在全社会总产值中的比重，则由1949年的41.4%上升到1978年的77.1%；国民收入总额则从1949年的358亿元增长到1978年的3010亿元（按当年价格计算），提高7.41倍，其中非农产业在国民收入构成中的比重，也由1949年的31.6%上升到1978年的64.6%。[2]另据麦迪森计算，从1950年到1973年，世界GDP总量年均增长4.9%，人均GDP增长2.9%，其中中国大陆GDP年均增长5.1%，人均增长2.9%，高于和等于世界平均水平，高于同期发展中国家平均水平。[3]

上述中国城市化滞后于工业化的独特现象，是与改革开放前大陆所

---

[1] 许涤新主编：《当代中国的人口》，中国社会科学出版社1988年版，第294—295页。
[2] 国家统计局：《中国统计年鉴（1983）》，中国统计出版社1983年版，第20、22、216页。
[3] 麦迪森：《世界经济二百年回顾》，改革出版社1997年版，第44—51页。

选择的经济发展战略和由此导致的计划经济体制分不开的。本文即准备从经济发展战略的形成及其对劳动力供求关系和转移的影响，来探讨这个时期城市化缓慢的主要原因。

一、1949—1978 年经济发展战略的形成及其特点

20世纪50年代经济发展战略的形成可以"一五"计划为标志。这个经济发展战略，可简单概括为：主要依靠国内积累建设资金，从建立和优先发展重工业入手，高速度地发展国民经济；实施"进口替代"政策，通过出口一部分农产品、矿产品等初级产品和轻工业品，换回发展重工业所需的生产资料，并用国内生产的生产资料逐步代替它们的进口；改善旧中国留下的工业生产布局极端不合理和区域经济发展极端不平衡的畸形状态；随着重工业的建立和优先发展，用重工业生产的生产资料逐步装备农业、轻工业和其他产业部门；随着重工业、轻工业和农业以及其他产业部门的发展，逐步建立独立完整的工业体系和国民经济体系，逐步改善人民生活。

这种经济发展战略具有以下几个特点：

（1）以高速度发展为主要目标。由于中国经济不仅远远落后于西方发达国家，而且落后于苏联和东欧社会主义国家，为了赶上西方发达国家，并为社会主义奠定物质基础，从新中国成立之始，中国共产党就将高速度作为经济发展的首要目标，认为我国经济应该而且能够快速发展（参见七届二中全会决议和党的"过渡时期总路线"的有关论述）。七届二中全会认为："中国人民革命的胜利和人民共和国的建立，中国共产党的领导权，加上世界各国无产阶级的援助，其中主要的是苏联的援助，中国经济建设的速度将不是很慢而可能是相当地快的，中国的兴盛是可以计日成功的。"1953年大规模经济建设开始后，《人民日报》在元旦社论中也指出："我国的工业化的速度需要大大超过任何资本主义国家所曾经历的速度，而采取苏联和各人民民主国家在工业化和工业发展过程中的那种高速度。""一五"计划的经济增长指标即反映了这个特点，至于后来的"大跃进"则将此推向了极端。

（2）优先发展重工业。由于旧中国经济落后和发展极端不平衡，尤其是能源、钢材、机械制造等重工业基础薄弱、分布不合理，使得重工业成为20世纪50年代经济发展的"瓶颈"产业，再加上受斯大林"生产资料优先增长"和工业化理论的影响，同时也由于朝鲜战争增加了国防危机感，使得1950年朝鲜战争爆发后，党内几乎一致的意见是将迅速发展重工业放在优先突出的位置。

（3）以外延型的发展为主。外延型的发展是指实现经济增长的主要途径是靠增加生产要素，即主要靠增加生产资料和劳动力投入来实现增长。这个特点是与上述两个特点密切相关的，在20世纪50年代更为明显。因为当时我国的工业微不足道，而像我国这样一个工业基础非常薄弱的落后大国，如果要求以很快的速度发展经济和迅速实现工业化，就必须建设大批新项目，此时工业外延型的扩张，其总体经济效益是高于在现有产业结构下内涵型发展的。平心而论，党和政府在强调外延发展的同时，也要求注意经济效益，并且在新中国成立初期取得明显成效，但是在高指标的压力和高度集中体制的束缚下，以增加投入而不是提高效益来支撑经济增长就不可避免了。

（4）从备战和效益出发，加快内地发展，改善生产力布局。我国原有工业的地区分布极不合理。据1952年的统计，沿海各省的工业总产值占全国工业总产值的72.6%，其中仅上海、天津、沈阳三市的工业总产值即占全国的35%，这种旧中国遗留下来的、半殖民地特征的畸形布局，对于原料和市场都面向国内的工业来说，显然是不合理、不经济的。因此，在制定"一五"计划时，中共中央即将改变这种不合理布局（同时出于备战考虑）、加快内地工业发展列为主要任务，作为国家投资主要原则之一。"一五"计划的投资，即根据上述原则，除了国防军工企业大多数都建在内地外，新的工业基地基本上都放在了京汉路以西（包括京汉路上的城市）和长春、吉林以北。20世纪60年代开始的"三线"建设更是如此。

（5）以建立独立的工业体系为目标，实行进口替代。在20世纪50年代及其以前，中国共产党一直认为革命胜利后的工业化离不开外国的资金和技术。抗战胜利前，我党曾把希望寄托于战争中没受损失的美国，但是抗战胜利后美国支持蒋介石反共反人民，使得党决定新中国成立后实行政治上"一边倒"的外交政策,并将获取经济援助的希望转向苏联。50年代是中国近代以来最主动、最有效地接受外国经济技术帮助的时期。但是同时,50年代的经济发展战略,又不是像战后许多发展中国家和地区那样实行了利用比较优势的出口外向型发展战略,而是实行了以建立自己独立的工业体系为目标的进口替代战略。1953年9月,周恩来在政协会议上曾专门解释了中国不能依赖苏联的重工业,必须建立自己独立、强大工业体系的原因。① 新中国成立初期,我国曾制定和实行了"内外交流"政策,与苏联和东欧开展了经济技术交流,但是由于苏联社会主义经济模式的影响(拒绝外国直接投资),随着向社会主义的过渡,逐步搞掉了国内原有外资企业和新建的合资企业;同时,受"两个世界市场"理论的影响和西方的经济封锁(我国与社会主义国家由于发展战略和经济体制基本相同,贸易互补性不大),我国经济建设不可避免地要实行"进口替代"和立足于自给自足。

上述经济发展战略的形成,如果仅从党和政府的主观认识方面寻找原因,显然是不科学的。20世纪50年代的中国之所以形成这样的经济发展战略,是有其深刻的经济原因和社会背景的。

首先,这种经济发展战略的形成,是与新中国成立初期的经济发展水平和特点分不开的。新中国成立之初,旧中国遗留下来的是积贫积弱的国民经济和落后就要挨打的惨痛教训。中国是一个有5亿人口的大国,按人口排世界第一,按国土面积排世界第三,但是按人均国民收入则位次很落后。1952年,世界主要国家和地区人均工业产品产量为:钢82公斤,煤724公斤,原油242公斤,电448千瓦/小时,而同期我国人均产量仅为:钢2公斤,煤115公斤,原油0.8公斤,电13千瓦/小时。② 我国不仅经济落后,现代工业所占比重很低,而且重工业尤其落后。正如毛泽东所说:"现在我们能造什么?能造桌子椅子,能造茶壶茶碗,能种粮食,还能磨成面粉,还能造纸,但是,一辆汽车、一架飞机、一辆坦克、一辆拖拉机都不能造。"③ 这种与大国地位极不相称的经济落后状

---

① 《周恩来经济文选》,中央文献出版社1993年版,第151—152页。
② 国家统计局编:《奋进的四十年》,中国统计出版社1989年版,第470页。
③ 《毛泽东选集》第5卷,人民出版社1977年版,第130页。

况,是导致新中国选择优先发展重工业的赶超战略的基本原因。

其次,这种发展战略的形成,还与苏联的榜样作用有很大关系。我们知道,中国民主革命的成功,是学习苏联和接受马克思主义的结果,同样,我国在革命成功后如何实现工业化问题上,也与苏联当时的情况相似。例如,不能靠对外侵略和掠夺来积聚工业化资金,面临帝国主义的经济封锁和军事威胁。在1955年苏联国内问题"揭盖子"以前,苏联的工业化道路是赶超战略的成功典范,并为第二次世界大战苏联的胜利所证明,受到世界瞩目。对于同是共产党领导的、同样要建立社会主义制度、同样要实施赶超战略的中国来说,苏联经验具有太大的吸引力了。在经济建设方面向苏联学习,走苏联创造的社会主义工业化道路,是新中国成立初期党和政府坚定不疑的信念和政策。

最后,这种发展战略的形成,与当时的国际环境也有一定关系。1950年朝鲜战争爆发以后,中国被迫卷入战争,由此导致中美两国的直接对抗和来自西方的威胁(1840年以来这种威胁几乎没有停止过)。这种国际环境和历史教训都迫使中国必须加强国防力量。而优先发展重工业和尽快建立独立的工业体系,则是加强国防力量、维护国家安全的基本经济措施。

1956年中共八大前后,中国共产党领导人根据国内国际形势的变化、自己的建设经验以及苏联暴露出来的经济问题,开始探索经济发展战略的转轨问题(尽管当时没有用"发展战略"这个概念)。1956年4月,毛泽东在著名的《论十大关系》报告中对农轻重的关系、沿海工业与内地工业的关系、经济建设与国防建设的关系、积累与消费关系的专门论述,可视为这种探索的代表成果。可惜的是,1957年底开始的反"反冒进"和三年"大跃进",却完全打断了上述思路和计划,把依靠高投入、追求高速度的外延型增长推到了极端(比例极端失调,经营极为粗放,效益极其低下)。

1957年底至1958年初,毛泽东对1956年的"反冒进"进行了严厉的批评,从而使党实际放弃了综合平衡、稳定前进的经济建设方针,追求"多""快"实际成为经济发展的唯一指标。正如毛泽东所说:"我们实行洋土并举、大中小并举,不只是由于技术落后,人口众多,要求增加就业，主要是为了高速度。"① 而权力下放过急过快，又助长了宏观失控势态，结果导致了浪费巨大、使民经济陷入危机的"大跃进"。三年经济调整以后，由于对战争可能性的估计过于严重，更加强调备战，同时，经济发展并没有达到预期的高速度也较强烈地刺激着国家领导人，因此追求高速度始终是主要目的。

由于体制造成的经济效益低下，高速度不得不靠高投入来维持（而高投入就必须过度优先发展重工业），再加上对外经济关系方面的拒绝吸引利用外资，结果快速、优先发展重工业的战略在1958—1978年，与前一阶段相比，走向极端。据统计，1978年工业总产值比1952年增长15倍，其中重工业增长26.8倍，但是轻工业仅增长8.7倍；1957年轻、重工业在工业总产值中的比重分别为51.66%和48.34%，1978年则变为42.68%和57.32%。同期，国家基本建设投资比重也大幅度向工业尤其是重工业倾斜。②

表1 国民经济各部门基本建设投资比重（以全国总计为100%）

部门	"一五"时期	"二五"时期	1963—1965年	"三五"时期	"四五"时期	"五五"时期
1. 工业	42.5	60.4	49.8	55.5	55.4	52.6
2. 建筑业和地质资源勘探	6.1	2.5	2.5	2.2	2.3	3.2
3. 农林水利气象	7.1	11.3	17.7	10.7	9.8	10.5
其中：水利	4.3	7.8	10.0	7.1	6.8	6.5
4. 运输邮电	15.3	13.5	12.7	15.4	18.0	12.9
其中：铁道	10.1	8.6	8.0	11.5	9.8	6.0
5. 商业饮食业服务业和物资供销	3.6	2.0	2.5	2.1	2.9	3.7
6. 科学研究文教卫生和社会福利	7.6	3.8	5.7	2.8	3.1	5.4
7. 城市公用事业	2.5	2.3	2.9	1.8	1.9	4.1
8. 其他	15.3	4.2	6.2	9.5	6.6	7.6

① 《毛泽东读苏联〈政治经济学（教科书）〉谈话记录选载》，《党的文献》1993年第4期。
② 国家统计局：《中国统计年鉴（1983）》，中国统计出版社1983年版，第324、325、328页。

表2　工业部门基本建设投资比重（以全国总计为100%）

部门	"一五"时期	"二五"时期	1963—1965年	"三五"时期	"四五"时期	"五五"时期
轻工业	6.4	6.4	3.9	4.4	5.8	6.7
重工业	36.1	54.0	45.9	51.1	49.6	45.9

二、经济发展战略形成时期的劳动力供求情况

"一五"计划时期，是快速优先发展重工业战略形成时期，这个时期的劳动力供求情况，可以说是发展战略对城市化产生影响的初始条件，发展战略对这个初始条件施加的影响，决定了后来它对城市化进程的作用。新中国成立初期，中国仍然是一个以传统农业为主的农业国家，以家庭为经营单位的农业就业人员占全国劳动力的90%左右（1949年为91.5%，1952年降至88%）。城镇中存在着大量个体劳动者（1949年为724万人，1952年为883万人），形成商业和饮食服务业的过度竞争。[①] 真正属于企业的劳动力，1949年仅有职工809万人，占全部就业人口的4.47%，1952年职工人数达到1603万人，占全部就业人数的5.73%。可以说，由于当时经济落后，消费水平非常低，不仅大量劳动力停留在农业，就是城市的第三产业也因缺乏市场需求，呈现出以劳动密集、利润微薄的小商小贩为主的过度竞争特点。由于劳动力的供求关系存在着总量严重过剩和结构性短缺并存的特点，虽然存在着劳动力市场，但是这个市场因受下列问题的困扰，不仅市场机制难以发挥正常的调节作用，而且导致政府加大对其的干预调节力度，并对后来实行社会主义改造也产生了重要影响。

（1）劳动力供给总量过剩。新中国成立初期，尽管经过土地改革和实行"包下来"等扩大就业的政策，由于我国人口众多和经济落后，劳动力过剩仍然是一个难以解决的严重问题。据1952年底的统计，全国共有人口54391万人，其中城市人口占11.8%；城乡就业人员占总人

---

① 新中国成立初期城市消费合作社的普遍建立，主要原因就是商业从业人员过多，从而抬高商业成本总额，而城市工薪阶层收入太低，无力承受。

口的51.4%，其中工人总数为1198万人（其中1/4在农村），占总人口的2.2%，占就业人口的4.3%；农业劳动者为24164万人，占总人口的44.4%，占就业人口的86.4%，农业就业人口为工业手工业就业人口的20倍。

由于人多地少，尽管农业经济落后，以畜力、人力为主，农村中仍然存在着大量的剩余劳动力。土地改革以后，农村中的失业无业人数大幅度降低，1952年约为135万人（多为手工业者和商贩），但是农业剩余劳动力却人数众多，并且有增无减。1952年，全国共有农业剩余劳动力（全劳力和半劳力）4039万人，占农业劳动力总数的16.8%。农业人口过剩不仅数量大，而且是一个全国性的问题，不仅华北、华东、中南、西南地区农业剩余劳动力较多，地多人少的东北、西北地区剩余劳动力也不少，如东北剩余劳动力为123万人，占本区农业劳动力总数的11.1%，西北剩余劳动力为90万人，占该区农业劳动者总数的7.2%。上述农业剩余劳动力的数量，随着农业的恢复（主要指人力替代物的增加，如牲畜、农具等）和人口的增长，还将继续增加。另据1952年7月全国劳动就业问题会议的估计，农业剩余劳动力的数量比上述数字还大。李富春在会上说：据西南区的估计，农村全劳力在土改后超过需要量的40%—50%，照这个比例，仅四川一省就剩余出1000万人。而上述统计中，西南区农业剩余劳动力为1115万人，占农业劳动者总数的24%。

不仅农村中存在着大量的剩余劳动力，城市中也存在着劳动力过剩的问题。据1952年10月的统计，全国城市失业无业人员为264万余人，约占城市就业人数的10%，占城市人口总数的4.1%。另据1952年底上海市的统计，该市就业人口数为194万人，而失业人数则为48.4万人，家庭妇女为95.4万人，二者合计为143.8万人，其中已进行失业无业登记的为35.6万人，约为就业人数的18.4%。除了公开的失业无业人口外，在许多部门和企业中还存在着不少剩余劳动力，例如铁路部门有剩余劳动力5万人，国营煤矿剩余3万人。据估计，全国仅交通、铁道、纺织、煤矿等行业的国营企业，实行生产和管理改革后，就将多出30万人，其中铁路的富余职工将占现有职工人数的18%。另外，随着妇女的解放和男女平等，原来无就业要求的家庭妇女也纷纷走出家门，要求工作；同时旧中国为剥削阶级服务的行业解放后迅速萎缩，也游离出不少劳动力（南京解放后仅失业的"老妈子"即有 3 万余人）。这些都增加了城市劳动力市场的供给，即使农村剩余劳动力不流入城市，城市中的失业问题短期内也无法解决。

（2）劳动力供给呈结构性短缺。劳动力供给总量过剩和结构性短缺并存，是发展中国家普遍存在的问题。新中国成立初期，这个问题也严重困扰着我国。一方面，当时劳动力供给总量大大超过需求，另一方面，从供给结构来看，有文化和技术的劳动力又严重短缺，许多企事业单位招不到合适的职工。据统计，1949 年，平均每万人口中，仅有大学生 2.2 人，中学生 23 人，小学生 50 人；到 1952 年，在每万人口中，大学生人数为 3.3 人，中学生 55 人，小学生 450 人。即使这样低的比例，1952 年大学还是面临着招生不满的忧虑（应届高中毕业生太少）。由于教育落后，劳动力素质普遍较低，据估计，在全国就业人口中，具有初中以上文化程度者不会超过 5%。据 1952 年统计，在全国就业人口中，每万人中有科技人员 7.4 人；每万名职工（尚不包括占就业人口 90%以上的农民和个体经济劳动者）中有科技人员 269 人。另据 1952 年全国干部（县以上国家机关及企事业单位中办事员以上的干部和技术人员，但不包括党委系统、群众团体系统、合作社系统、军事系统、教育行政管理部门主管的中等师范学校和中、小学）统计资料，在 2470700 名干部中，专业技术人员为 34.4 万人，其中工程技术人员 133684 人（内有工程师以上技术职称者 16739 人），农业技术人员 14495 人（内有技师以上职称者 537 人）。这 247 万名干部，按文化程度分，大专以上文化者占 6.58%，高中文化者占 15.54%，初中文化者占 36.98%，小学文化者占 37.80%，文盲占 3.10%。再从建筑行业来看，在 1952 年的就业人员中，有技术的职工仅占职工总数的 10%—20%，80%—90% 的职工没有专门技术，是一般劳动力，因此建筑公司之间互相挖人的现象很普遍。上述这种劳动力素质水平，远不能适应国民经济迅速恢复发展和社会各项事业的需要。1952 年大学毕业生尚不到国营企事业单位需求量的 1/4，中学生成为政府机关、事业单位、公私营企业追逐的招工目标，以致影响了正常的升学率。供给的结构性短缺已经成为制约劳动力市场正常运行的重要因素。

（3）城市失业问题严重，就业压力大。新中国成立初期，由于旧中国遗留下来的大量失业人口和解放后政治经济改组导致的新失业，使得城市失业问题非常严重。1950年7月，仅登记的失业工人即达166.4万人，占当时城市职工总数的21%，此外还有不少失业知识分子。对于刚获解放尚处于贫困线上的广大城市居民来说，失业即意味着饿饭，1950年春，在一些大城市里，因就业无望生活无着而自杀的事时有所闻。城市中的失业问题之所以严重，不仅在于失业人口数量大，还在于这部分人就业能力低。1952年底全国城市失业无业人员就业登记表明，在要求就业的162.2万人中，失业工人为77.98万人，占48.87%；家庭妇女、失学青年为43.8万人，占27%；小商业主、行商、摊贩等10.9万人，占6.72%；失业知识分子10.4万人，占6.46%；城市贫民、妓女、乞丐等15万人，僧尼道士0.57万人，共占9.64%；旧军官、旧官吏3.4万人，占2.11%。上述162.2万人，按文化程度分，其中文盲占29.7%；具有小学文化者占51.9%；具有初中以上文化者占18.1%（据后来招工部门反映，这些人的实际文化程度普遍低于所报文化程度）。上述这些人中，不仅年龄偏大（25岁以上者占68.9%），而且大部分无专业或一技之长，就业能力较低。

城市就业问题的巨大压力不仅来自上述失业无业人员，还来自不断涌入城市寻找工作的农民。据当时一些典型调查统计，新中国成立初期，城市工人平均收入约为农民平均收入的3倍左右，《中国统计年鉴（1983）》则说，1952年非农业居民的平均消费水平为农民的2.4倍。城乡之间收入上的较大差距和城市现代生活的吸引力，使得不少青年农民在土地改革后不断涌入城市和新兴工矿区。由于这些农民一般年轻，能吃苦，福利要求不高，因此需要简单体力劳动的单位比较愿意雇用农民工。据1951年春统计，仅东北的沈阳、鞍山两市，即有进城找工作的农民2万余人。另据西北劳动局报告，1953年2月下旬以来，由江苏、河南、山东及陕西各县流入西安、兰州等市大批农民和部分市民及建筑工人，持有区乡证明要求劳动局介绍工作，西安市每日平均600多名。

在上述条件下选择的快速优先发展重工业战略，不仅不能通过发展劳动密集型工业来提高富余劳动力的能力，而且提高了对劳动力素质的要求,这无疑将进一步加剧而不是缓解城乡劳动力过剩,从而不得不采取政治性的强制手段,来保证资金流向重工业而人口留在农业。

三、发展战略对城市吸纳劳动力的影响

由于长期推行快速优先发展重工业战略,一方面导致城市工业趋于资金和技术密集型,建设周期长,资金回收慢,不利于劳动力的吸纳;另一方面,则因高积累导致低工资和低消费,阻碍了城市第三产业的发展,又从另一方面减少了扩大就业的机会。其结果是:尽管迅速发展的工业基本集中在城市,但城市对劳动力的需求却增长很慢。特别是作为农村城市化基础的"镇",其对劳动力的需求基本处于停滞甚至萎缩状态。

重工业与轻工业相比,具有建设周期长、初始投资规模大、资本密集度高和投资回报期长四个特点。如果说1953年开始的第一个五年计划因当时重工业过于薄弱而优先发展是合理的,那么以后20余年间,将生产资料的优先增长这个理论绝对化并走向极端,则使得城市工业经济对劳动力的需求受到较大抑制,农业人口向非农产业的转移因缺乏劳动密集型产业的吸纳而停滞不前。

据有关资料统计,重工业投资一般需要两年零七个月才能收回,轻工业平均一年零七个月就可以收回,手工业则更快。以工艺美术行业为例,一般可以做到当年投资当年收回。在1973—1979年的7年中,这个行业向国家缴纳税金19.2亿元,与国家的投资比例是22:1。[①]

1978年,轻工业全员劳动生产率为16102元,而重工业则为9351元(按1980年不变价格计算)。再以1982年为例,当年各工业部门全民所有制独立核算工业企业全员劳动生产率为12133元,每百元固定资产实现的利润和税金为22.22元,其中轻工业分别为17513元和56.53元,而重工业仅分别为9664元和1491元。[②]

[①] 马洪主编:《现代中国经济事典》,中国社会科学出版社1982年版,第219页。
[②] 国家统计局:《中国统计年鉴(1983)》,中国统计出版社1983年版,第295、297、298页。

如前所述,在1953—1978年的基本建设投资总额中,工业平均占57%左右(其中重工业占51%左右,轻工业仅占6%左右),1978年工业总产值比1952年增长15倍,其中重工业增长26.8倍,但是轻工业仅增长8.7倍。1958—1981年,我国工业基本建设投资总额为3905.68亿元,其中重工业为3467.34亿元,轻工业为435.34亿元,而同期工业职工人数增加3879万人,其中重工业职工增加2323万人,平均每增加一名职工需投资1.49万元;轻工业职工增加1556.7万人(1957年的集体企业职工数量为274万人,因这类企业绝大多数属于轻工业,故将其全部计算为轻工业),平均每增加一名职工仅需投资0.28万元。① 另据统计,每百万元固定资产资金所容纳的劳动力,重工业为94人,轻纺工业为257人,其中属于手工业的工艺美术、服装、日用五金、皮革四个行业则平均为800人。②

由于实行低工资政策和消费品供给不足,城镇第三产业发展非常缓慢,部分行业甚至萎缩。据国家统计局对74个城市的调查,每万人所拥有的商业、饮食、服务业网点数据变化如下:1949年为47.6,1952年为67.2,1957年为26.4,1962年为13.2,1965年为9.5,1978年为10.8。③1978年与1952年相比,农、工、商就业者在全国就业人口中所占比重变化为:农业劳动者由83.5%降为73.8%,工业由6%上升为12.5%,而商业则由4.7%降为3.2%。

另外,由于"按劳分配""消灭失业""男女平等"被作为社会主义基本原则和优越性,政府在城镇始终推行充分就业政策,如果解决不了,哪怕鼓励或强制性地向农村和边疆迁徙(如20世纪60年代流行的"我们也有一双手,不在城里吃闲饭")。这点还可以从这个时期城镇职工赡养人数不断降低和女职工的比重越来越大反映出来。这种充分就业政策,

---

① 国家统计局:《中国统计年鉴(1983)》,中国统计出版社1983年版,第134、135、326、327页;国务院全国工业普查领导小组办公室等:《中国工业经济统计资料(1986)》,中国统计出版社1987年版,第168页。

② 马洪主编:《现代中国经济事典》,中国社会科学出版社1982年版,第219页。

③ 国家统计局城调队:《中国城市四十年》,中国统计信息咨询服务中心1990年版,第296页。

也使城市吸纳人口的能力进一步降低。

1949—1978年，中国大陆城镇总人口由5765万增加到17245万[①]，增长1.99倍；由于新中国成立后高峰期出生的人口在20世纪70年代逐渐进入劳动年龄，因此同期劳动者人数则由1533万人增加到9514万人，增长5.21倍；尽管政府在城镇推行"低工资，多就业"政策（使城市企业变得"人浮于事"）和严厉限制农村人口进城，但是城市人口的就业压力始终很大，待业人口1952年为376.6万人，待业率为13.2%，1957年为200.4万人，待业率为5.9%，1978年为530万人，待业率为5.3%。[②]而据费正清主编的《剑桥中华人民共和国史（1949—1965）》的结论，在"一五"时期，"虽然非农业总就业量增加很快，但是所有的证据都表明，它的增长速度远远低于城市就业年龄人口的增长速度。国民党政府遗留下来的一个重大难题——城市失业问题，在'一五'时期实际上愈来愈严重了。到'一五'计划结束时，非农业男性失业总人数据估计已达1000万—1600万"[③]。虽然实际情况并非如此严重，但城市就业压力确实很大。因此，从1957年开始，中共中央就决定："第一，他们的主要就业方向，应该是下乡、上山，参加农林业劳动。"[④]1963年6月，中央安置工作领导小组召开城市精简职工和青年学生安置工作会议。会议指出，在今后15年内，每年有百万左右的青年需要有计划地安置下乡，参加农林牧渔业生产。"文革"期间，由于城市吸纳劳动力能力进一步削弱，于是出现了大规模的城市青年"上山下乡"运动，以缓解城市就业压力。

四、发展战略对城乡之间劳动力流动的制约

在工业化过程中，农业劳动力向非农产业转移、农村人口向城市流

---

① 镇，是指省、市、自治区批准的镇。1963年以前，一般为常住人口在2000人以上，非农业人口占50%以上者；1964年起改为常住人口在3000人以上，非农业人口占70%以上，或常住人口在2500人以上，不满3000人，但非农业人口占85%以上者。
② 国家统计局：《中国统计年鉴（1986）》，中国统计出版社1986年版，第136页。
③ 费正清：《剑桥中华人民共和国史（1949—1965）》，上海人民出版社1990年版，第194页。
④ 《周恩来经济文选》，中央文献出版社1993年版，第379页。

动，是工业化的结果之一，是一种不可避免的现象。而这种人口转移，即城市化的进展，一是取决于工业发展的速度，即城市对农村人口的吸纳和需求程度，二是取决于工农之间收益差距、城乡之间的生活水平差距以及享受国家福利待遇的差距；三是取决于城乡之间人口流动的方便程度，即制度性壁垒和转移成本。

在1949年以前，由于帝国主义、封建主义的剥削压迫以及连年战争的影响，农村经济萎缩，大量失去生存条件的农民被迫流入城市寻找生活出路。而城市经济同样不景气，无法吸纳这些农村来的劳动力，因此社会上存在着大量被农业所排斥而工业又无力吸纳的难民和流民。

新中国成立以后，人民政府一方面在农村实行了彻底的土地改革，实现了"耕者有其田"，基本解决了农民的失业和生活无着问题；另一方面，在城市中，由于国民经济尚未恢复，旧的经济需要改组，因此城市中存在的严重失业问题一时难以解决。在这种情况下，从1950年夏开始，政府着手动员组织城市中有条件回乡的失业无业人员回乡生产，实行城乡之间劳动力的逆向流动。

1950年6月，中共中央和政务院在制定救济失业工人办法时，即将回乡生产作为一项重要措施。政务院提出：对离乡不久或有条件返回农村从事生产的失业人员，提供旅费和一些安家费，帮助其还乡从事生产。为了有效贯彻这项办法，政务院在解释失业救济金的发放范围时，专门规定，凡从农村进城工作不足一年而失业者不在救济之列。还乡生产一般是结合土地改革运动进行的，在与农村关系密切的中小城市中，以此作为救济失业的重点。动员城市失业无业人员还乡，大都是本着自愿的原则，并事先与其家乡的县区政府取得联系，做好接待工作，使其还乡之后能确实获得从事农业生产的基本条件。但是也有一些还乡人员因安置工作没做好，还乡不久又返回城市。针对这种情况，政务院于1951年1月17日发出通知，要求各地今后遣送失业工人还乡生产，务须先与当地政府取得联系，并根据自愿原则，使其还乡后确能从事生产事业；对于长期携眷在外，其原籍无家无靠且无生产条件的失业工人，应在当地解决，以免去而复返，虚耗救济基金。

尽管政府做了大量工作，1950—1954年，回到农村的人口仅14.57

万人，其中绝大部分是失业工人，并且大部分是在1950年城市就业困难和农村土改开始前回到农村的。

政府用于遣送还乡人员的费用在失业救济金支出中所占比重并不大，1950年为12.24%，1951年则为1.05%。实际上，1952年以后，随着农村土地改革的完成，农村已没有耕地可分，动员城市失业人员还乡生产的办法已难以继续采用。

新中国成立初期，尽管城市失业问题严重，政府为此想尽办法，但是由于农村劳动力过剩和城市高收入的吸引，仍然有大量农民进入城市寻找工作。另外，许多农村青年感到农村没有前途，羡慕向往城市的生活和机会，也是农村劳动力涌向城市的重要原因。上述情况在土地改革完成后日益严重。

为了限制农民盲目流入城市，各大区政府都曾通报县区政府，禁止任意介绍农民进入城市寻找工作。城市劳动部门也作了一些限制性规定，如盲目流入城市的农民不得在劳动介绍所进行求职登记，不属于失业人员范畴，各企业自行招聘人员时，应向政府劳动部门备案，不得招聘盲目流入城市的农民等。1952年8月，政务院召开全国劳动就业会议，专门讨论了农村剩余劳动力的出路问题。会议提出：农村的剩余劳动力应靠发展多种经营，就地吸收转化，防止其盲目流入城市，增加城市的负担。会议制定了《关于解决农村剩余劳动力问题的方针和办法》。1953年初，由于我国进入大规模经济建设阶段（开始实施"一五"计划），城市就业机会增加，同时农村正是农闲，大量农民涌入城市和工矿区。各地劳动部门纷纷告急。如河南峰峰矿区，仅2月23日、24日两天就来了400多人，"每天从早到晚拥挤在劳动局门口院内，要求职业，长期纠缠不走，情况严重，无法应付"[①]。针对上述情况，1953年4月17日，政务院发出《关于劝止农民盲目流入城市的指示》，内务部、中央转业建设委员会、劳动部联合制定了具体办法。政务院要求：（1）县、区、乡政府、农会应劝止农民自行进城寻找工作，除有企业正式文件证明其为预约工或合同工者外，均不得开给介绍证件。（2）现已进城而未被企业雇用的

---

① 《政务院劳动就业委员会报告》，1953年3月10日。

农民，应由所在地的政府劳动部门及民政部门会同工会和其他有关机构，动员其还乡。在处理过程中应采取慎重态度，并酌予解决经济困难。（3）未经政府劳动部门许可或介绍的企业，不得擅自到乡村招收工人，更不得张贴布告，乱招工人。

此后，国家又逐渐通过生产资料的所有制改造、城市粮食定人定量供应、严格户籍管理制度等办法，加强了对城乡之间人口流动的控制。但是严厉阻止城乡之间人口自由流动并建立起阻止农村人口向城市流动的森严壁垒，则是在1961年以后。在此之前，农村人口向城市流动曾呈现出两次高峰，一是"一五"计划时期，随着大规模经济建设的开展，城市就业机会增加而城乡人口流动壁垒尚未形成，许多青年农民进入城市；二是"大跃进"时期，由于国家将城市企业招工的权力下放给企业和扩大生产规模需要劳动力，大批农民进入城市，1960年城镇人口在总人口中的比重由1957年的15.4%上升到19.7%，成为1979年以前最高的年份。

表3　1949—1978年全国城镇人口变化情况

年份	总人口（万人）	城镇总人口（万人）	城镇人口占总人口百分比（%）
1949	54167	5765	10.6
1950	55196	6169	11.2
1951	56300	6632	11.8
1952	57482	7163	12.5
1953	58796	7826	13.3
1954	60266	8249	13.7
1955	61465	8285	13.5
1956	62828	9185	14.6
1957	64653	9949	15.4
1958	65994	10721	16.2
1959	67207	12371	18.4
1960	66207	13073	19.7
1961	65859	12707	19.3
1962	67295	11659	17.5
1963	69172	11646	16.8
1964	70499	12950	18.4

续表

年份	总人口（万人）	城镇总人口（万人）	城镇人口占总人口百分比（%）
1965	72538	13045	18.0
1966	74542	13313	17.9
1967	76368	13548	17.7
1968	78534	13838	17.6
1969	80671	14117	17.5
1970	82992	14424	17.4
1971	85229	14711	17.3
1972	87177	14935	17.1
1973	89211	15345	17.2
1974	90859	15595	17.2
1975	92420	16030	17.3
1976	93717	16341	17.4
1977	94974	16669	17.6
1978	96259	17245	17.9

1961年国民经济转入调整以后，随着2600万城市人口下放农村和"文革"时期1600万城市青年下放农村，到1976年的15年间，中国大陆的城乡人口比重基本保持不变。这期间，农村人口向城市的流动主要通过以下三种方式：一是通过上大学、提干和参军转业的方式转为非农业户口；二是城市因发展和征地，将部分郊区的农民转为非农业户口；三是部分企业和部门在农村招收临时或短期的合同工，如煤矿、运输、环卫等城市人一般不愿意从事的危险或脏累的工作。但是上述流动的数量非常小。

1950—1980年的30年中，全世界城市人口的比重由28.4%上升到41.3%，其中发展中国家由16.2%上升到30.5%，但是中国大陆仅由11.2%上升到19.4%。[1]

1950—1980年的30年中，全国城镇因迁移和市镇区划变动（即农转非）增长的人口估计为6300多万人，平均每年增长210万人[2]，仅占同期城镇新增人口总数的45%。其中20世纪50年代的城镇人口增长主要

---

[1] 许涤新主编：《当代中国的人口》，中国社会科学出版社1988年版，第294–295页。
[2] 许涤新主编：《当代中国的人口》，中国社会科学出版社1988年版，第300页。

来自人口迁移，而 60 和 70 年代的城镇人口增长，则主要来自城镇人口的自然增长，与城市化没有多大关系。

由于人口流动受到严格限制，农村人口进入大中城市的可能性很小，因此发展镇的数量和规模就成为中国农村城市化的一个可以选择的途径，即农民通过建立和发展镇来实现自己的城市化。实际上，由于大城市土地资源的昂贵和其他问题，小城市化也是许多发达国家城市化的特点。但是，在传统经济发展战略下，由于农业剩余非常有限、农村商品生产和集市贸易的萎缩，镇的人口增长很慢。据统计，1953 年全国镇人口为 3372 万人，1957 年则降为 3047 万人，1965 年增长为 3793 万人，1970 年为 4576 万人，1978 年为 5316 万人，1978 年仅比 1953 年增加 57.65%[1]，低于全国城镇人口的自然增长率。同时，镇的数量不仅没有增加，还呈下降趋势。1954 年全国共有建制镇 5400 多个，到 1957 年则减少到 3596 个[2]，1963 年进一步减少为 2877 个镇，到 1978 年，全国镇数降至 2850 个[3]。由此可见，在改革开放前，镇并没有成为农村城市化的基地。

五、上述结果对 1979 年以后城市化的影响

与大多数事情都有积极和消极两个方面的后果一样，1949—1978 年经济发展战略所导致的城市化滞后和城乡壁垒，其消极作用是不言自明的，这里只想讲几句作为遗产的积极作用：第一，就当时来看，这种城市化滞后，一方面维持了高积累下的工业体系早日建成，另一方面避免了发展中国家的"过度城市化"（高失业率、第三产业过度膨胀和城市贫民窟）。第二，作为 1978 年以后改革发展的起点条件，对工业化和城市化的推进都起到了"蓄之既久，其发必速"的作用。近 30 年的优先发展重工业，为改革开放以来轻工业和第三产业的迅速发展创造了来自供给、

---

[1] 许涤新主编：《当代中国的人口》，中国社会科学出版社 1988 年版，第 288 页。
[2] 民政部：《中华人民共和国行政区划手册》，光明日报出版社 1986 年版，第 15 页。
[3] 中国社会科学院人口所：《中国人口年鉴（1987）》，经济管理出版社 1988 年版，第 626 页。

需求两个方面的有利条件。而城乡壁垒又迫使农村优秀人才不得不就地发展非农产业和走上以小城镇为主要依托的城市化道路,从而避免了战后发展中国家人口向大中城市集中产生的严重问题。

[原载《中国经济史研究》1998年第3期]

第四篇

若干问题的思考

全球视野和唯物史观下的历史虚无主义刍议

最近几年来，随着温饱问题的解决和文化水平大幅度的提高，特别是信息化和民主化的快速推进，历史研究无论从研究者还是对象来说，越来越呈现跨出专业、走向民间的趋势，即越来越多的非专业人士参与历史研究和知识传播，越来越多的人将历史研究的对象对准了普通人，对准了社会底层的活动。这一方面是社会史研究的带动，是人民书写自己历史的表现，另一方面则是信息化带来的研究和传播成本大大降低，这种趋势代表着社会进步，也是不可阻挡的潮流。但是我们同时应该看到，在这个方兴未艾的潮流里，由于非专业的局限，由于受个人感情、感受和经历的局限，特别是还存在着一些敌视中国共产党的学者利用歪曲、篡改、否定历史来开展意识形态斗争，使得历史研究和传播中出现了一些通过细节和个案，甚至诡辩、以偏概全，来故意贬低近代革命、贬低新中国成就、贬低改革开放的现象，我们称之为"历史虚无主义"。纵观上述历史虚无主义现象，笔者认为需要更多地从历史观和方法论的角度来正本清源、拨乱反正。

一、从全球视野研究中国历史

庄子在《秋水》篇中曾经说："井蛙不可以语于海者，拘于虚也；夏虫不可以语于冰者，笃于时也；曲士不可以语于道者，束于教也。"转换成对今天的研究者来说，就是一个人的见识受到他所认识的时空和掌握的理论方法制约。

近些年来，在辛亥革命和民国史研究的热潮中，对改良与革命、国民党与共产党的关系，以及一些历史人物的评价中，出现了怀疑革命、怀疑中国共产党领导的新民主主义革命，甚至为传统社会大唱赞歌的声音。而忽视了整个世界自1640年以来所显示出来的资产阶级民主革命的大潮流、大趋势，以及在这个潮流背后的工业文明取代农业文明这种生产方式大转变的趋势，正如孙中山先生所看到的"世界潮流浩浩荡荡，顺之则昌，逆之则亡"。中国自1840年鸦片战争以来的近代历史，就是在帝国主义列强侵略压迫的民族危机下怎样推翻帝国主义、封建主义以及官僚资本主义的阻碍，而实现民族独立、国家富强和人民解放的。在这个过程中，不是中国不需要和平改良，也不是没有改良的机会，但是反动势力不愿意接受改良，不给先进阶级和阶层改良的机会，例如戊戌变法，例如清末立宪，例如辛亥革命后的孙中山向袁世凯妥协，都证明改良走不通；又如1927年大革命的失败，1946年国共和谈的失败，也都证明国民党不能容忍共产党与它分享政权，以和平方式共同推进社会进步，而是要消灭共产党。

从19世纪末，第二次工业革命使少数资本主义国家国力大增，资本主义开始进入由少数发达资本主义国家对世界资源和市场瓜分完毕并不断重新瓜分的阶段。这种以战争的形式、以殖民地和半殖民地为掠夺对象的重新瓜分，导致由局部战争演化为世界大战，而两次世界大战的间隔只有20年，其间还于1929年爆发了世界性的经济危机。这些都充分暴露出资本主义的严重弊病。

在20世纪前半期，当世界资本主义发展到帝国主义阶段，即西方列强依靠武力来重新瓜分世界资源和世界市场的时候，社会主义作为制止这种资本主义灾难的一种新生力量应运而生。如果从世界范围来看，到第一次世界大战前，资本主义制度只是在少数国家取得胜利，资本主义生产方式和工业化只是在少数几个国家得以实现，而大多数国家仍然处于这些资本主义国家的剥削和奴役下，国内的资本主义经济没有处于主导地位，资产阶级也没有获得统治地位，一句话，资本主义经济基础和上层建筑都还没有在这些落后国家建立起来。在这种状况下，当帝国主义国家发动重新瓜分世界资源和市场的世界大战后，因这些帝国主义国家同时又是发达的资本主义国家，是资本主义生产方式和社会制度的代表，因此，无论是殖民地、半殖民地人民，还是帝国主义国家的人民，其反对帝国主义的斗争和革命就必然包含有反对和否定资本主义的因素，这也是列宁为什么将帝国主义时代的民主革命纳入社会主义世界革命范畴的原因。正因为在殖民地、半殖民地国家的民主革命中具有了反对资本主义的因素并且与世界无产阶级革命相呼应，因此这些国家软弱的资产阶级在革命中就表现出对无产阶级革命因素的防范甚至镇压，资产阶级的两面性表现得远比 1848 年欧洲革命时更为明显。这是中国近代变革的世界背景。

如果说以 19 世纪末 20 世纪初世界进入帝国主义和无产阶级革命时代，那么在 1949 年新中国成立前的半个世纪里，中国则处于备受欺凌、社会动荡的危亡时期。马克思在《资本论》第一版的"序言"中说："在其他一切方面，我们也同西欧大陆所有其他国家一样，不仅苦于资本主义生产的发展，而且苦于资本主义生产的不发展。除了现代的灾难而外，压迫着我们的还有许多遗留下来的灾难，这些灾难的产生，是由于古老的、陈旧的生产方式以及伴随着它们的过时的社会关系和政治关系还在苟延残喘。"[①]

甲午战争的中国惨败，宣告了"中学为体，西学为用"观念和政策的破产，日本成功的经验证明了中国不仅需要在技术上学习西方，还需要从制度上学习西方。随后掀起的"戊戌变法"及其失败，则反映出封建顽固势力仍然把持着政权和不愿意全面学习西方资本主义制度。辛亥革命以后，中国名义上建立了中华民国，但是这个政权却把持在带有封建性质的军阀手中。以巴黎和会中国政府"丧权辱国"为标志，先进的知识分子开始寻找比资本主义自由经济和资产阶级共和制更有效的制度。在这种背景下，俄国的十月革命对中国产生了巨大的影响，不仅导致了中国共产党的诞生，也最终促成孙中山"以俄为师"和国共合作。

"十月革命一声炮响，给中国送来了马克思主义。"一方面，马克思列宁主义的理论、制度和方法，不仅可以帮助中国完成反帝反封建的民主革命任务，同时还可以避免资本主义社会已经暴露出来的对外侵略、

[①]《马克思恩格斯选集》第 2 卷，人民出版社 1995 年版，第 100 页。

对内压迫人民和周期性经济危机的弊病，即为中国人指出了一条超越西方、通向"大同世界"的路径。因此，一生追求中国独立、富强的民主革命家孙中山先生在晚年就提出："今后之革命，非以俄为师，断无成就。"①而所谓的苏俄革命，实质上就是无产阶级政党领导的革命。而新中国的成立则证明了只有中国共产党才能顺应世界历史潮流，带领中国人民完成最彻底的民主革命任务。

二、历史的复杂性决定了研究视角的多重性

马克思在《〈政治经济学批判〉序言》中曾经指出："我们判断一个人不能以他对自己的看法为根据，同样，我们判断这样一个变革时代也不能以它的意识为根据；相反，这个意识必须从物质生活的矛盾中，从社会生产力和生产关系之间的现存冲突中去解释。"②中国古人既说过"管窥蠡测"，也说过"以管窥天，以锥刺地，所窥者大，所见者小，所刺者巨，所中者少"，都提醒我们在研究历史时，要多重视角观察问题，多种方法分析问题，切忌只知其一，不知其二。

例如，中国为什么在20世纪50年代会建立计划经济？是怎样建立起来的？这是照搬苏联经济模式的结果吗？怎样评价新中国前30年的计划经济？新中国成立时，一百多年的战乱、帝国主义的侵略掠夺以及封建主义、官僚资本主义的压迫剥削，使得中国本来就落后的经济更加残破。以旧中国最好的发展时期1931—1936年为例，其消费率和投资率分别依次为：104.1%和-4.1%，97.5%和2.5%，102.0%和-2.0%，109.1%和-9.1%，101.8%和-1.8%，94.0%和6.0%。这说明投资率极低，6年中甚至4年为负数。③因此在抗日战争胜利前后中国经济学界在探讨战后恢复和发展经济时，几乎一致认为仅靠中国自己不能解决资金匮乏问题。新中国成立后，人口众多、经济落后一直是基本国情之一。新中

---

① 陈红军、赵波：《缅怀伟人，传承友谊》，《光明日报》2011年4月26日。
② 《马克思恩格斯选集》第2卷，人民出版社1995年版，第33页。
③ 汪海波：《我国投资和消费比例关系的演变及其问题和对策》，载《汪海波文集》第10卷，经济管理出版社2011年版，第361页。

国成立时,中国还是一个极其落后的农业国,5.4亿人口中有4.8亿是农民,靠传统农业吃饭。当时中国的人均粮食产量仅209公斤(毛粮)。当时中国不仅第一产业就业人员占总经济活动人口的比例高达83.5%,而且农业人均生产资料非常缺乏。1954年全国农户收支调查时,土改时户均耕畜0.6头,犁0.5部,多数家庭独立从事简单再生产都困难。因此,农业能够为工业化提供的剩余非常少。这种积累能力极低和剩余高度分散的情况,使得成立之初的新中国很容易陷入发展经济学所说的"贫困陷阱"。

计划经济的形成,还与这个时期的国际环境有很大关系。1950年爆发的朝鲜战争,随后的美国入侵台湾海峡、越南战争,以及后来的中印边界自卫反击战、中苏边界冲突,都使得中国共产党在选择中国经济发展战略时,不得不将国家安全放到首位来考虑。美国阻止中国统一和直接威胁中国安全的行径,都是建立在中美之间相差悬殊的武器装备上,进一步说,是建立在相差悬殊的工业化水平上。正如经过毛泽东亲自修订的党在过渡时期总路线宣传提纲所说:"因为我国过去重工业的基础极为薄弱,经济上不能独立,国防不能巩固,帝国主义国家都来欺侮我们,这种痛苦我们中国人民已经受够了。如果现在我们还不能建立重工业,帝国主义是一定还要来欺侮我们的。"[①] 而要建立独立、强大的国防工业,就必须优先发展投资规模大、建设周期长的重工业。

国家有限的财力与即将开始的经济建设所需要的巨额资金之间存在着巨大的缺口,而朝鲜战争、越南战争以及第一次台海危机又使得新中国必须加快工业化的步伐,这个时候,苏联又答应全面援助中国经济建设,特别是尖端科技和国防工业,这也是一个难得的历史机遇。在这种形势下,西方国家政治与经济上的孤立和封锁,以及与苏联东欧社会主义国家的经济同构,决定了中国必须主要依靠自身积累来启动工业化进程,而十分有限又非常分散的农业剩余几乎是我们获取积累的主要来源。为了加速工业化,中国需要建立起一个高度集中的计划经济体制,以确保国家拥有强大的资源动员和配置能力,而新民主主义经济体制不能满足这样的要求。所以,新中国很快开始了由新民主主义经济向计划经济

---

① 《建国以来重要文献选编》第4册,中央文献出版社1993年版,第705页。

过渡。正如著名历史学家黄仁宇指出的那样："过于注重上层结构，很少涉及低层"是中国百余年多次社会变革中所表现出的一个重要特征，但毛泽东和中国共产党恰恰"改革了中国的农村，创造出一个新的低层结构，使农业上的剩余能转用到工商业"。①

三、历史研究要细节化，但不能碎片化

庄子曾经说："夫自细视大者不尽，自大视细者不明。"在历史研究中，也存在着如何避免两种倾向问题：一种是那种只重视宏观历史和大事叙述，仅仅停留在历史概念中的推演而不肯深入研究历史细节，正如恩格斯批评过的那种拿着理论和分析框架四处套用，自以为掌握了历史的规律和全景的人们；另一种则是忽视宏大历史叙事和整体历史的把握，只注重历史细节和个案研究。前者失之"疏阔"和"空谈"，很难推进历史研究的深入，而后者则容易囿于"细节"和个案，失之"偏颇"，陷于"以偏概全""盲人摸象"。近些年来，随着历史学走向民间，随着以个案研究和口述史为代表的细节研究越来越广泛，后一种倾向越来越突出。而这种倾向又为"历史虚无主义"提供了产生的土壤和温床。有些研究者是戴着"有色眼镜"和主观目的，来通过选择的个案和口述历史来颠覆或改写已有的整体史观和宏大叙事。大多数人则是为了追求历史真实，但因为缺乏对整体历史把握的训练和积累，而陷于"只见树木，不见森林"，甚至得出"盲人摸象"的结论。

以近些年来对土地改革的研究来说，随着社会史和田野调查的普遍开展，个案研究越来越多，历史细节也越来越清晰，但是正如庄子所说的"自细视大者不尽"，从这些个案中看到了革命的残酷、斗争的无情，但是没有看到土地改革的背景是解放战争，没有看到几千年来农民受到地主阶级残酷压迫和剥削下积累的仇恨，没有看到和平的、改良式的"耕者有其田"从孙中山1924年在国民党"一大"上提出到1949年国民党退出大陆，一直没有实现，甚至连"三七五减租"，即将地租50%减

---

① 黄仁宇：《资本主义与二十一世纪》，生活·读书·新知三联书店2007年版，第510、536页。

低至37.5%都没有做到，农村当政的地主阶级愿意改良和让步吗？

从横向上看，后发国家在外部先发的、强大资本主义列强侵略下，如何解决从农业文明向工业文明转变的难题之一，就是解决传统社会留下的占人口大多数的"农民"问题，这是一个世界性的难题。传统的农民战争和农民革命无法解决中国近代的发展问题，同时资产阶级也无法将占人口大多数的农民由落后的、被动的阶级改变为推动社会进步的力量，而这一点中国共产党做到了，其中最重要的一条就是彻底的土地改革。在土地改革过程中，由于环境的严峻、政策的不成熟、干部队伍能力不高以及各个地区发展的不平衡，土地改革的确出现了一些偏差，出现了乱打、乱斗、乱划阶级成分的现象，但是这些毕竟是支流和运动初期的现象，甚至可以说是革命的代价。革命与改良相比，是残酷的、流血的，但是当改良走不通时，革命又是必要的和不可避免的，除非没有革命的条件而继续停滞或沉沦。实际上，在抗日战争胜利以后，出现过相对和平的土地改革，即1946年在解放区实行的"五四"指示，但是它很快就被国民党发动的全面内战打断了。

如何消除历史虚无主义不良影响，除了上述三个方面外，还应该提倡"走进历史"与"走出历史"。所谓的"走进历史"，就是以历史主义的态度，进入那段历史的场景，换位思考，看到历史的局限性，看到在当时的条件下，这个人、这件事是有利于社会进步还是阻碍了社会进步，其主观动机与客观条件的关系。正如马克思在《〈政治经济学批判〉序言》中所说的："所以人类始终只提出自己能够解决的任务，因为只要仔细考察就可以发现，任务本身，只有在解决它的物质条件已经存在或者至少是在生成过程中的时候，才会产生。"[1]所谓"走出历史"，就是不要为历史细节和对人物、事件的感情所迷惑和制约，缺乏大视野，缺乏是非观，凭个人好恶来评价历史，甚至像北齐的史学家魏收那样写"秽史"，"举之则使上天，按之则使入地"。

[原载《历史研究》2015年第3期]

---

[1]《马克思恩格斯选集》第2卷，人民出版社1995年版，第33页。

怎样认识新中国第一个历史时期的国有经济

1949年新中国的成立,使中国的工业化、国有经济发展都进入了一个新阶段。通过革命战争建立起来的、由中国共产党执政的政府,一方面利用现代政治和经济手段,并通过一系列运动将其组织深入到社会的最基层,建立起中国有史以来最强大有效的行政管理系统;另一方面,则通过接收国民党政府遗留下来的庞大国营经济和新中国成立初期社会经济所需要的政府干预,确立了政府主导型经济发展模式,1953年以后,又将其迅速转变为以单一公有制和政府行政性计划管理为特征的计划经济。1949—1978年国有经济和工业化正是在这种政治和经济体制下运行的。

一、旧中国的历史遗产和教训

旧中国的经济结构为新中国的国营经济既奠定了基础,又提供了发展的必要性。没收官僚资本,是新中国国有经济的主要来源。新中国成立以前,南京国民党政府及其高级官吏在执政的20余年间,通过各种方式形成了庞大的、控制了国民经济命脉的国家资本和私人资本。据1947年国民党政府公布的统计,仅国民党政府资源委员会控制的工业企业,其产量(包括控制的产量)占全国总产量的比重为:电力66%,煤炭33%,钢铁90%,钨锑100%,锡70%,水泥45%,糖90%;1947年全国私营行庄放款1万亿元,而仅中央政府控制的行局即达17万亿元,还不包括省市政府银行；至于现代交通运输和国际贸易，则大部分为官僚资本所占据。①高度集中和庞大的官僚资本，为新中国国有经济的建立提供了条件。与此同时，中国的经济结构也显示出国有经济及其发展在工业化中处于重要地位。据估计，抗日战争前，中国的工业资本投入消费资料生产的约占92%，而投入生产资料生产的仅有8%。如果以工业总产值计算，1936年消费资料产值占72%，生产资料产值占28%。其中机器制造工业尤其落后，1936年仅占工业总产值的2.2%，到1949年因战争原因，又下降到1.7%。②因此，当时能源、钢铁、机器制造成为工业化的"瓶颈"产业。这种产业结构必然导致在重工业和金融业中居优势地位的国有经济具有强烈的发展需求与空间。

同时，旧中国100年来的工业化与欧美发达资本主义国家相比，还显示出以下不同之处：一是起点不同。中国的工业化起步于高度集权的封建王朝后期，不仅是一个人口众多、人均资源匮乏的农业国家，而且成为西方资本主义世界的掠夺对象。二是工业化的条件不同。中国在清中叶以后人口大量增加，导致了人均自然资源的匮乏，而到19世纪下半叶开始工业化以后，已经是列强环伺，不仅不可能再走西方列强和日本那样依靠侵略来开拓国际市场和资源的道路，甚至自己匮乏的资源和财富也受到大量掠夺和破坏，人口多，底子薄，积累低，存在大量没有解决温饱的人口，是制约工业化的长期因素。三是发展的环境不同。中国的工业化是在世界进入帝国主义阶段，从鸦片战争到抗日战争的100多年里，平均每13年半就发生一次较大规模的帝国主义侵华战争，尤其是从1931年到1945年的日本侵华战争，使中华民族面临着"亡国灭种"的危险，损失惨重。因此，在这种被侵略、分裂和殖民地化的威胁下，无论是政府还是人民，都始终把国家安全作为工业化的第一考虑。

正是上述差异，导致中国共产党不仅完全接受了孙中山提出的"中国今日单是节制资本，仍恐不足以解决民生问题，必要加以制造国家资本，才可以解决之。何谓制造国家资本呢？就是发展国家实业是也"③，

---

① 中财委：《一九四九年中国经济简报》，1950年。
② 赵艺文：《新中国的工业》，统计出版社1957年版，第15页。
③ 《孙中山全集》第9卷，中华书局1986年版，第393页。

而且走得更远，完全接受了苏联的社会主义工业化模式。

1949年10月中华人民共和国成立以后，通过解放区原有公营经济扩张、没收"官僚资本"和"敌产"以及"外资转让"，国有经济远远超过了国民党统治大陆时期。在新中国成立前三年，尽管实行新民主主义经济政策，但国营经济通过没收"官僚资本"和"敌产"，控制了国民经济命脉，在国民经济中处于领导地位，并得到优先发展。1953年以后，大陆开始向苏联模式的社会主义过渡，到1956年底，在城市以"公私合营"的方式，基本上将私营工商业转变为国营企业。到1978年，仅国营工业在工业总产值中所占比重就达到79%。不仅如此，在国营企业之外，也不存在与国营企业竞争的经济成分，庞大的农村经济由于"政社合一"而处于政府的严密控制之下，城市中的"集体所有制"企业，实际上也在政府的严密控制之下，被称为"二国营"。在1949年底至1978年的29年里，国营企业承担了大陆工业化的主要任务。

二、工业化路径选择对国有经济的影响

由政府来推进工业化，而由国营企业来贯彻政府的工业化意图，一般来说，在工业化初期固然存在资源动员力量大的优点，使工业化呈现出起步快的特点，但是与此同时，国营企业又增强了政府调控国民经济的力量，增加了政府的财政收入。而后者对于一个王朝或专制政府来说，无疑是其巩固统治的重要资源。政府过度"包办"工业化，大量建立国有企业（即更多地从政治利益而不是社会经济效益出发），在吏治较好的情况下，其结果仅是压制甚至窒息了私营企业，使工业化只能在有限的范围内进行，失去了迅速扩展的活力，而在吏治腐败的情况下，其结果就不仅仅如上所述，国有企业还成为官吏们侵吞人民财富、维持其腐败统治的力量。

1949年新中国的成立，使中国的工业化进入了一个新阶段。通过革命战争建立起来的中国共产党执政的政府，一方面利用现代政治和经济手段，并通过一系列运动将其组织深入到社会的最基层，建立起中国有史以来最强大有效的行政管理系统；另一方面，则通过接收国民党政府

遗留下来的庞大国营经济和新中国成立初期社会经济所需要的政府干预，确立了政府主导型经济，1953年以后，又将其转变为以单一公有制和政府行政性计划管理为特征的计划经济。从1956年基本完成社会主义改造到改革开放以前的20多年里，即使从微观经济上看，各级政府实际上也成为经济运行的唯一决策人和管理者。工业化正是在这种政治和经济体制下进行的。

中国传统文化中的国家观念影响和以列宁、斯大林阐述的马克思主义理论为指导，使中国共产党自然认为政府是工业化的主要推进者。新中国成立以后，新中国政府即将快速工业化作为自己坚定不移的奋斗目标。新中国成立之初，中国共产党根据自己的经验和我国经济水平落后和发展极端不平衡的国情，实施了新民主主义经济政策，即在国营经济领导下多种经济成分并存的基础上，通过节制资本、统制外贸和实施"四面八方"政策（即公私兼顾、劳资两利、城乡互助、内外交流），试图探索一条符合中国国情的工业化道路。但是，1950年朝鲜战争爆发以后，国际环境变得严峻起来，作为求强求富的工业化来说，新中国政府更着重于其求强的方面，即尽快建立独立的工业体系，以便加强国防力量，保证国家安全。于是，中国共产党就自然选择了集中资源，优先快速发展重工业的发展战略。

1953年，我国在完成国民经济恢复任务后转入大规模经济建设，由于当年投资过猛，引起以农产品短缺为特征的全面的供给紧张，遂诱发了资源和剩余向政府集中的社会主义改造，即农业通过"统购统销"和合作化，私营工商业通过"国家资本主义"形式，走向单一公有制和计划经济。在"一五"计划期间，由于市场机制与过高的经济增长指标及优先发展重工业战略在资源配置方面的矛盾不能缓解，党随后也改变了稳步前进、逐步过渡的设想，导致了全面急进的社会主义改造，1958年又在农村建立了政社合一的人民公社。1956年以后，中国大陆基本形成了以单一公有制和行政性计划管理为特征的传统社会主义经济体制，这种将资源配置权力集中于国家来加速工业化的方式，实际上带有压低全社会消费、实行自我积累的"国家资本主义"性质。1978年，来自国有经济单位交纳的税收和上缴的利润份额，分别占全国财政收入总额的 35.8% 和 51%，两者合计占 86.8%。[①] 在投资方面，1950—1978 年，全社会固定资产投资累计完成 7722 亿元，其中财政投资高达 5534 亿元，占 71.7%；在同期的基本建设投资中，财政投资所占的比重更是高达 83.9%。[②]

三、国有经济运行机制

中国共产党从建立新中国的第一天起，就对社会主义性质的国营企业寄予厚望：一是认为国营企业在向社会主义过渡过程中具有决定性的意义；二是认为国营经济在中国的工业化过程中具有不可替代的优越性；三是国营经济与私营经济相比，不仅企业效率高，而且利为整个国民所得，更加公平。因此，确保国营经济在过渡时期的领导地位，大力发展国营经济，就成为 1949—1978 年改革开放前这个历史阶段党和政府始终确定不疑的政策。但是，由于国营经济的宏观经济环境和微观经营管理上始终存在着"一统就死，一放就乱"，缺乏有效约束、监督和激励机制，从 1949 年到改革开放前，始终没有建立起一整套既符合中国国情又能够体现社会主义优越性的国有经济经营管理体制。

以单一公有制和计划经济为特征的经济体制，强化了政府政治动员和资源配置的能力，保证了高积累、低消费的快速优先发展重工业战略的实施，但是由于取消了市场调节和私人投资，就使得国有经济缺乏外部竞争和制约，而同时，在内部，由于国有经济不能够解决国家与企业的"父子关系"和信息不对称，形成企业吃国家的"大锅饭"，职工吃企业的"大锅饭"，尤其是属于地方政府的地方国营企业，呈现出效率低、浪费大的特点。

以国营企业经营管理为例，其激励机制就严重不足，管理水平普遍低下。1958 年，国务院副总理薄一波与苏联驻中国大使尤金谈到国营企业的管理，"对于企业实行经济核算制度的问题，……这方面问题进展还

---

① 中国财政年鉴编委会：《中国财政年鉴（2001）》，中国财政杂志社 2001 年版。
② 刘仲藜主编：《奠基——新中国经济五十年》，中国财经出版社 1999 年版，第 479 页。

很慢。实行经济核算——这是一个很复杂的问题,在中国还没解决。这方面口头上讲得很多,……但实际上做得很少。企业里许多领导干部还有干部国家保障制度的余毒,还有所谓'供给制'观点。众所周知,战争年代和解放初期干部供给制在于,干部不必关心自己和自己家庭的保障,但对他们也没有物质刺激,刺激他们更好地工作。所以干部当中流传着一种说法:工作不工作,反正是二斤半小米。正是不少干部对事情的这种不正确态度造成了实行核算制的困难。一直到目前,……企业还是将全部利润交给国家,然后从国家银行那里领取必要的资金,其数量同企业利润无关。这样,对它们没有物质刺激,刺激它们多交利润。由于中国工业企业现在没有经济核算制度,……中共中央提出了厉行节约的口号和勤俭建国的方针"①。

从宏观经济方面来看,国家与企业的关系也始终难以处理好,这里包含着两种具体关系:一是政府与企业的关系,二是在经营管理国营企业方面的中央政府与地方政府的关系。1949—1978年间,国营经济始终划分为中央所属的国营企业和地方所属的国营企业。一般来说,地方国营企业是由地方政府投资经营,为当地经济服务,利润也归地方的企业。对于这两种关系,在1956年前后毛泽东等就发现其存在问题。1956年毛泽东写的《论十大关系》和1957年制订的有关工业、商业、财政三个改革方案,就试图通过下放权利、规范地方和企业行为来改善地方和企业权利过小的问题。但是从"一五"计划后期到改革开放以前,经过两轮的"放权"改革,都证明是不成功的。每次中央政府向地方政府下放权力和政府向企业下放权力,由于缺乏基本的监督和制约机制,都导致宏观经济平衡被打破,经济出现混乱。由于政府在经济发展中扮演了唯一的决策和实施人的角色,并对国营企业承担了全部的责任,由此导致了国有企业运行中的"投资饥渴"和"攀比"效应,结果导致资源约束型的经济波动。由于政府是工业化的唯一决策人和监督实施者,而信息不足和管理能力有限,则限制了政府决策的科学性和提高了监督实施的成本。在这种情况下,由于中国共产党未能突破单一公有制的框架,因

---

① 尤金关于中国经济状况与薄一波的会谈备忘录,1958年1月10日。俄国档案SD09843。

此只能在中央与地方、国家与企业之间的权、利分配上动脑筋，结果却陷入"一统就死，一死就叫，一叫就放，一放就乱，一乱又统"的怪圈。

1949—1978年，尽管政府的政治动员能力很强，各级干部非常清廉，并且从上到下都非常热衷于快速推进工业化；尽管国营企业的职工在中国共产党领导下努力工作，但是由于政治上的民主化、国民经济发展水平远跟不上国有经济扩张速度和范围，结果导致我们为工业化付出的代价过高。尽管在较短的时间里我国就基本上建立起相对独立完整的工业体系，保证了国家安全，并为1978年以后的快速发展奠定了基础和积蓄了能量，但是也付出了经济运行波动大、结构失衡和资源浪费严重的代价。

[原载《学术月刊》2006年第8期]

陈云对遏制投资饥渴的贡献

新中国经济发展的历程，从财政史的角度来看，经历了一个由建设型财政向公共型财政转变的过程。从1949年到1984年，即政府预算内基本建设投资全部实行"拨改贷"前，是实行以政府财政直接投资为主的建设型财政时期。从1985年实行"拨改贷"到2001年"贷改投"之前，是实行以"信贷为主"来支持国有企业生存和发展的时期，虽然这个时期仍然是建设型财政阶段，当时的国有商业银行即国家最终会为这些投资承担责任，但是无论是投资方式还是资金来源，都呈现出转轨的特征。1997年的亚洲金融危机，一方面向长期背负国有企业贷款沉重包袱的国有商业银行敲响了警钟，另一方面也促使政府下决心彻底改变国有企业整体亏损的局面。1998年开始的国有企业"三年扭亏"改革攻坚战，以及随后的国有商业银行股份制改革和对部分国有企业贷款改为政府投资，即"贷改投"和"债转股"，则标志着建设型财政开始向公共型财政的转变，而2001年提出的转变政府经济职能和2004年开始实施工业"反哺"农业，则说明财政转型已经成为共识。但是由于中国的工业化和城市化尚未完成，地区之间的经济发展不平衡状态没有得到根本改变，以及扩大就业和技术赶超的需要，这个转变将经历一个较长的时期。因此，2001年以后，虽然国家财政的重心向公共服务转变的同时，基本建设投资规模并没有缩小，但投资方向已经发生了变化，即由原来生产性投资为主向基础设施为主的转变，公路、铁路、市政建设、能源、"南水北调"、"西气东输"、"农村电网改造"等成为主体，转制后继续存在的大型国有企业,其投资则主要从资本市场直接和间接融资。这里只探讨在第一个时期,即 1949—1984 年这个典型的建设型财政阶段,陈云同志是怎样遏制政府投资饥渴症,力求实现财政平衡和改善积累与消费关系的。

一、社会主义计划经济下政府投资特点

(一)中央政府的强烈发展冲动

众所周知,20 世纪社会主义的诞生与资本主义的发展,并不是整个世界的社会形态的前后替代关系,换句话说,就是自从 1917 年俄国通过十月革命建立起世界上第一个社会主义国家,包括随后建立起来的社会主义国家,基本上都是建立在资本主义不发达、甚至工业化还没有完成的经济落后国家,与发达的资本主义世界相比,总体上还处于经济落后的状态。在社会主义阵营与资本主义阵营处于并行发展和相互竞争的状态,甚至社会主义阵营的安全也受到威胁的情况下,对大多数社会主义国家来说,其主要任务是尽快实现工业化。因此经济上实行"赶超战略"是社会主义国家的普遍现象,从而投资饥渴症也是社会主义国家的普遍现象。对于中国这个历史悠久、经济落后、人口众多的大国来说,更是如此。因为中国的国家统一和安全受到的威胁、因经济落后而遭受到的就业压力和人民解决温饱的基本要求比当时的苏联和大多数社会主义国家都严重。

此外,社会主义公有制和按劳分配这个基本制度决定了必须通过增加投资和扩大生产规模来保证充分就业。因为在劳动成为生存的手段的情况下,只有就业才能解决人民的生存问题,而要解决充分就业,就必须提供足够的就业岗位,因此就必须投资和扩大生产规模。当投资因资金短缺而不能够增加足够的就业岗位时,要消灭失业,就只能采取"隐性"的方法,即"两个人的饭三个人吃","低工资多就业",通过增加企业的冗员来减少城市失业问题。但是由于企事业单位冗员的增加是有限度的,因此,当国营企事业单位在有限吸纳冗员仍然不能解决城市就业问题时,传统农业土地公有和集体耕作的生产方式则成为吸纳剩余劳动力最有效的"蓄水池":一来,在落后的农业中,劳动的投入依然能够替代资本而发挥正效应即增加产出,哪怕这种投入已经超出了边际生产率而使劳动生产率下降;二来,农业和农村由于收入低,因此容纳剩余人口的费用也低,这也有利于资金积累;三是由于农业在中国属于落后和低产出的产业,虽然它是国民经济的基础,但是它的低效和落后还不足以决定和直接影响国家的工业和科技发展水平,因此两相比较,国家最终将吸纳社会剩余劳动力的任务交给了农村和农业,其表现就是不仅不让农村剩余人口流向城市和非农产业,反而让城市的剩余劳动力"逆向"流到农村和农业,这就是60年代和70年代轰轰烈烈的以知识青年上山下乡运动为主的人口流动。

(二)地方政府的竞争冲动

由于地理条件和历史原因,新中国的经济发展是建立在区域经济发展不平衡的基础之上的。加上中国是一个地域辽阔、人口众多的大国,就像陈云所说的"中国一个省的大小相当于外国一个国"[①]。这种区域之间经济发展的不平衡与统一的政治制度和自上而下的干部选拔和管理制度,导致地方政府之间在经济发展过程中存在着强烈的竞争意识,即各个地方的党政领导人有着强烈的加快地方经济发展的冲动,而且总是担心落在周边地区的后面。地方政府之间的这种相互竞争,如果从地方政府及其领导人的角度来看,实际上是理性的。首先,由于经济发展的不平衡,经济落后的地区希望尽快赶上去,以改变这种不利的地位,而发达地区则希望继续保持这种优势。因为即使从经济的角度来看,如果哪个地区经济发达和发展速度快,人才、资源就会流向哪里,那里的人民生活水平就会提高,机会就会多一些,社会矛盾相对会少一些。于是就会出现"马太效应",即发达地区越发达,落后地区越落后。其次,从地方政府官员来说,在工业化过程中,经济发展速度是最明显的干部绩效指标,最容易反映出干部的能力,是官员升降的重要依据,即使在1978年以前的政治挂帅年代,一个地区经济形势的好坏仍然是衡量干部最重要的指

---

① 《陈云文集》第3卷,中央文献出版社2005年版,第146页。

标之一。这种被经济学界描述为地方政府的"竞争锦标赛"的现象,实际上从新中国成立初期就表现出来了。地方政府的这种发展经济的强烈冲动,也是新中国成立以来中国经济快速发展的重要动力之一,是一个积极的因素。

(三)工业部门的发展冲动

我们知道,在1985年国营企业的投资实行"拨改贷"之前,国有企业的存在和发展不仅没有来自外部市场竞争的约束和破产的压力,而且国企资本和新增投资也是来自国家的财政拨款,并且这种投资也是一种"预算软约束",即由于最后形成的资本是国家所有,国家不可能眼看着企业经营不下去或某项基本建设因后续投资不足而不能形成生产能力就半途而废,导致政府的投资预算实际上是一种软性的。因此每个国营企业都会具有强烈的扩张冲动,因为这种扩张一是可以扩大企业的规模或提高其技术和装备水平,二是可以增加企业的流动资金或原材料储备,方便生产和减轻管理难度,从而使得企业更容易获得绩效,进而提升了企业的地位和企业领导的地位,增加了干部的升迁机会。这个原理也同样适用于国有的各个行业和部门。这种来自"条条"和企业的强烈发展冲动都会通过制订本行业、本部门、本企业的发展计划,尤其是争取国家投资表现出来。

因此,当1953年国民经济恢复、朝鲜战争结束和国家转入大规模经济建设以后,国家财政的主要支出就转入了经济建设方面,从而形成了建设型财政。这个建设型财政一直延续到今天,即使我国从2002年起就提出转变政府经济职能,但由于工业化和城市化没有完成,也由于内需不足和基础设施薄弱,我国财政转型的任务仍然没有完成。

二、陈云在遏制投资饥渴方面的思想和实践

我国作为一个经济落后、人口众多的大国,出于国家安全战略的考虑和体现社会主义优越性的需要,采取了加快经济发展的"赶超战略",建立了以公有制为主体的所有制结构和以经济建设为主要任务的建设型

财政体制，从而使我国的经济运行表现出供给约束型的波动。在1992年党的十四大确定了社会主义市场经济体制改革目标以前的43年里，我国共发生了六次经济波动，即1953—1954年、1956—1957年、1958—1962年、1970—1971年、1977—1981年、1987—1991年。这六次经济波动，都是因为国家投资规模过大，即投资需求超过了供给能力而导致的，即通常所说的"供给约束型"波动。陈云作为党和国家的领导人，在其退休之前，经历了这六次波动，除了"文革"期间的那次波动外，在应对其余五次波动上，陈云作出了突出的贡献。他不仅对波动的原因有深刻的认识，而且提出了非常有效的应对措施。

（一）从制订计划入手来遏制投资饥渴

陈云在主持制订国民经济发展第一个五年计划时就主张计划要留有余地，要注意财政平衡、信贷平衡、物资平衡和外汇平衡。在"一五"计划的实施过程中，由于急于求成和缺乏经验，曾经出现两次小的"冒进"，即陈云在1956年11月所说的"经济建设，一九五三年是小冒，今年又是小冒，比一九五三年冒的还大一点，暴露的问题也就更明显一些"①。因此他在关于制订1957年的年度计划时就指出："我国的建设规模究竟应该多大，是个根本性的问题。前三年的建设基本上按计划进行，今年规模大了。国家建设和人民生活的矛盾要很好解决，现在国内市场很紧张，人人都有意见。今后搞建设，粮食、肉、植物油等吃的东西必须得到保证。"②陈云还认为："看清楚商品供应紧张的原因很重要。这样就不会只在内部吵架，而不从整个财经工作中找原因。只在内部吵架，打破头也解决不了问题。"③这里所说的商品供应紧张，实际上就是传统社会主义经济中的"短缺"。陈云从整个经济体制和建设方针上寻找原因，从制订计划时就做到"四大平衡"，来保证经济建设规模不超过国情并与之相适应。

当中国因为"大跃进"而使国民经济遭遇严重困难，即在1962年中

---

① 《陈云文选》第3卷，人民出版社1995年版，第28页。
② 中共中央文献研究室编：《陈云年谱》中卷，中央文献出版社2000年版，第338页。
③ 《陈云文选》第3卷，人民出版社1995年版，第29页。

国结束第二个五年计划、准备制订第三个五年计划时，陈云提出："把十年规划明确地分为两个阶段，并且确定前一阶段是恢复阶段，对我们妥善部署财经各部门的工作有好处。如果不是这样，笼统地要大家执行十年规划，又想发展，又要下马，又想扩大规模，又要'精兵简政'，就会彼此矛盾，举棋不定。而分成两个阶段，基本建设和若干重工业生产的指标先下后上，任务就比较明确。"① 在谈到调整1962年的年度计划时，陈云又提出："现在调整计划，实质上是要把工业生产和基本建设的发展放慢一点，以便把重点放在农业和市场上。材料的分配，要先满足恢复农业生产的需要。"②

（二）从宏观经济运行管理方面遏制投资饥渴

早在1955年3月，陈云在中国共产党全国代表会议上作关于"一五"计划的报告时指出："按照我国的需要来说，无论是重工业、轻工业，无论是钢铁、有色金属、化学肥料、石油、机械、纱布、食糖，五年计划规定的产量和品种，都不能满足国家的需要。但是，建设规模能否扩大，不单要根据需要，还必须根据是否可能。这就是说，必须根据国家是否有足够的财力和技术力量，能否供应设备。"③ 1956年11月，陈云根据几年来的经验再次提出："经济建设和人民生活必须兼顾，必须平衡。看来，在相当长的一段时间内，这种平衡大体上是个比较紧张的平衡。建设也宽裕，民生也宽裕，我看比较困难。我们的耕地只有这么些，但人口多，吃的、穿的都靠它。如果不搞建设，失业半失业照旧，社会购买力很低，商品供应当然一时可以不紧张，但不搞建设更不行。搞建设，增加就业，一部分农村人口转入城市，就要多吃、多穿、多用，社会购买力就要提高，商品供应就会紧张。但是，绝不能紧张到使平衡破裂，而应是紧张的平衡。所谓紧张的平衡，就是常常有些东西不够。"④

1957年1月，陈云系统地总结了新中国成立以来有关综合平衡的

---

① 《陈云文选》第3卷，人民出版社1995年版，第200页。
② 《陈云文选》第3卷，人民出版社1995年版，第209页。
③ 《陈云文集》第2卷，中央文献出版社2005年版，第602页。
④ 《陈云文选》第3卷，人民出版社1995年版，第29页。

经验教训，提出"建设规模的大小必须和国家的财力、物力相适应"的平衡发展理论。陈云还结合当时的实际情况，提出了五条防止建设规模超过国力的制约方法：（1）财政和信贷都必须平衡，而且应略有节余；（2）物资要合理分配，排队使用；（3）人民购买力的提高必须同消费品的可供量相适应；（4）基建规模与财力物力之间的平衡，不单要看当年，而且必须瞻前顾后；（5）重视农业对经济建设规模的约束力。

为了在宏观经济管理方面控制住投资饥渴以减少经济波动，陈云甚至提出"保守"要比"冒进"危害小的观点："建设的规模超过国家财力物力的可能，就是冒了，就会出现经济混乱；两者合适，经济就稳定。当然，如果保守了，妨碍了建设应有的速度也不好。但是，纠正保守比纠正冒进要容易些。因为物资多了，增加建设是比较容易的；而财力物力不够，把建设规模搞大了，要压缩下来就不那么容易，还会造成严重浪费。"[①] 据薄一波回忆，在 1956 年 11 月 9 日召开的国务院常务会议上，陈云针对 1956 年的"冒进"提出："宁愿慢一点，慢个一年两年，到三个五年计划，每个五年计划慢一年。稳当一点，就是说'右倾'一点。'右倾'一点比'左倾'一点好。"[②]

改革开放后乃至整个 20 世纪 80 年代，在放权让利和发挥市场调节作用的前提下，针对各个地区、各个行业、各个国营企业竞相发展的扩张冲动，陈云认为除了要坚持发挥市场调节的作用外，还特别强调要发挥计划管理的作用，并形成了著名的"鸟笼经济"思想。这与当时的国有企业和地方政府基本上还是按照原来的"投资饥渴"、"预算软约束"、企业吃国家"大锅饭"的环境分不开的。陈云在 1978 年 12 月中央工作会议上针对生产和基本建设材料供给问题时就说："各方面都要上，样样有缺口，表面上好看，挤来挤去，胖子挤成了瘦子，实际上挤了农业、轻工业和城市建设。"[③]1979 年 3 月，陈云又说："现在比例失调的情况相当严重。基本建设项目大的一千七百多个，小的几万个，赶快下决心，

---

① 《陈云文选》第 3 卷，人民出版社 1995 年版，第 52 页。
② 薄一波：《若干重大决策与事件的回顾》上卷，人民出版社 1997 年版，第 574 页。
③ 《陈云文选》第 3 卷，人民出版社 1995 年版，第 237 页。

搞不了的，丢掉一批就是了。"①这里所说的项目都是国家投资项目，显然，没有中央的计划和综合平衡，在当时"放权让利"的条件下，必然会出现各企业和地方政府过度竞争、重复建设、"钓鱼工程"和浪费现象。因此，1982年1月25日，陈云在同国家计委负责同志谈话时就说："计委的工作难做呀！去年十二月我讲了那四点，主要强调计划经济，不强调不行。"②

（三）从财政预算和基本建设管理等具体工作中去遏制投资饥渴

早在"一五"计划时期，陈云就发现在基本建设中存在着"宽打窄用"的现象，并对这种现象进行了严厉的批评。陈云指出："有一种错误的想法叫做'宽打窄用'。这就是，不论是建设投资或者军政开支，都是多要多领，建设工程的备料超过需要，成本计划偏于保守，造房子的预算超过实际造价。这是目前普遍存在的现象。猛一看，'宽打窄用'并不坏，似乎宽打的目的是为了稳当，免得因为预算不足而影响工作。但是，实际结果是相反的，凡属宽打就决不会窄用。一切允许宽打的地方必然是助长浪费的地方。因为既然允许宽打，领的经费材料很宽裕，那末，谁再用力量去研究节约？因此，宽打的结果只能是宽用，我们要实行节约，就决不能宽打，必须预算确实。"③陈云还发现："愈是重要建设项目，浪费的可能愈大。因为进行这些工程，常常是全国支援和不惜工本的，人们注意的是希望它建成，常常忽视和原谅它的浪费。"这些认识都是相当深刻的。为了节约资金，反对浪费，陈云提出必须加强财政监督："目前，不但要加强国家预算执行的监督，而且要加强国家企业财务的监督。财政监督首先是财政部门的工作，但同时必须是一切国家部门的工作，只有一切国家部门共同进行工作，真正的财政监督才能实现。"④

---

① 《陈云文选》第3卷，人民出版社1995年版，第253页。
② 《陈云文选》第3卷，人民出版社1995年版，第311页。
③ 《陈云文集》第2卷，中央文献出版社2005年版，第630页。
④ 《陈云文集》第2卷，中央文献出版社2005年版，第632页。

在实施第一个五年计划期间，陈云就发现了社会主义经济管理中微观经济层次中存在的效率损失问题。1956年7月，陈云指出："有的同志说，资本主义生产处于无政府状态，大范围不合理，但小范围合理，我们现在是大范围合理，小范围不合理。这句话，我觉得有点道理。"①

因此，陈云不仅在宏观上注意把握计划平衡，而且细致入微地从项目上具体地控制地方和部门的"扩张冲动"和"投资饥渴"。在编制"一五"计划草案时，各部门和地方为了加快自己的发展，都想多上项目，少交利税，使得投资越算越多，而财政收入越算越少，结果国家整个投资规模就会超出实际积累能力。因此陈云多次强调要实事求是地安排项目和预算。1954年2月20日，他在主持中央编制五年计划纲要八人小组会议上就说：现在的问题是，财政收入越算越少，而投资越算越多，因此要确实计算每个项目的单价。各部门不要故意把次要项目算进去，而把主要项目有意漏掉。如果财源真的不够，就要考虑哪些项目缩小，哪些项目延期。5月3日，陈云在主持编制五年计划纲要草案工作小组第二次会议上又指出："中国还很穷，计划搞到现在这样的建设规模已经不得了了，不可能再增加建设投资。我们要避免冒险主义，当然，也要防止有钱不用的保守主义。"②

1979年3月，在讨论当年的钢产量时，陈云指出："钢太突出，就挤了别的工业，挤了别的事业。冶金部提出的引进设想，我都看了。他们是好心，想要多搞，可以理解。共产党员谁不想多搞点钢？过去似乎我是专门主张少搞钢的，而且似乎愈少愈好。哪有这样的事！我是共产党员，也希望多搞一点钢。问题是搞得到搞不到。……你一家把投资占了，别人怎么办？冶金部提出不拖别人的后腿，实际上不可能。"③

关于如何控制基本建设规模的具体办法，陈云在同年9月提出："既然基本建设投资决定于当年的财政拨款有多少，明年基本建设规模就应该按照财政拨款多少来安排，超过这个限度就会有赤字，就要多发票子。这条路我们不应该走，也不可能年年走。如果大家认为这样看是对的，

---

① 《陈云文选》第2卷，人民出版社1995年版，第333页。
② 中共中央文献研究室编：《陈云年谱》中卷，中央文献出版社2000年版，第208页。
③ 《陈云文选》第3卷，人民出版社1995年版，第251—252页。

那么，基建的项目，应该由计委这样的权威机构来确定。哪个项目该上就必须上，哪个项目没有财力上就必须下。要核定该上该下的项目，不能推平头，不能来一个大家打七折，因为其结果将不能改变基建战线太长的现状。"①

三、陈云遏制投资饥渴思想给我们的启示

陈云对工业化初期和计划经济体制下因实施"赶超战略"而出现的从上到下的投资饥渴症的深刻洞察以及所采取的治理措施，充分体现了"不唯上，不唯书，只唯实"的实事求是的思想和"交换、比较、反复"的严谨细致的工作方法。时至今日，虽然我们已经远离了计划经济，工业化也进入了中后期发展阶段，财政体制也正在从生产建设型为主向公共服务型为主转变，虽然政府的生产性投资饥渴症已经不复存在，但是城市化的加速和地区之间经济发展的不平衡，使得政府对基础设施投资的饥渴症依然存在。陈云在遏制投资饥渴方面的思想对我们仍然有重要的启示和借鉴意义，值得我们好好学习和运用。

陈云在遏制经济建设中政府投资饥渴和基本建设过度膨胀问题上的基本经验可概括为：见事早，决心大，措施对。

第一，见事早。所谓"见事早"，是指陈云不仅对建设型财政时期的经济建设规律的认识早，而且对每次因投资过度膨胀而引发的经济失衡和供给约束也认识早。从认识论的角度来看，陈云由于很好地掌握了唯物论和辩证法，因此能在没有经验的条件下，在新中国成立后短短的六七年里就对中国社会主义的经济发展规律和特点有了深入的认识。他对工业化初期和赶超战略下的经济运行的紧张平衡特点、对计划经济体制下的"预算软约束"、企业自主权过小以及普遍存在的投资饥渴发现最早，是国内和党内最早认识社会主义计划经济时期始终存在"供给约束"的领导人和专家。也是他最早提出要实现"紧张的平衡"，保证经济平稳运行关键是有效地抑制投资饥渴。陈云无论是对投资饥渴的根源认识，

---

① 《陈云文选》第3卷，人民出版社1995年版，第265—266页。

还是他主持制定的遏制投资饥渴的政策措施，都具有前瞻性和针对性。这与他长期坚持学习马克思主义哲学分不开，是他运用唯物论和辩证法来认识问题的成果。

对于每次因投资过度膨胀而引发经济失衡，陈云的见事早在党内也是人所共知的。无论是在"一五"计划时期对两次小"冒进"的认识，还是"大跃进"和国民经济调整时期对经济失衡的判断，以及1979年和1988年两次国民经济因经济"过热"而不得不进行调整，陈云都是最先提出正确判断的。

第二，决心大。所谓"决心大"，是指陈云一旦发现经济因投资超过经济承受能力而使得紧张的平衡被打破时，只要条件允许，给他权力，就会不顾个人的得失和可能的误解，进行坚决调整。这可以从1957年的调整、1962年的调整、1979年的调整、1988年的调整充分体现出来。1980年贯彻调整方针时他就说："我脑子里有一条，基本建设要搞'铁公鸡'，一毛不拔。有人说，这会耽误了时间。从鸦片战争以来耽误了多少时间，现在耽误三年时间有什么了不得？就是要一毛不拔，就是要置之死地而后生。历史上有人讲我是右倾机会主义，我就再机会主义一次。我的方案比这还坏，坏到什么都不搞。要上，讲理由，也有的是。三年不搞，一毛不拔，还是中华人民共和国，了不起推迟三年。"[①] 当然，这只是陈云极而言之，并不是真要三年什么都不搞，只是反映了在当时他坚决压缩基本建设战线、解决经济失衡问题的决心。

第三，措施对。所谓"措施对"，是指陈云不仅认识到问题的根本和症结所在，而且能够对症下药，提出切实可行的解决办法。这是陈云一贯的工作作风，也是他始终强调的"工作要抓实"的体现。例如，陈云在主持编制和实施第一个五年计划时，针对如何贯彻"按比例"发展和确定发展速度的难题，就从实践中总结出来一套办法，即观察比例和速度是否合适，投资规模是否与国情相适应，只要看财政、信贷、物资、外汇四大指标是否平衡，平衡了就大体是合适的，就是按比例的。又如1958年陈云通过认真细致的计算原料、设备、运输等，综合判断我国的

---

① 《陈云文集》第2卷，中央文献出版社2005年版，第471页。

钢铁生产能力，认为钢产量达不到1070万吨的指标。1962年提出的坚决压缩基本建设战线和城市人口，以及缓解供给、回笼货币的办法，都反映出他不仅见事早、决心大，而且有办法，解决实际问题的能力强。1979年和1988年的两次调整，他虽然年事已高，仍然殚精竭虑，提出了切实可行的措施。正如曾经长期在陈云领导下工作的原轻工业部部长杨波所说："他善于抓大事，抓关键问题，而且抓住不放，一抓到底，抓一件成一件，件件有着落，件件有成效。"[①]

新中国的前40年，陈云在经济建设中对于遏制投资饥渴、保证综合平衡的理论和方法，可能由于时过境迁，有些已经不适用了，但是其中所体现的世界观和方法论，所体现的观察问题、认识问题、解决问题的智慧，则是一笔宝贵的财富，具有普遍指导意义，值得我们好好学习。

[原载《武陵学刊》2010年第4期]

---

① 《杨波经济文集》下卷，中央文献出版社2000年版，第528页。

论国民经济恢复时期的宏观计划管理

从新中国成立到 1952 年，是我国国民经济恢复时期，也是新中国经济体制的初创时期。在 3 年多时间里，人民政府通过没收官僚资本、土地改革、统一财经、外贸管制、调整工商业等一系列改革运动和措施，从根本上改变了旧中国半殖民地半封建社会的经济形态，建立了与当时社会生产力水平相适应的新民主主义经济体制，这就是在国营经济领导下多种经济成分并存的所有制结构和在保留市场机制基础上建立并加强计划管理的运行机制。

今天的经济改革，与 40 年前的国民经济恢复时期相比，虽然改革的基础、条件、内容、目标都有所不同，但是从所有制结构和经济运行机制方面来看，今天的改革的方向仍然是建立公有制为主体的多种经济成分并存的所有制结构和计划经济与市场调节相结合的运行机制，从这个意义上说，回顾和研究新中国成立初期计划经济与市场调节的关系，总结历史经验，是有益于当前经济体制改革的。

一、新民主主义经济是有计划的经济

新民主主义理论是中国共产党把马克思主义与中国国情相结合的产物。由于新民主主义经济的所有制结构是国营经济领导下的多种经济成分并存，其中社会主义性质的国营经济起着主导和决定作用，这使新民主主义经济既不同于资本主义国家的私有制经济，也不同于当时苏联的单一公有制的社会主义经济。因此，它在经济运行机制方面，就既不可能像资本主义国家那样实行完全的市场调节，也不可能像苏联那样实行自上而下的全面计划管理。它需要一个适合中国国情和新民主主义所有制结构的经济管理体制。

解放战争后期，随着建国问题提上议事日程，系统地研究新民主主义经济体制开始成为党在理论方面的重要任务。1948年9月，中共中央东北局在《关于东北经济构成及经济建设基本方针的提纲》中提出："无产阶级有可能把整个社会和国家的经济加以组织，使它成为有计划的经济，避免资本主义经济的无政府状态和恐慌。"[①] 这个提纲得到了中共中央的肯定。在此期间，刘少奇同志也认为，新民主主义经济应该是有组织有计划的经济。[②] 1949年9月通过的"共同纲领"和1950年2月6日的《人民日报》社论《要学会管理企业》，都强调了新民主主义经济的计划性。可以看出，在建国之时，中国共产党就从理论上基本解决了与新民主主义所有制结构相适应的经济管理体制的大致轮廓。

（一）计划管理机构的建立

建立计划管理机构，是实行计划经济的前提。1948年底，东北全境解放，首先进入经济恢复时期。为了对东北地区的经济恢复发展实行计划管理，东北人民政府于1949年1月成立了东北经济计划委员会及下属机构。中央人民政府成立后，在当时主管全国经济工作的中央财经委员会中设立了计划局，并在地方财委中设立了相应的机构，华北地区还要求各省市财委主任、副主任之中，应有一人经常领导计划工作。与此同时，在中央财经各部中，也成立了负责计划工作的司局、处，确定了职责。如中央贸易部不仅制定了《国营贸易计划工作暂行办法（草案）》，还制定了《各司处在编订检查与总结贸易计划工作上的关系》。又如贸易部下属的中国粮食公司在成立之初就设立了计划处，处下设计划科、统计科、调查研究科、成本核算科，并对各科的职责及与有关部门的关系

---

① 《中共党史教学参考资料》第18册，第541页。

② 参见刘少奇：《实现国民经济的组织性和计划性》，1948年。载《刘少奇论合作经济》，中国财政经济出版社1987年版。

作了明确的规定。1952年，随着国民经济恢复任务基本完成，国家即将转入大规模经济建设，中央开始着手筹建国家计划委员会。11月15日，国家计委正式成立。国家计委直属中央人民政府，内设16个计划局[①]，一个私营企业计划处和一个统计局。从此，计划管理机构从财经委员会中独立出来，计划管理也进入一个新阶段。

（二）计划工作的基本任务和方针

计划管理应包括哪些内容？恢复时期如何实施计划管理？这是计划工作必须明确的基本问题。新中国成立以后，经过两年多的摸索，中财委于1951年11月提出计划工作有以下四项基本任务：（1）在新民主主义经济的轨道上，根据中央的方针与政策，向着新中国的工业化道路前进；（2）调整各种不同的社会经济成分，统筹兼顾，并以国营经济为骨干，领导向健康的计划经济前进；（3）实现国民经济各部门的总的平衡，用各种办法如调度、掌握价格、增产、增加基本建设、国家储备等，来弥补失调的可能性；（4）合理使用劳动力，改进管理，提高经济效益。关于计划工作的方针，则为"区别不同的经济成分，区别各个不同地区，区别主要部门与次要部门，区别主要产品与次要产品，抓紧重点、分别缓急、进行计划"[②]。

（三）计划编制程序的形成

如何编制国民经济计划和各部门的经济计划，是实施计划管理要解决的第三个问题。最早规定计划编制程序的是东北解放区。1949年，东北计委会在试编当年国民经济计划时就采用了自上而下布置，然后自下而上编制草案，最后自上而下批准的程序。在中央各部门中，较早制订计划编制程序的有铁道部、重工业部、贸易部等。这几个部在1950年

[①] 即重工业计划局、燃料工业计划局、第一机械工业计划局、第二机械工业计划局、轻工业计划局、地方工业计划局、农林水利计划局、合作贸易计划局、交通运输计划局、财政金融计划局、成本物价计划局、文化教育计划局、劳动工资计划局、城市建设计划局、军事供应计划局、综合计划局。

[②] 《中共中央转发中财委计划工作会议的报告》，1952年3月7日。

提出的计划编制程序基本上分为三个步骤：（1）自上而下地布置编制计划的方针与任务；（2）自下而上地逐级编制并上报计划草案；（3）自上而下地批准并下达计划。1951年1月，政务院颁发了编制计划办法及有关表格，重申了上述编制程序，并提出了编制工业生产计划、交通运输计划、基本建设计划、劳动计划、物资供应计划的具体方法。1952年1月，中财委颁布《国民经济计划编制暂行办法》，重申上述的编制程序适用于编制全国的国民经济计划。关于编制年度计划的时间，中财委在《关于编制一九五三年全国人民经济建设计划程序的规定》（1952年9月11日颁布）中规定：9月份中财委下达控制数字，10月、11月企业、公司、管理局编制正式计划草案，12月份由大区和中央各部审核并汇总；明年1月份中财委审核汇总；2月份送政务院批准；在政务院批准前，各企业部门可根据所编年度计划中第一季度的指标执行。

（四）计划管理基本情况

国民经济恢复时期，是计划管理体制的初创阶段，计划管理也是从无到有、逐渐摸索和推广的。这个时期，计划管理主要体现在两方面，即国家对国民经济的宏观计划管理和对国营企业、公私合营企业及供销合作社实施的初步的、不完全的微观计划管理。由于客观经济对上述两个层次的计划管理要求不同，所提供的条件也不同，因此计划管理主要侧重于对国民经济的宏观计划管理这个层次，并获得明显成效。国家通过统一财经、整顿金融、管制外贸、调整工商业等一系列重大经济措施，基本上实现了财政收支平衡、金融信贷平衡、外贸进出口平衡和重要产品的供求平衡，使国民经济结束了混乱无序状态，首次纳入国家的宏观计划控制之下，保证和促进了国民经济的迅速恢复。在对国营企业、公私合营企业和供销合作社的经营试行计划管理方面，由于企业解放时间先后不一，计划管理基础参差不齐，市场因素影响较大。尽管计划管理只是初步地在部分企业和部门推行，如基本建设投资、部分商业和外贸企业、中央管理的大型企业等，但效果并不理想，普遍地反映计划管理问题很多，如计划不周，计划赶不上变化等。

二、计划经济的重心是对国民经济实施宏观计划管理

新中国成立之初,对党和国家的领导人来说,计划经济尚是一个陌生的东西,仅有的一点知识也主要是来自苏联,而苏联那种以单一公有制为基础的产品计划经济体制显然不符合当时我国的国情。因此可以说,如何对新民主主义经济实施计划管理,当时党和国家领导人尚缺乏成熟完整的设想,他们在主观上并未认识到计划经济的重心应该放在国民经济的宏观管理上,是当时的时势和国情要求和推动他们这样做的,他们在实践中认识到了宏观计划管理的重要性并学会了如何实施有效的计划管理。

(一)统一财政收支,实现财政平衡

新中国成立以前,在财政方面各解放区基本上是分散经营、各管收支。新中国成立以后,由于解放战争正在进行,在财政方面仍没有马上实施集中统一的管理,当时主要财政支出,如军事费用、经济建设投资、救济费用等完全由中央负担,而国家主要收入公粮、税收等却仍留在省、市、县政府手中,各地支出不足,又伸手向中央要求补助,而中央入不敷出时,只好靠超发货币来弥补,这种情况随着解放战争已基本胜利、国家将由战时经济转入和平建设后,是非常不利于稳定物价和经济恢复工作的。

1950年3月,政务院发出《关于统一国家财政经济工作的决定》,开始统一全国财政收支。这次工作的重点是统一财政收入。根据规定,国家的主要收入中,公粮,除5%—15%地方附加外,均须按中央规定的税则、税率计征后,交中央公粮库,税收除批准征收的地方税外,所有关税、盐税、货物税、工商税的一切收入,均每日结算解缴中央金库;国营企业均需按时纳税,并将利润及折旧金的一部分,按企业隶属关系如期分别交中央或地方金库。以上收入,没有中央财政部正式支拨命令,不得动支。所有仓库物资,集中清理后,均由中财委统一调度,合理使用。

在支出方面,统一全国编制和供给标准,改变机构庞大、人浮于事及自行增添人员现象,各项支出必须编制预算,经批准方能支拨。统一

财政收支管理后,全国除公粮附加、市政建设附加收入及小学、县简易师范经费支出外,其他收支都由中央统一管理,由中央按照预算支配。由于建立了全国税收日报制度,中央财政部隔日即可得到关税、盐税和56个较大城市税收(占城市税收的75%)数额的报告,隔旬即可得到全国所有小城市、乡村及较小关卡、盐场的收入报告,在征收公粮的季节,每旬亦可得到全国征收与入库的报告。

由于统一了财政收支管理,使中央得以实现集中有限财力办大事、逐步实现财政收支平衡的计划目标和贯彻"边打、边稳、边建"的经济工作方针。1950年概算执行的结果出现了财政收支接近平衡的局面,当年总收入为65.19亿元,总支出为68.08亿元,收支相抵,赤字为2.89亿元,占总支出的4%,从1950年第二季度开始,国家就不再需要发行货币来弥补赤字了。1951年和1952年的财政收支达到平衡,并略有结余,1951年结余10.6亿元,1952年结余了7.7亿元。

(二)加强金融管理,控制信贷规模

在国民经济恢复时期,鉴于金融业在国民经济中的重要地位,国家始终注意对它实行严格管理。《共同纲领》曾规定:"金融事业应受到国家严格管理。""依法营业的私人金融事业,应受国家的监督和指导。"①

对于从旧中国过来的私营金融业,国家针对他们依靠投机而形成的畸形状态,在1950年3月统一财经前,主要通过行政管理手段,根据金融法规,淘汰了一批资力小、信用差的行庄,使私营行庄机构由1032个减为833个。统一财经后,物价稳定,利率下降,私营行庄又由833个减为387个,力量大为削弱。以后,国家通过组织私营行庄联营联放和实行公私合营的办法,逐步加强了对私营金融业的改造。1952年"五反"以后,私营行庄生存困难,迫切要求合并。在这种情况下,国家对私营金融业实行了全行业的改造。

到1952年底,经过全行业的公私合营、合并改造,资本家交出"经营""财务""用人"三权,实行由国家统一管理,国家则接管了拥有300

---

① 《中共党史教学参考资料》第19册,第77页。

多个机构、1万余名人员、1亿存款、5000万放款、1600万投资的行庄机构。私营行庄已不复存在，金融业完全控制在国家手中，实行集中管理。

  新中国成立之初，由于战争尚未结束，开支浩大，中央政府不得不靠超发货币来维持开支，而由于通货膨胀和缺乏对现金收支的统一管理，使国家银行的现金支出远远大于现金收入，这不仅不利于货币回笼，也造成国家有限的现金分散在各国营企事业单位手中，不能集中有效地发挥作用。为了解决这个问题，1950年3月3日，政务院颁发《关于统一国家财政经济工作的决定》，指定中国人民银行为国家现金调度的总机构，一切军政机关和国营企业的现金，除留若干近期使用外，一律存入国家银行，不得对私人放款，不得存入私营行庄，确定中国人民银行增设分支机构代理国库，外汇牌价和外汇调度由中国人民银行统一管理。4月7日，政务院又颁布《关于实行国家机关现金管理的决定》，规定各公营企业、机关、合作社之间的交易往来和货币收付，除小额零星者外，一律不用现金，须用转账支票通过中国人民银行进行结算。同时，中国人民银行又实行了全国统一的会计制度，在各城市推行转账结算，以节约现金使用，便利各单位之间的划拨清算。此外，国家还通过建立金库、国家银行努力吸收存款等措施，来实现全国现金收支的平衡，到1950年5月，全国现金收支就实现了平衡。

  国家对金融的宏观计划管理，还体现在对信贷规模的直接控制上。在恢复时期的三年里，国家根据整个经济形势，指导银行开展了两次紧缩银根、两次扩大信用行动。第一次紧缩银根是新中国成立之初。1949年11月，为了打击投机、平抑市场物价，中国人民银行根据中财委的决定，在11月20日至12月5日内，除特许者外，在此期间暂停一切贷款，并收回到期贷款，以抽紧银根，协助国家打击市场投机的行动。1950年3月以后，由于市场趋于稳定和实行了财经统一，私营工商业出现了暂时呆滞的现象。为了帮助私营工商业解决困难，国家银行根据中财委的指示不仅自己扩大放款，而且还组织私营行庄联放并为其提供便利。1950年11月，由于朝鲜战争爆发，刚稳定下来的金融物价又开始新的波动，在这种情况下，国家银行根据中财委的指示，停止了对贸易部的贷款，并停止对工商业的贷款，同时收回到期的贷款，并要求私营行庄紧缩对私营工商业的贷款。1950年11月，全国银行对私营工商业的贷款比同年10月减少了56%。直到1951年1月物价回落，金融形势好转后，银行才开始松动贷款，扩大私人业务。1952年5月，针对"三反""五反"运动后市场呆滞、私营工商业经营困难的情况，国家银行根据中央的指示，再次决定扩大信用，降低利率，以活跃市场，在扩大对国营企业和供销合作社贷款的同时，还扩大了对私营工商业的贷款。

（三）控制重要产品，稳定市场供应

新中国成立之初，由于长期通货膨胀的影响，经济残破，城乡交流受阻，使许多产品不仅严重短缺，而且市场机制不健全，不但不能起调节作用，反而助长了商业投机，造成价格扭曲。在这种情况下，国家对一些关系到国计民生的重要产品，不得不实施直接的宏观计划管理。

为了实施宏观计划管理，国家必须拥有相应的组织和经济力量。1950年3月，政务院先后发布《关于统一国家财政经济工作的决定》和《关于统一全国国营贸易实施办法的决定》，建立起高度集中统一的国营商业管理体制。其主要内容是：（1）明确中央贸易部是全国的国营、合作社、私营贸易的国家总领导机关；（2）建立全国性的专业公司，实行统一经营；（3）建立贸易金库制度，实行资金大回笼；（4）建立商业调拨制度，实行物资大调拨。

国家对重要产品的控制主要表现在两个方面：一是保障重要产品供求关系基本平衡，二是实行国营公司牌价制度，使重要产品的价格保持在合理的水平上。在重要产品的供求关系方面，新中国成立之初，主要是保障人民日常生活必需品的供求平衡，如粮食、棉花、布匹、食盐、食油、煤油等。例如1950年春、夏，为了保证粮食供应，国家进行了空前的粮食大调运，共调运粮食60多亿斤，保证了全国各大城市、经济作物区和灾区的粮食供应。又如1950年棉花供应不足，为了解决这个问题，国家进口了大量棉花。由于我国工业落后，当全国解放后，人民的穿衣要求日益突出，而全国棉纺业的生产能力一时满足不了这种要求，因此，棉纱就成为一个关系到国计民生的短缺产品，它自然也成为市场上被用作投机的重要物资。为了保障棉纱的产销关系正常化、合理化，1951年1月，中财委

发布了《关于统购棉纱的决定》，规定公私纱厂自纺部分的棉纱及自织的棉布以及现存的棉纱、棉布，均停止在市场上自行出售，由国营花纱布公司统购。在牌价制度方面，国家将重要产品的国营公司牌价制定权及调整权集中到中央贸易部，规定凡带有全国性的有关国计民生的重要商品的牌价，均由该部制定，如粮食、棉花、煤炭、布匹、盐、食油、煤油以及部分工业器材等，使中央能掌握和控制这类商品的供求关系。

（四）统制对外贸易，实现进出口平衡

对外贸易实行管制，是中共中央在七届二中全会就已确定的基本政策，第一次人民政治协商会议也将其列入《共同纲领》。新中国成立以后，国家在对外贸易上实行了进出口许可证制和结汇制，使对外贸易和外汇收支完全置于中央政府的控制之下。

在对外贸易管理方面，由于以美国为首的西方国家对我实行封锁禁运，使我国与苏联及其他新民主主义国家的协定贸易所占比重迅速上升，1952年，在整个外贸总额中所占比重已达78.9%，而协定贸易是由中央贸易部直接掌握的，从而使中央政府的计划管理得到加强。此外，国家还对重要的出口物资实行统销，如猪鬃、大豆、钨锑锡矿砂等。

在外汇管理方面，一方面国家规定国营企事业单位申请外汇须经中财委审核，同时外汇牌价和外汇调度由中国人民银行统一管理，地方外贸局的批汇额均由中央贸易部制定下达。

由于国家对外贸实行了管制政策，使我国的对外贸易在1950年就达到收支平衡，改变了旧中国早已存在的贸易入超局面。1951年，由于美国对我国的经济封锁和西方货币不断贬值，我国为了抢购物资和减少外汇积存，有意扩大进口，使外贸再次出现逆差，但是这种逆差不但与过去根本不同，而且充分体现了国家的宏观计划管理。

三、调控市场是实施计划管理的重要手段

在国民经济恢复时期，对于城乡广大的个体和私营经济如何实施计划管理，是当时政府面临的一个重要问题。当时国家不可能也没有必要

对数量庞大的个体和私营经济实施直接计划管理,因此,国家通过调控市场来引导他们执行国家计划这种间接计划管理方式就势在必行了。受当时的经济情况、社会环境以及党和国家认识水平等多种因素的影响,国家对产品市场、资金市场、劳动力市场的调控手段、目标、结果都有所不同,这里只论述国家对产品市场的调控。

面对产品市场上集中表现出来的供求关系扭曲、商品价格混乱和投机成风,整治和调控市场遂成为国家实施宏观计划的首要目标。

(一)国家对重要商品价格的调控

新中国成立之初,由于战争正在进行,经济尚未恢复,政府庞大的财政支出不得不暂时靠超发人民币来维持,由此引发了通货膨胀。在这种情况下,刚从旧社会过来的私营企业开始故技重施,进行投机活动,掀起新的物价上涨风潮。面对严峻的形势,政府为了控制市场,打击投机,运用国营经济的力量,收购调运了大批粮食纱布按计划投入华北、华东各大中城市抛售,控制了市场物价。从1949年11月到1950年3月,国家依靠手中的物资,采取公布国营公司牌价的办法,控制了粮、棉、布、煤、盐等重要商品的市场价格,使市价在不大的范围内围绕国家牌价上下波动(如市价高于牌价较多,国家则抛售;如市价低于牌价较多,国家则大量收购)。国家牌价的制定和调整是以下列情况为依据的:(1)财政收支和货币发行的情况;(2)工农业生产情况及人民购买力情况;(3)国家物资控制力量;(4)正确的成本核算;(5)因季节及其他重大情况的变化而引起的市场变化(不是跟着市场跑);(6)各种商品间的合理比价;(7)计算价格照顾产运销均有利。1954年6月,第一次全国物价工作会议决定,国家除了已掌握粮、纱布、煤、盐价格外,还需要进一步稳定日用百货、主要工业器材和进口物资的价格。1951年4月,第二次全国物价工作会议制定了《物价工作暂行条例》(7月1日起实行)。该条例规定:由中央贸易部制定全国主要市场主要商品的价格方案(即国家牌价),各级商业机构不得自行变更,但可以在机动权限内调整(一般上下变动各不超过5%);中央贸易部和专业公司负责调控带有全国性的主要商品价格,属于地方性的主要商品价格则由地方商业机为了实施国家的农业经济恢复发展计划,国家还调控着农产品中粮食与其他经济作物的比价。1949年底,为了解决纺织工业原料严重不足和人民的穿衣问题,农业部计划将1950年的植棉面积由1949年的3900万亩扩大到5000万亩。为了实现这项计划,国家除了采取其他措施外,调高棉花对粮食的比价(指国家牌价)则是一项主要的经济手段。1950年4月,国家将棉花对粮食的比价作了适当提高:每斤7/8英寸中级皮棉折粮数,华北、山东为小米8斤,河南、陕西为小麦7斤,长江流域为大米6.5斤。1950年11月,中央贸易部再次明确春季所定比价,要求各地执行。

表1 调整前后部分地区的每斤棉花折粮情况

时间 地区	1月	2月	3月	10月	11月	12月	备注
天津	6.7	5.6	6.8	8.4	9.2	8.8	小米
上海	5.6	5.3	5.3	6.4	7.3	7.8	大米
汉口	7.5	6.7	6.8	8.1	8.0	8.5	大米
西安	4.8	4.0	5.3	6.5	6.0	6.6	小米

棉粮比价的调整刺激了农民种棉的积极性,以至"要发家,种棉花"成为许多乡村流行的口号。结果1950年的棉花种植面积达到5600万亩,超过了原定计划。1951年3月,国家又采用同样的办法,再次保证了国家植棉计划的实现。

(三)国家对商品供求关系的调控

调控产品的供求关系是国家调控市场的另一重要内容。旧中国产品市场的供求关系由于生产萎缩和严重通货膨胀影响,呈现为严重的畸形和混乱状态。新中国成立以后,为了使市场恢复正常,供求关系趋于平衡,政府在调控产品的供求关系方面做了大量工作。1954年初,为了控制因通货膨胀而引发的市场需求过旺,国家采取了紧缩银根、统一财政收支、发行公债以及举办折实储蓄和调高存放款利率、征收工商税滞纳金等措施,压缩了需求,稳定了物价。由于需求压缩、物价稳定,因通货膨胀造成的虚假购买力消失,从1950年4月起,市场需求又呈现疲软现象,许多商品滞销，造成不少私营工厂关门，商店歇业，失业增加。为了扭转这种现象，使供求关系达到基本平衡，从1950年6月起，国家开始全面调整工商业和扩大城乡交流、内外交流，使市场需求从8月份就开始转旺。

为了使供求关系达到基本平衡，国家从需求和供给两个方面采取了调整措施。在扩大需求方面，国家主要采取了扩大加工订货、大量收购土产、扩大城乡交流（如举办地区交易大会、鼓励私商下乡、迅速发展供销合作社等）、增发私营工商业信贷资金等措施，有效地扩大了社会需求，特别是城乡交流的扩大，改变了部分工业品供过于求的假象，刺激了城市工商业迅速走出低谷，1951年成为城市私营工商业发展的黄金时期。

在调控供给方面，一方面国家通过协商，对一些确实供过于求的产品产量作了适当限制。如1950年6、7月间，中央轻工业部、贸易部、食品工业部等，先后召开了全国火柴会议、油脂会议、粮食加工会议、卷烟会议，限制火柴、油脂、面粉、卷烟的产量以使产销平衡。另一方面，国家则通过发布信息，指导私营工商业避免盲目生产和盲目投资。如1950年7月，中财委发出公告，宣布了哪些产品属于严重过剩，哪些产品市场已达饱和，哪些出口产品的生产能力已超过国际市场的需要，国家指导某些绝对过剩行业，如迷信品、奢侈品行业转产改行。

此外，国家还利用管制贸易的便利条件，从进出口方面促进国内供求关系的平衡。如1950年下半年至1951年上半年，国家用免征棉花进出口税的办法来刺激棉花进口，缓解国内棉花严重短缺问题。1950年下半年，国家用积极扶持各种土特产品出口，来缓解国内需求不足、城乡交流不畅问题。朝鲜战争爆发后，国内一些工业原料价格上涨，供不应求，国家则通过积极扩大进口的办法，来增加国内的供给。

总之，恢复时期的计划管理是在国民经济严重困难、多种所有制并存和市场机制广泛发生作用的情况下实施的。它的成功说明，计划经济不仅可以与市场调节相结合，而且证之后来的历史，这种结合还可以多少避免单一计划经济或市场经济的弊病。这对我们今天的经济工作仍有指导意义。

[原载《中国经济史研究》1998年第4期]

新中国成立初期经济史研究的若干思考

最近几年，关于新中国成立初期的经济史研究取得了较大的进展，出版了一套12卷近1000万字的《中华人民共和国经济档案资料选编（1949—1952）》和30余万字的《1949—1952年中国国民经济分析》，另外发表了一批有关论著。现在，国家社会科学基金"九五"重点课题《中华人民共和国经济史》第一卷（1949—1952）已经上马。可以说，在史学研究不太景气的今天，中华人民共和国经济史的研究能够取得上述进展实属不易。成绩固然令人欣慰，但是与当前国史和经济学研究的期望和要求来比，仍有较大的距离，仍需要有更多的人来关心和参与研究，弄清中华人民共和国之"源"，中国社会主义经济之"源"。为此，笔者想就几年来研究这段经济史的感受，提出几个问题。

一、关于旧中国的经济遗产问题

1949—1952年，是中华人民共和国的国民经济建立和巩固时期。研究这段经济史首先面临的问题，就是如何叙述和估计旧中国留下的经济遗产问题。由于这个估计不仅关系到新中国经济恢复发展的初始条件，即新中国经济的起点，而且关系到新中国经济体制形成的原因和得失判断问题，因此，能否使这个估计尽可能准确，就成为编写第一卷的重要问题。对于这个问题的研究，总的来说，目前还比较薄弱。究其原因，主要是对民国经济史的末期，即解放战争时期的国民经济状况还缺乏比较全面、深入的考察和分析。由于这个阶段时间短、战争激烈、经济动荡，国共两党统治的区域不仅变化频繁，而且城市和乡村也是分割的。既缺乏完整的统计资料，又受研究人员专业的限制（或者主要研究民国经济史，或者主要研究中共党史和根据地经济史），因此，目前的论著在谈到新中国成立时的经济背景和初始条件时，一般都是列举以下三方面的内容：一是1949年的主要经济指标和工农业主要产品产量，以其说明新中国经济发展的起点，同时以国民党统治区的经济崩溃来说明当时国民经济运行中面临的严重问题；二是部分论著进一步列出抗日战争爆发前（即1936年）的主要经济指标与1949年相对比，以说明中国经济发展曾经达到的水平和战争破坏的程度；三是将1943年中国的主要经济指标和人均主要产品产量与同时期的西方发达国家以及苏联、印度等国家对比，以说明当时中国的落后程度。

　　上述叙述和估计，存在着四点不足：一是未能充分反映1949年中国经济发展的实际水平（即生产能力）。因1949年的产量受到战争的严重影响，不能准确反映当时的实际生产能力。二是使用1936年的统计数字一般都不包括东北地区，也不包括外资企业，而到新中国成立前夕，不仅东北地区的经济在全国占举足轻重的地位，而且第二次世界大战后中国通过对日、德等国在华企业的接收，生产能力情况变化较大。三是国际比较的参照系不够全面，列出我国与当时西方发达国家以及苏联、印度等国家的差距固然非常必要，但是当时这些国家毕竟只是少数，当时世界南北之间的差距到底如何？中国在世界各国经济发展档次中究竟处于何种地位？尚缺乏论述。而新中国成立以来的近半个世纪，不仅中国，其他先后独立的发展中国家也都是实行着赶超型的经济发展战略，对新中国成立后中国经济发展的快慢，更能说明问题的，倒不是与西方发达国家比，而是与发展中国家比，明白当时各国的起点，就可为今后比较我国与其他发展中国家经济发展成就和得失提供一个较好的参照系。四是不能反映区域之间、城乡之间经济发展不平衡的程度。旧中国是一个经济发展不平衡的大国。中国的面积比整个欧洲还大些，地区之间、城乡之间经济发展不平衡的程度也超过了欧洲，而这个特点对经济体制和经济运行所产生的影响，是相当巨大的。

对旧中国的经济遗产，如果仅从产业结构、生产能力的角度，亦即生产力的角度去研究，是不够的，还应该从现代市场发育水平、供求关系等方面来分析其对新中国的影响。民主革命的胜利，废除了旧的国家政权，消灭了诸如官僚资本、封建土地所有制以及外国强加的不平等条约等旧的生产关系，但是却不能提高市场发育水平，不能缓解鸦片战争以来长期形成的资金、物质和高价值人力资源的严重短缺，这些方面对新中国选择何种经济体制的影响，并不亚于当时的产业结构和生产能力。过去比较重视诸如没收官僚资本、土地改革等生产关系变革及其影响的研究，而对于旧中国经济运行、供求关系、市场发育程度对新中国的影响缺乏足够的研究，从而使人看不清产业结构、生产能力、经济发展不平衡与经济体制变革之间的相关程度。

二、关于对外经济关系问题

新中国成立初期的对外经济关系，也是一个比较复杂的问题，其中实行何种对外贸易制度和政策，如何对待旧中国的外资企业，如何开展与苏联的经济交流和合作，如何打破西方的经济封锁，都是敏感复杂、过犹不及的高难度决策。

（一）如何看待对外的统制贸易和扩大"内外交流"的关系

毛泽东在中共七届二中全会上提出，要实现中国的工业化和独立富强，没有对外的统制贸易和对内的节制资本这两条是不行的。[①] 新中国成立以后，我国迅速进行了海关和对外贸易制度的改革，实行了贸易许可证和供结汇制度。究竟应如何评价这种变革呢？

从1840年到1949年新中国成立以前，中国吃尽了关税不能自主和所谓"自由贸易"的苦头。中国成为西方资本主义列强的产品倾销市场和廉价原料的产地，帝国主义不让而反动政府也无力建立独立自主的统制贸易制度。自由贸易是建立在比较优势和国际分工的原理之上的，按

---

① 《毛泽东选集》第4卷，人民出版社1991年版，第1433页。

照这个原理，从资本结构、技术结构、自然资源、人力资源等条件来看，自由贸易显然不利于发展中国家建立自己独立的工业体系以及实施非均衡的赶超战略。由于世界各国之间并不是一种平等、互利、互不侵犯的"仁爱"关系，各国仍需要具备自己的经济实力（主要是经济上不依附于他国）和政治上的独立，因此完全按照比较优势进行国际分工是不可能的，自甘于落后地位也不可能成为发展中国家的基本政策。于是，建立相对完整独立的工业体系和实施赶超战略是大多数发展中国家（尤其是大国）的基本经济政策，而统制对外贸易和实行进口替代政策，又是发展中大国建立自己独立工业体系的有效措施。新中国成立初期，正处于大规模工业化起步和迫切需要发展重工业阶段，实行统制贸易显然利大于弊。

（二）关于直接利用外资的问题

从 1840 年的鸦片战争到 1949 年新中国成立以前的 100 余年间，中国是在挨打、屈辱、不断失去主权和独立、"人为刀俎，我为鱼肉"的方式下对外开放的。

1949 年中华人民共和国成立的时候，世界正处于第二次世界大战后民族解放的初期。虽然日本、德国受到沉重打击，中国、印度等一批殖民地、半殖民地国家获得独立，但是就西方发达资本主义国家来说，并没有主动顺应世界潮流，放弃殖民主义思想，第二次世界大战后法国仍想继续控制印度支那就是证明。此时，发达资本主义国家的资本输出，仍带有明显的政治控制和经济掠夺的特征。因此，刚刚独立的国家对外国投资仍然心有余悸。

1949 年新中国成立以前，虽然在党的城市经济政策中有保护外国侨民的财产不受侵犯，保护外资企业在遵守人民政府法令下继续经营的条款，并且切实得到执行，但是，中国共产党在规划建国蓝图时所拟定的社会经济成分中，却没有包括外资企业。新中国成立以后，中央政府根据轻重缓急的原则，更主要是缺乏经验，并不急于公布对待外资企业的政策和管理办法，一方面暂停新成立外资企业，另一方面，对 1 万余家由旧中国过来的外资企业加强了管理监督。至于是否允许这些外资企业长期存在和发展下去，当时的中财委在观察和考虑，并准备由中央拟定一个统一的办法。另外，从1950年4月中共中央《关于引导人民正确认识中苏合营企业的指示》来看，显然党经过新中国成立前后（自平津解放后）一年来的经验，对外国在华企业作用的认识是有变化的。《指示》说：不仅与苏联建立合资企业是许可和必要的，就是在与某些资本主义国家开办适当的合资企业和实行某些事业的租让，也是许可和需要的。上述指示精神，在4月5日的《人民日报》上以社论的形式公开发表。

朝鲜战争的爆发使以美英法为主体的外资企业地位和作用发生了变化。由于以美国为首的西方国家对我实行经济封锁和冻结、劫夺我海外资产，于是一方面这些外资企业失去了窗口和扩大内外交流的作用，另一方面美、英、法等国的在华企业也成为我们反西方冻结、劫夺我海外资产的筹码。1953年社会主义改造开始后，国家已经明确将消灭资本主义私有制和剥削列为社会发展目标，并采取了相应的政策。因此，作为私人资本主义性质的外资企业，也就很难再生存下去了，于是陆续采取了关门或转让的办法。到20世纪60年代初，外资企业在中国大陆上基本消失。

在20世纪50年代，尽管旧中国的外资企业给中国人民留下了不愉快的印象，尽管外资企业的存在是一个历史遗留问题，与苏联模式的社会主义不相容，但是新中国成立初期的新民主主义经济体制仍然为其提供了生存和发展的余地。忽视外资企业的作用，对其采取排挤的政策，并不是从1953年过渡时期总路线提出后才开始的，而是从抗美援朝和西方对我实行封锁禁运后开始的。究其主要原因，恐怕有两条：一是西方封锁禁运后这些企业在经营上或主动收缩或遇到困难，在吸引外资和扩大交流方面的作用不大；二是我国抗美援朝后苏联加强了对我国的经济援助，我国在利用外资和学习外国先进技术方面已经有了可靠的后盾，认为离开资本主义世界照样可以迅速发展经济。

值得注意的是，新民主主义经济理论和《共同纲领》中所说的五种经济成分，都不包括外资企业，尽管当时存在着不少外资企业，党在经济政策上也提出在遵守政府法令的前提下保护它们。这种提法显然不是理论上的疏忽，这里有旧中国外资企业压迫民族企业的坏印象，但主要还是出于对当时条件的考虑。从当时的局部条件来看，可能的大规模外资企业投资来源，一是西方发达国家，二是苏联。当时西方对中国是采取敌视和封锁政策的。苏联第二次世界大战后在东北的作为也给中国留下了不好的印象。苏联也对东欧国家进行了经济援助，但苏联与这些国家不是平等的兄弟国家关系，而是"老子党"与"儿子党"、控制与被控制的关系，因此，援助也带有一种经济控制的性质。第二次世界大战后苏联的所作所为（如与美英划分势力范围，对土耳其、伊朗的渗透，关于蒙古及东北的中东路、旅顺港问题，还有拉走东北的大批设备），不能不使中国共产党不放心甚至担忧，这可以从赫鲁晓夫的回忆录《最后的遗言》中反映出来。在被称为"中苏蜜月"的1954年，苏联即将中苏合营企业的股权转让给中国，这显然不是因为关系紧张而撤走资本，相反却是一种友好的表示，从中可见当时社会主义国家对外国直接投资的看法。从当时的内部条件来看，中国独立的工业体系尚未建立，最缺乏的是带有垄断性或关系国计民生的能源、交通、矿山、水利、军工等基础设施或基础工业，相反轻工业较多。另外，由于经济和教育落后，管理现代工业和国民经济的经验不足，因此，外资企业进来后，利用其强大的国际资本、先进技术和经营管理经验，很容易控制我国经济，转而压迫民族企业，并将中国纳入资本主义世界经济体系。

1953年开始的向苏联社会主义模式（以单一公有制和计划经济为特征）过渡，从理论和体制上都使直接利用外资变得非常困难。禁止外国在我国直接投资，固然使内外交流受到较大影响，但还不能算是"闭关锁国"或"关起门来搞建设"实际上，第一个五年计划期间，我国向苏联和东欧社会主义国家的开放程度和学习热情即使与今天相比，也毫不逊色。真正"关起门来搞建设"是从"大跃进"开始的，最初是因我们过高估计了自己进行经济建设的能力，轻视苏联专家的意见和随意改变计划，随后则是由于中苏两党对社会主义和国际形势认识的分歧，也由于我们不能容忍苏联实行的由苏美两国主宰世界的政策，从而使我国不仅与西方的关系依然很紧张，而且与苏联的关系也恶化了。从20世纪60年代到改革开放以前，尽管我们在60年代前期和70年代中期曾进行了较大规模的技术引进，但是这种以贸易方式进行的单纯技术引进，不仅与同期的资本主义国家和地区的利用外资相差较大，也远不如同期的苏联和东欧国家，更何况我们在海外还有大量的爱国华侨这个优势。从国际比较的角度来讲，我们这 24 年确实是"关起门来搞建设"。因此，"关起门来搞建设"的账不能算到新中国成立初期。

三、关于土地改革后农村经济发展问题

（一）对新中国成立以前中国传统农业的估计

在这里，首先遇到的问题是怎样估计中国的传统农业和农村经济。在 1840 年鸦片战争以前，中国是一个历史悠久的农业大国，这已经是不争的事实。但是中国农业的发展水平究竟如何，它与上层建筑，即政治制度和意识形态的关系究竟如何，仍然研究得不够。最近 10 年研究的进展，发现中国在 1840 年以前的农业可以说是接近传统农业发展的顶点（这里所说的"传统农业"，是指现代工业及科学技术产生和影响农业之前的凭畜力、经验和天然肥料耕作的农业），由于它的生产水平已经能够养活众多的人口，而在耕地资源难以增加的条件下，就部分人来说，可以通过增加占有和转让耕地的使用费来增加收入，但是从总体上说，众多人口提高生活水平的要求和欲望，就不得不通过提高单位面积产量和兼业来实现。几乎可以说，从唐中期以来，由于土地资源的稀缺程度高于人力资源的稀缺程度，人们对耕地的占有欲望就超过了对劳动力占有的欲望，这恐怕是中国封建社会的农村经济不同于欧洲封建庄园和农奴制的根本原因。由于土地资源稀缺程度远高于劳动力，而农业又是社会的主要产业（商业、手工业的发展繁荣是建立在农业基础上的，并且吸纳人口有限），因此，土地的使用费（即租金）就较高，这不仅使得大土地占有者出租土地比自己直接经营更合算，佃农不得不接受较高的租金，从而只能靠尽量增加耕地产出和从事家庭副业以维持和争取改善生活；而且对贫农和自耕农来说，由于增加耕地的可能性很小，随着家庭人口的增加，即使要保持生活水平不变，也不得不靠增加耕地单位面积产量和发展家庭副业来解决。这里还不包括随着经济发展国家税赋不断加重的压力。因此，以雇农、贫农、自耕农为主体的小规模的家庭经营就成

为农业生产组织的主要形式,而耕地单位面积上的高投入和高产出,则成为明清以来中国传统农业的特点。并由此创造出高度发达的农业文明,即以传统农业为基础的流通交换制度和规模、政治制度和中央政府的有效控制范围、文化等等。

在以资本主义为代表的工业文明影响进入中国之前,中国的农村经济基本上呈现一种周期性的恢复、发展和繁荣、停滞、衰退然后再进入恢复阶段这样一个螺旋式的发展。这种周期性的发展在政治上的表现,就是朝代的更替,即一个朝代所经历的建立和巩固阶段、发展和昌盛阶段、政治腐败和社会矛盾激化阶段、大规模战争和改朝换代阶段。在这种经济和政治发展的周期中,除了因政府的过度压迫和剥削政策导致覆亡(如秦、隋、元)和民族融合引起的震荡(如南北朝、五代十国)外,经济和政治的兴衰的深层原因是土地占有关系的变化,即土地由自耕农为主的分散占有逐步向官僚和地主手中集中。这种土地的逐步集中,一方面造成官僚和地主的奢侈腐败和诛求无厌,另一方面则使农民难以维持简单再生产,直至土地集中所引发的上述现象导致农民起义。

但是,在1840年中国被纳入资本主义世界体系后,上述以传统农业为基础的社会兴衰周期和螺旋式发展则因工业文明的替代趋势(即工业化及其引发的政治、文化的现代化)而发生了根本变化。就工业化过程中的农业来看,一般地说,现代工业的主导地位和其创造的财富、吸纳的人口,以及世界市场的形成,都使农业不再是一个社会财富主要来源和决定国家兴衰的关键因素,工农业收益的差距,也使购买耕地和投资农业的吸引力大大下降。因此,即使不考虑革命的因素和工业投资的回报,农村土地占有也应呈现分散化的趋势。但是,在1840—1949年,由于中国政治上的腐败(当时清朝正处于自己发展周期中的土地集中、政治腐败和社会矛盾激化阶段)和西方列强的侵略,工业化进程受到严重阻碍,政治动荡和工业投资环境的恶劣,不仅使官僚地主对工业望而却步,仍将资金用于购买耕地,而且工业的不发展,也使农村人口不能向非农产业大量转移,农村中地主与农民的矛盾并没有缓解。从财政方面来看,一方面政治腐败所造成的开支浩大和赔款都使支出大为增加,另一方面工业的不发展又使政府的财政收入仍然主要来自农业,农业赋税不断加重。再加上帝国主义侵略、战争破坏以及政府很少投资水利工程所引发的自然灾害频仍，遂使农村经济在1840年以后不仅没有享受工业文明因素进入中国所应带来的帮助，而且呈现衰退和萎缩，中国农村成了一个火药桶。而民国以后，上述状况并没有好转，反而在某些方面有所加剧。

中国共产党领导的民主革命的成功，正是利用了农村的上述危机和农民对现状和统治阶级的强烈不满。而农民在中国人口上所占的绝对优势，为中国共产党建立新中国奠定了坚实的群众基础。

（二）土地改革的后果

新中国成立前后发生的土地改革，是中国自土地私有以来耕地分配最彻底、最平均的一次政治经济变革。它不仅消灭了地主经济，也基本消灭了富农经济（1954年全国农村抽样调查显示，平均每个富农年雇工数量为76个劳动日，几乎不能称之为富农经济了）。在当时工业不发展、农村人口过多的情况下，对稀缺资源——耕地的平均占有，是保证每个人都具有生存发展权的前提。因此，中国土地改革所呈现的过度平均，不仅不可避免，恐怕也是必要的。对于土地改革的进步意义和对农业经济恢复发展的巨大推动作用，人们已经耳熟能详，就不再赘述。这里只想谈一下土地改革对后来农业经济制度变革的潜在影响。

我认为中国的经济特点和土地改革的彻底性对后来农村经济制度的变革产生了如下影响：（1）使农业的经营规模更趋微型化，土地改革后平均每户的耕地不足20亩，其中规模最大但数量很少的所谓富农，也不到33亩。（2）土地改革虽然消灭了现有的土地占有不平等，但是并没有消除这种不平等产生的机制，即土地私有和可以作为商品买卖。因此，尽管随着农业经济发展和农村人口向工业的转移，中农化是主要趋势，但是贫富分化或先富后富的差别却是不可避免的。（3）由于土地改革没收土地和其他财富的标准既不是政治性的，也不鉴其来源，只要在经济上属于地主或富农，就在无偿没收之列，这不同于以往只没收敌人财产的革命。因此虽然土地改革没有否定私有制，但是却动摇了"私有财产神圣不可侵犯"或国家保护私人财产的信念，从而在土地所有权的概念中注入了国家的意志。（4）土地改革彻底摧毁了过去横在国家与农民之间的地方豪绅和宗族势力，彻底消灭了压迫剥削农民的地主阶级，将全体农民置于国家的直接控制之下。这一方面使农业剩余仅为农民和国家（包括地方政府的基层组织）所分享，为增加农民收入和国家积累工业化资金提供了有利条件；另一方面，农业剩余的高度分散（分散于1亿多农户家庭中），既很容易被消费掉，国家征收的成本也很高，新中国成立初期"查田定产"难以推行并被迫中断即说明了这个问题。

（三）关于土地改革后农业经济发展的两种思路

土地改革完成后，农村经济几乎变成了清一色的小农家庭经营。由于当时我国刚刚结束了百余年的战乱，农村的财富已经消耗殆尽，即使从事传统农业的生产资料，诸如牲畜、手工工具、肥料、种子也非常缺乏，更不用说因工业化水平很低和缺乏资金而无力用现代化的能源、机械、化肥、农药等装备农业了。土地改革结束时，平均每个农户只有0.6头耕畜，就大多数农户来说，从事独立的家庭经营尚感困难。因此，有着历史传统的"插犋""换工"等生产互助形式，在党和国家的积极提倡下，就很快发展起来，而且对于农业生产的恢复发展起了很大的作用。在这种情况下，农业经济的发展道路应该怎样走，在党内上层领导中产生了两种不同思路。

一种是以刘少奇为代表的继续贯彻新民主主义理论的思路。刘少奇根据新民主主义的理论，即马克思主义关于生产关系一定要适应生产力发展水平的原理，认为在工业化之前，即工业能够为农业提供现代机械和设备，将传统农业改造成现代农业之前，私有制和家庭经营将仍然是农业生产的主要形式，国家可以通过大力发展供销、信贷合作社的办法，既帮助小农经济，又将其纳入国营经济的领导之下。当时互助合作的兴盛，不是小农经济发展的结果，而是农民独立从事家庭经营条件不够的结果，因此，一些解放区和土地改革完成较早的地区因经济发展而出现的互助组涣散现象，是必然的，也并不是坏事，因为它说明农民生产条件提高了，可以独立生产了。对于土地改革后农村中将产生少数新式富农经济，也用不着害怕，因为国家完全可以向限制私人资本主义经济那样限制它的不好的方面。而希望通过在现有生产力基础上将互助组转变成合作社的办法，来阻止互助组"涣散"和动摇"私有制基础"并走向社会主义，则是空想和危险的，因为它超越了生产力发展的水平。

另一种是以毛泽东为代表的在新中国成立以后才形成的思路。毛泽东根据新民主主义革命已经基本完成、国内的主要矛盾已经变成无产阶级与资产阶级的矛盾这个估计，根据列宁关于"小生产每日每时都在产生着资本主义"这个论断，已经开始考虑如何向社会主义过渡的问题。就农村来说，不仅是如何发展生产的问题，还有如何将数量众多的小农经济转变成社会主义大农业的问题。因为对待农民，显然不能等待个体经济发展到资本主义经济后再实行社会主义革命。因此，当1951年7月刘少奇和华北局批评山西省委时，毛泽东提出了不同意见，并倡议召开全国第一次互助合作会议。会议作出了著名的《中共中央关于农业生产互助合作的决议（草案）》，毛泽东的思路为全党所接受。

毛泽东用来说服刘少奇和全党关于用初级社的形式来实行农业社会主义改造并不超越生产力水平的主要根据，是在没有实现机械化前，集体生产仍可以比家庭生产提高劳动生产率。毛泽东认为："既然西方资本主义在其发展过程中有一个工场手工业阶段，即尚未采用蒸汽动力机械、而依靠工场分工以形成新生产力的阶段，则中国的合作社，依靠统一经营形成新生产力，去动摇私有制基础，也是可行的。"[①] 随后，在1951年9月份召开的全国农业互助会议上，陈伯达又根据毛泽东的意思，以马克思对资本主义工场手工业的分析为例，论述农业生产合作社相当于工场手工业，农民合作虽同资本家雇工性质不同，但在手工劳动基础上仍可进行分工分业的集体劳动，发挥协作的优越性。毛泽东用手工工场提高劳动生产率（实际上是指效益）的逻辑说服了全党。但是毛泽东忽视了两点：一是农业生产，尤其是传统农业生产，不同于工场手工业的生产，它受生产对象和自然条件的制约，几乎每个人都要参加全过程的劳动，不能像工场手工业那样进行同一产品生产过程上的分工和协作，因此集体生产并不能提高劳动者的技术熟练程度和促进工具的改善。二是农业合作社不是资本主义手工工场那样的商品生产企业，它主要不是为

[①] 薄一波：《若干重大决策与事件的回顾》上卷，中共中央党校出版社1991年版，第191页。

市场生产，基本不受市场平均利润率的制约，换句话说，合作社基本上不存在来自外部的竞争和制约，除了解散重组或成员采用退出（即用脚投票）的方式，没有其他的机制逼迫它的效益必须高于家庭经营。更何况资本主义手工工场是雇佣劳动，资本家可以采用解雇威胁或压低工资的办法增加劳动强度和工作时间来增加利润，而合作社则根本不可能这样做。

1954年以前办的初级社，其农产品产量的确比单干农民和互助组有较大幅度的增加，但是这种明显的增产有以下四个重要原因：一是合作社尚处于试办阶段，一般原有的经营管理基础较好（多为好的长年互助组转建），参加者基本上都是自愿的，并有较好的合作经历；二是得到国家的各种帮助，如贷款和优先优惠提供农用生产资料等；三是农业投入增加，当时的典型调查和抽样调查都反映出，合作社在人力和物力的投入上都高出单干农民和互助组很多；四是合作社允许社员自由退出，这既减少了合作社内部的摩擦成本（或称之为内耗），又淘汰了一批办得差的合作社，成为保证合作社优越性的"安全阀"。

可以看出，刘少奇与毛泽东关于土地改革后农业经济发展的两种不同思路，并没有根本的区别，其差异只是在于刘少奇主张缓慢的、迂回的方式，在工业化前，将合作化的重心放在供销、信贷等产前产后的服务上，亦即放在小生产与市场联系的中介组织上。但是，他断然否定当时农业生产合作社可作为过渡形式则未免有些轻率，特别是他没有看到在自愿互利基础上发展这种集体经济，只要党的政策适当，既不与新民主主义经济相矛盾（即不会危及农业个体经济），而实际上又是正在向社会主义过渡。这种多种经济成分共同发展的渐进方式，确实比漫长等待后再采取激进方式要稳妥和切实可行些。而毛泽东除了从生产的角度认为合作社优于个体农民的小生产外，还从当时广大农民因生产困难产生的生产互助积极性中，看到了利用这种积极性和初级社形式向社会主义过渡的可行性。另外，毛泽东关于农村公有制经济的发展是与工业化同步的思想，即农业社会主义改造并不是在工业化完成后的某一天才开始的思想，也更符合经济发展的实际，因为现代经济发展从一开始就要求经济成分多样化，生产关系始终呈多样性，只不过哪种生产关系处于主导地位罢了。毛泽东的失误主要在于后来急于求成和追求经济成分的单一，这既违背了合作化应根据农民自愿互利和生产需要的原则，也不符合因生产力千差万别而要求生产关系多样化的客观规律。

[原载《当代中国史研究》1997年第3期]

从1956年前后农村自由市场兴衰看原有体制的局限

1956年我国社会主义改造基本完成，同时单一公有制和计划经济的弊病也露出端倪。为了解决这些因短缺和社会主义改造引起的统得过死的毛病，同时也探索中国自己的社会主义建设道路，部分地区试探性地开放了农村自由市场，放宽了对农民和小商贩贸易的控制。这些自由市场表现出巨大活力，对促进农村商业流通、刺激土产生产起到了积极作用。但是好景不长，由于它在农副产品短缺和农村公有制经济尚未稳固的条件下，对国家的计划经济和公有制单一构成威胁，在1957年下半年的粮食收购和社会主义教育运动中实际上被关闭。本文试图通过这件事来说明传统的经济体制在利用市场机制方面的局限性。

一、重提"自由市场"事出有因

1953年我国转入大规模经济建设以后，随着优先发展重工业战略的实施和社会主义改造的推进，农村自由市场受到两个方面的挤压，国营和供销合作社垄断了农村商业，自由市场一蹶不振。这主要表现在：一是农副产品短缺引发国家对农副产品实施统购统销，使农村自由市场商品急剧减少；二是社会主义改造快速推进，而以个体和私营为主体的自由市场主体日渐式微。

国营和供销合作社迅速占领农村市场和自由市场的急剧萎缩，带来了三个严重后果：一是供销合作社利用垄断地位，在购销过程中有意或无意地侵害了农民利益；二是农民的非种植业生产经营（主要指家庭副业和兼业）受到很大限制；三是农村商业流通受阻，给农民的生产生活造成困难。这种状况在1955年社会主义改造高潮以后更加突出，农民怨言很多。

农村自由市场的萎缩不仅直接影响了农民的生产积极性和收入，给农民的生活造成不方便，引起农民的不满，而且由于农民减少土产的生产和城乡流通受阻，也间接影响了城市的生活。

正如陈云指出的那样："市场管理办法限制了私商的采购和贩运。这些办法使农产品、农业副产品实际上成为由当地供销合作社或国营商业独家采购，而没有另外采购单位的竞争。因此，当着供销合作社和国营商业对于某些农产品、农业副产品没有注意收购或者收价偏低的时候，这些农产品和农业副产品就会减产。"[①]

因此，在农业社会主义改造高潮前的1955年2月，全国计划会议就提出了这个问题。

1955年6月3日，全国供销合作总社副主任阎顾行在《大公报》发表文章《中国农村的农民贸易》，提出中国农村的农民贸易已存在了几千年，今后在相当长的时期内还将存在，它在过渡时期以及社会主义社会，都是一种必要的国营商业的补充形式，但由于它没有计划和受价值规律支配，应对其加以合理管理。

同年7月16日，国务院批转商业部、供销合作总社和中央工商行政管理局联合提出的《关于改进初级市场管理过严过死的现象》，提出必须纠正当前农村初级市场存在的管理过严过死的现象。

但是由于其后迅速掀起的社会主义改造高潮压倒了一切，农村自由市场并没有受到重视和恢复。直到1956年4月，农业合作化速度甚至超出毛泽东预期，基本完成，而合作化因限制了农民的家庭副业和兼业（过去农民的收入有30%左右来自种植业外的副业和其他经营），导致社员收入下降，引起毛泽东的重视。1956年4月3日，中共中央、国务院

[①] 《陈云文选》第2卷，人民出版社1995年版，第4—5页。

在《关于勤俭办社的联合指示》中，要求各地的农业合作"开辟生产门路，发展副业生产，经营多种经营"。

于是在个体经济时期受到以"社会主义"名义压制的农民副业，现在则以合作社的名义堂堂正正地大干起来，而各地实际控制农村集市贸易的基层行政部门和供销合作社也不得不放松了限制，由此推动了农村自由市场的开放和恢复。9月12日，中共中央和国务院发布《关于加强农业生产合作社的生产领导和组织建设的指示》，明确提出要逐步建立在社会主义经济领导下的自由市场，凡是国家统购和委托收购范围以外的农副产品，以及完成统购任务和履行收购合同义务以外的多余产品，都可以通过这个市场自由买卖。

另一方面，陈云在1956年6月30日，针对社会主义改造后因市场调节消失引起的生产流通中的问题，提出应改变过去因社会主义改造而采取的对市场管理过严的办法，应允许农村自由市场的存在来作为国家市场的补充。7月21日，陈云又指出："市场管理办法应该放宽。现在从大城市到小集镇大部分都管得太死，放宽后，害处不大，好处很多。"①

因此，正像陈云说的那样："从今年七月开始，全国各地农业生产合作社因为要搞副业，要搞推销，很多地方对农村集镇上的市场，不像过去管得那么死了，开放了一点自由市场。"②最早开放自由市场的大概是湖北省，其后广东、山西、江西、四川、福建、江苏、河北7个省先后开放了自由市场。由于9月份召开的中共八大肯定了陈云提出的"三个主体""三个补充"和自由市场是社会主义组成部分的思想，10月4日，国务院又发出《关于放宽农村市场管理问题的指示》，到11月份，开放自由市场的省份增加到11个。

10月7日和17日，当时负责重点报道经济内容的《大公报》发表文章，首次宣传和提倡开放农村自由市场，对农村自由市场的开放起到了较大的鼓舞作用，有些小商贩和农民拿着报纸要求进行自由贸易。1957年1月15日，新华社报道，由于各城市开放自由市场，鸡鸭鱼蛋等供应

---

① 《陈云文选》第2卷，人民出版社1995年版，第327页。
② 《陈云文选》第3卷，人民出版社1995年版，第22页。

情况有了改善。2月12日,城市服务部下达《关于1957年蛋品经营的指示》,提出开放国家领导下的自由市场,农民可以自产自销;小商小贩可以自由经营;单位可以自由采购。到1957年春季,农村自由市场活跃达到高峰。但是,当夏季国家对农副产品统购收购进入第一轮高峰后,随着抑制自由市场的呼声和压力越来越大,自由市场开始萎缩。

二、关于"自由市场"性质的不同看法

自由市场开放以后,由于它以市场调节为基础,市场主体是完全独立的个体农民或经济组织,因此它在苏联创立的社会主义经济模式中没有一席之地,显然不符合计划经济和公有制经济的运行规范。

在社会主义改造基本完成,我国已经转变为社会主义国家以后,在社会主义经济制度下存在并受国家控制的自由市场,到底是什么性质?是社会主义经济应有的组成部分呢,还是存在于社会主义经济之外的资本主义经济因素?对于这个问题,当时党内存在着两种观点。

一种是以陈云为代表的观点。陈云认为:"对一部分商品采取选购和自销,让许多小工厂单独生产,把许多手工业合作社划小,分组或按户经营,把许多副业产品归农业合作社社员个人经营,放宽小土产的市场管理,不怕有些商品的价格在一定范围内暂时上涨,改变对某些部门计划管理的方法,所有这些,是否将使我国退回到资本主义的自由市场呢?绝不会这样,采取上述措施的结果,在我国出现的绝不会是资本主义的市场,而是适合于我国情况和人民需要的社会主义的市场。……这种自由市场,是在国家领导之下,作为国家市场的补充,因此它是社会主义统一市场的组成部分。"[①]

刘少奇赞同陈云的观点,主张允许少量个体经济甚至私营经济存在和发展,认为社会主义有必要存在自由市场,认为在公有制经济外存在一个私营经济对社会主义有好处。1957年4月,他还从社会主义经济体制的高度,认为是社会主义经济体制的组成部分。他说:社会经济活动

---

① 《陈云文选》第2卷,人民出版社1995年版,第13页。

种类繁多，成千上万甚至几十万种，计划不可能都有效地加以管理，"社会主义搞计划只能搞大的项目"，"自由市场开放，可以使经济生活组织得更好一些，计划经济更完善，有多样性"，"如何使我们的社会主义经济同时具有这样几个特点：既有计划性又有多样性，又有灵活性，这就要利用自由市场。一方面自由市场可以补充当前我们社会主义经济的不足，另一方面它可以帮助我们在经济上搞多样性和灵活性"。①这个思想比陈云提出并为中共八大所接受的"主体""补充"思想又进了一步。他还认为自由市场是私营性质的："自由市场需要发展，但是应该有所限制，有所调剂。限制就是用行政上的办法来限制。调剂有两个办法：一是私人在哪里发财，我们也到那里照着私人的样子搞，他挑一担，我们也挑一担，他挑两担，我们也挑两担。我们现在有一个迷信思想：'我是社会主义，就比私人资本主义先进'。这种迷信思想要不得，一定要去掉，实际上现在在某些方面社会主义比私人资本主义落后。……二是收税。"②

另一种是以毛泽东为代表的观点。毛泽东认为："现在我国的自由市场，基本性质仍是资本主义的，虽然已经没有资本家。它与国家市场成双成对。"③联系到毛泽东在合作化时的观点和1957年3月在中宣部印发的《有关思想工作的一些问题的汇集》上关于如何对"资产阶级思想"和"小资产阶级思想"的批注（毛泽东认为"是一个东西"）④，可以看出他是将农民中追求个人发家致富的思想归为"资本主义"的。

上述理论上、认识上的模糊和不一致，也表现在政策和理论宣传方面。

1956年11月22日《人民日报》发表的社论《健全地发展农民贸易》，提出了旧式的资本主义自由贸易和新型的农民贸易两个概念。认为由于农民对旧式资本主义的贸易熟悉，而对新型的贸易不熟悉，因此当时自由市场中的农民贸易，更多的是沿用旧式的资本主义自由贸易。因

---

① 《刘少奇年谱》下卷，中央文献出版社1996年版，第395、399页。
② 《刘少奇论新中国经济建设》，中央文献出版社1993年版，第333页。
③ 《党的文献》编辑部：《共和国走过的路——建国以来重要文献选编》，中央文献出版社1991年版，第308页。
④ 《毛泽东文稿》第6册，中央文献出版社1992年版，第415页。

构调控。

（二）国家对重要商品比价的调控

国家在控制了有关国计民生的重要产品的价格后，为了执行国家的经济发展计划，还对一些重要产品的比价作了调整。

新中国成立以后，农村土地改革促进了农业生产的恢复和发展，提高了农村对工业品的需求，而同时期由于我国工业落后、破坏严重和实行管制贸易，使工业品与农产品之间的剪刀差与1936年相比，不是缩小而是有所扩大，并且还有不断扩大的趋势。以济南市为例，1936年161斤小米换1匹布，1949年210斤小米换1匹布，而1950年9月则要298斤小米换1匹布。① 统计资料也证明了这一点，如以1950年农副产品收购价格指数为100，则1951年为92.1，1952年为90.2，而同时期农村工业品零售价格指数则是1950年为100，1951年为108.5，1952年为110.80。② 这种变化一方面反映了市场供求关系的变化有利于工业的恢复和发展，另一方面，这种剪刀差的扩大也不利于农业经济的恢复。为了将工农产品的剪刀差及其变化维持在一定范围内，使之既有利于工业的恢复发展和改善供求关系，又不致过分损伤农民的利益，国家在尊重市场机制的前提下，适当地、逐步地调整了工农产品的比价（指国家牌价）。1950年9月，在秋收到来之际，中央贸易部决定将布匹的国家牌价下调2%。10月份，在粮食登场、价格趋降的情况下，中央贸易部又通令全国，提高粮食牌价：全国粗粮平均提高7%，小麦和面粉牌价调高16%，华东、中南等地的大米牌价调高10%。1951年11月，为了控制因秋收而造成的剪刀差扩大趋势，中央贸易部再次调整工农产品的国家牌价：小麦调高2.7%，面粉调高3.3%，大米调高3.5%，玉米平均调高4.5%，布调低1.8%，针织品类平均调低2%。1952年12月，中央贸易部又将白布的国家牌价下调2.5%（从1953年1月4日起执行。）

---

① 中共中央山东分局：《关于调整工商业及农业生产问题的报告》，1950年9月9日。
② 国家统计局城市社会经济调查总队编：《中国物价统计年鉴（1988）》，中国统计出版社1988年版。

此，该文更多地强调对自由市场应加以引导和管理。

1957年1月7—12日，国务院第五办公室召开全国农村自由市场会议。会议讨论了农村自由市场开放几个月来的情况和存在的问题及解决办法。会后，《人民日报》于29日发表的社论《正确看待农村自由市场》，反映了会议的精神。社论认为开放农村自由市场的方针是正确的，对于活跃城乡物资交流、刺激农副业生产、改善国营和供销合作社的经营管理，都起到了很大的推动和刺激作用，但是也要足够地估计到已经产生的某些缺点和错误，并坚决加以纠正。

对于自由市场的性质，当时受苏联社会主义理论和我国社会主义改造的影响，虽然八大的政治报告认为它是社会主义统一市场的组成部分，是国家市场的补充，但是这种认识并没有深入人心，尤其是没有得到毛泽东的认同。正如当时《大公报》的社论所说的："从严格的市场管理到开放自由市场，这是国民经济的重大改变之一，干部的思想和工作方法不可能一下子转变过来。"[1] 因此，当遇到自由市场冲击了国家对农副产品的统购统销时，许多人对开放自由市场的疑问就增加了，这也是后来实际采取关闭措施的重要原因之一。

三、"自由市场"反映的两个基本矛盾

自由市场的开放是为了改变社会主义改造完成后农村商业流通过死、副业和土产减产、农民收入下降的局面，但是在这个目的达到的同时，也产生了另一个不希望出现的结果，即自由市场对农村的单一公有制和国家的计划购销体制产生了强大的冲击力，最后不得不将其关闭。自由市场与当时建立的单一公有制和计划经济体制的这种难以"和平共处"现象，反映出原有体制与农民利益和愿望存在较大差异。这主要表现在以下两个方面：

---

[1] 《自由市场要开放得更好》，《大公报》1956年11月9日。

（一）农村经济不同水平、多种类型、家庭经营灵活性与单一公有制和集体生产经营的矛盾

首先，允许自由市场的存在，就必然导致自由市场主体的存在和发展，即个体经济和合作社社员兼业的存在和发展。而这种存在和发展，无疑对部分农民产生仿效效应，即国家既然允许商业个体经济存在，为什么不允许农业个体经济存在？

由于自由市场的开放紧接在社会主义改造之后，自由市场不仅为原来的小商贩、手工业者提供了生存和经营发展的空间，也为农民，尤其是那些过去从事兼业、农闲时从事一些小商业活动的农民提供了活动空间，而合作社无疑限制了他们这种经营活动，以"自愿"名义下刚刚完成的合作化自然也没有理由不许他们退出，因为退社对他们来说几乎没有损失，得到的却是自由。因此，部分参加合作小组的小商贩就要求退出，少数农民也要求退社，弃农经商或兼营商业。正如 1956 年 12 月 6 日中央农村工作部的简报指出社员退社的主要原因，除了收入减少、劳动时间死和过分紧张、干部作风不民主、生产资料处理不当四个原因外，就是"在农村自由市场开放之后，有些社员，特别是一部分富裕农民，认为是单干赚钱的门路了，不愿留在合作社内"。

其次，国家通过对资本主义工商业的改造垄断了农村市场的另一个作用是通过控制交换来逼迫农村个体经济走上合作化道路，现在开放自由市场，个体经济就可以通过自由市场来实现自己的生产和消费循环，合作社对他们来说就更显得是一种束缚。在自由市场开放以前，农村集市的权力掌握在基层工商干部和供销合作社手中，他们往往可以任意限制农民手工业者和小商贩的交易。就像陈云所说的："过去商业工作那一套，固然有利于同私人资本主义作斗争，但是也有许多不利于人民的地方。我们国营商业做生意是'独此一家'，很有点'独霸'的味道。……国营商业是'亦官亦商'，老百姓很难对付我们。"[①] 毛泽东也注意到这个

---

① 《陈云文选》第 3 卷，人民出版社 1995 年版，第 31 页。

问题，并请陈云统一处理。① 供销合作社在与农民的购销活动中，经常发生收购时压级压价，销售时抬高价格。当然，这也与其经营成本高有关。自由市场开放以后，由于农民可以通过自由市场购销，甚至长途贩运，成为国营和合作社商业的竞争对手，供销合作社普遍反映工作不好做了。因此，自由市场表面上看只是流通领域的事，可以弥补国营和供销合作社的不足，并能促进公有制商业改善经营管理，但是，它还具有更深层次的意义，这就是对农村的资源配置和生产经营方式发生巨大影响。由于它更适应不同水平、各种类型甚至一个家庭多种兼业的生产经营活动，并且交易成本很低，因此对农民有强烈的吸引力，它的存在和发展不仅威胁了国营和合作社商业的垄断地位，直至影响国家实施优先快速发展重工业战略，而且必然要威胁到农村的单一公有制和集体生产经营模式。

（二）农民占有和消费农业剩余与国家发展战略的矛盾

一个国家经济发展的快慢，从经济方面来说，是与该国社会剩余的多少和积累率（又称储蓄率）的高低有很大关系的。新中国成立初期，由于一百年来帝国主义、封建主义、官僚资本主义的压迫掠夺和战争的破坏，无论国家还是人民，手中的财富都消耗殆尽。新中国成立以后，我国的经济太落后，社会剩余量很少，积累很有限。1950年，全国人均国民收入仅为77元，1956年则为142元。尽管全国80%以上的劳动力在农村，但是1950年全国人均粮食479斤、棉花2.5斤、油料9.8斤、生猪0.12头。由于人口增长，1956年的上述人均数也没有多大增加，分别为614斤、4.6斤、14.5斤、0.13头。1950年全国财政收入（包括债务收入）仅为65.19亿元，1956年为287.43亿元。1949年10月至1957年底，政府用于经济建设的财政支出仅为796.51亿元，平均每年近100个亿。在这样低收入的水平上，要维持每年15%以上的经济增长率，资金供给是很紧张的。再从农村来看，据1954年全国农户抽样调查，尽管经过4年的恢复发展，到1954年末，农民拥有的农业生产资料仍然相当少，平均每个农户拥有耕地15.8亩、耕畜0.92头、犁0.62部、水车0.11部。由

---

① 《毛泽东文稿》第6册，中央文献出版社1992年版，第248页。

于农业落后，1954年平均每户的农业收入为420.6元（占农户当年总收入的60.7%），尚不足以抵偿生活费用的支出（平均每户为453.8元），必须靠副业及其他收入来弥补。再从农民的消费来看，1954年平均每个农户的生活消费支出占其总支出的68%，尽管比重很高，但是生活水平却很低，人均消费粮食373斤、肉类9.2斤、食油2.5斤、食糖0.8斤、蔬菜141斤。这种低水平的消费说明，新中国成立初期的农业剩余（农业税和出卖的农副产品）只是相对剩余，随着农业的发展和农民收入的增加，农民的食品消费也会相应增加，农副产品的供求关系在相当长的时间里都会是紧张的。另外，由于个体经济和小型私营经济在国民经济中占有很大比重，其剩余不仅少，而且非常分散，特别是农民，在当时温饱还没有解决的情况下，靠市场调节并不能提高其产品的商品率。因此，要压低消费，提高积累率，为"一五"计划的实现提供足够的资金，国家就需要采取行政手段来限制农民对自己产品的消费。陈云一针见血地指出："统购统销就是国家对粮食的一种分配。""我国粮食如果节约使用，还可以够吃够用，敞开来吃，吃和用都不够。如果不大力地去抓分配，粮食收下来就会被吃掉很多。"[①] 同样，棉花、油料、生猪等农副产品的统购，都是出于这个原因。

但是，对于绝大多数农民来说，不可能体谅国家因加快工业化而压低他们消费自己产品的苦心，他们对统购统销是不满的。在1956年以前，国家强制个体农民拿出剩余产品的办法是通过乡村党政基层组织。这些通过土地改革建立起来的以贫雇农为基础的干部，一方面为国家效力可以得到好处，另一方面其整治的对象大多是中农和富裕中农，替国家强制收买他们的剩余产品并不损害自己的利益。因此在1953年、1954年绝大多数农村基层干部和贫下中农贯彻统购统销是积极的，不怕得罪人，但是到1956年实现合作化以后，大家的经济利益都捆在了一起，过去中农的剩余产品现在已经与贫雇农平分，此时的统购统销所损害的就不仅仅是中农和富裕中农的利益，也不再是农民群众的利益，也关系到基层干部的利益和今后工作关系。可以说，合作化对农民与国家的关系

---

① 《陈云文选》第3卷，人民出版社1995年版，第64—65页。

来说，是使农民由分散的无力的个体变成了一个以地域为单位的团体，增加了其抵制国家夺取其剩余的力量，陈云在1957年就说："过去认为，合作化以后，从一亿多个农户变成几十万个合作经济单位，粮食工作总会好做一些，现在看来，这种想法不完全对头，至少一个时期内并不如此。"[①]1957年8月10日的《人民日报》社论也说："目前在农村发生的一个最尖锐的问题，正是一部分落后分子把个人利益放到同全体人民的利益对立的地位。他们为了个人的利益，要求国家对粮食少购多销。"另据1957年5月河北省统计局的报告："农业生产合作社的瞒产现象严重，据邢台专署统计科的估计至少有30%—40%的农业社瞒产，有的地区可能还要多些。瞒产的数字并不是很小的。"[②]

而自由市场则为合作社躲避国家对其剩余产品的控制以及资源最佳配置提供了条件。1956年，合作社通过搞副业和多种经营来推动国家开放农村自由市场，又利用自由市场来销售统购统销产品，实现合作社利润最大化，就说明了这一点。自由市场开放以后，许多地方反映，不仅农民将许多国家统购或收购的产品拿到自由市场出卖，更多的是农业合作社甚至在统购统销任务完成以前，就将其产品拿到自由市场出卖。

四、关闭"自由市场"的两个措施

由于在理论上关于自由市场的性质是模糊的，而且毛泽东的观点似乎影响更大，在实践中虽然自由市场活跃了农村的商业，刺激了副业和土产增长，但是其对"社会主义"和"工业化"的副作用似乎更大。因此，在1957年反右运动和党重新估计形势，提出两个阶级、两条道路的斗争依然严重存在的情况下，自由市场重新受到严格限制，归于冷落。

虽然对自由市场加强管理的规定和呼声从开放之日就已经存在，但是真正严厉管制到几乎关闭的程度，则是在1957年夏季以后。其具体措施则是从限制交易产品和市场主体两个方面进行的。

[①] 《陈云文选》第3卷，人民出版社1995年版，第64页。
[②] 国家统计局档案：257-1-273。

（一）严厉限制进入自由市场的农副产品种类

对进入自由市场产品的严厉限制是从 1957 年收购夏粮开始的。由于 1956 年自然灾害的影响和国家为保证大多数农民在合作化的第一年增加收入，粮食征购数量不到 800 亿斤，而当年由于"冒进"和自然灾害，粮食销售却达到 851 亿斤，动用库存 61 亿斤。因此粮食问题很紧张。为了保证粮食统购，1957 年 6 月 11 日，国务院发出关于做好夏粮征购工作的指示。提出在统购结束前不得开放粮食市场。

1957 年 7 月 16—20 日，中共中央召开全国粮食会议。会议决定，对于粮食、棉花、油料等第一、二类物资的自由市场，各省根据自己的实际情况，愿意关闭就关闭，愿意保存就保存，国家不作统一规定。第三类物资，如果控制不住，可以提到第二类。

1957 年 7 月，毛泽东鉴于粮食购销问题严重，坚决要求："最近几年，三百五十亿斤征粮和五百亿斤购粮，必须收到，不能短少。"[①] 8 月 6 日，中共中央又发出《关于加强夏粮征购和销售工作的指示》，指出：最近出现的少收多销的情况是严重的，如不马上扭转，是十分危险的。

粮食的紧张也带来其他主要农副产品的紧张。针对这种情况，8 月 9 日，国务院发布《关于由国家计划收购（统购）和统一收购的农产品和其他物资不准进入自由市场的规定》，要求关闭现有粮食市场。根据规定，除鸡、鸭、鹅、鲜蛋、调味品、分散产区的水产品、非集中产区的干鲜果品和不属于统购的药材（统购 38 种）以外，几乎大宗的农副产品都被禁止进入自由市场。

这样一来，自由市场可供交易的商品就非常有限了，其自由也就大大萎缩。

（二）严厉限制农民、合作社和小商贩在自由市场的经营活动

1957 年反右运动开始以后，中共中央针对农村中存在的退社风潮和

---

① 《毛泽东选集》第 5 卷，人民出版社 1977 年版，第 459 页。

许多农民对国家统购统销政策不满的现象，决定开展一场以"大辩论"为主要形式的社会主义教育运动。

1957年7月，毛泽东在青岛会议期间写的《一九五七年夏季的形势》指出："和城市一样，在农村中，仍然有或者是社会主义或者是资本主义，这样两条道路的斗争。"他赞成"迅即由中央发一个指示，向全体农村人口进行一次大规模的社会主义教育运动，批判党内的右倾机会主义思想，批判某些干部的本位主义思想，批判富裕中农的资本主义思想和个人主义思想，打击地富的反革命行为。其中主要锋芒是向着动摇的富裕中农"。

8月8日，中共中央发出《关于向全体农村人口进行一次大规模的社会主义教育的指示》，要求在全体农村人口中就合作社的优越性、粮食和其他农副产品统购统销等问题，开展一场"实质上是社会主义和资本主义两条道路的辩论"。8月10日，《人民日报》发表题为《在农村中大放大争大鸣》社论，提出："在秋收以前，辩论应该首先集中在粮食和其他农产品的统购统销问题上，这是当前群众最关心的一个问题。"于是一场大规模的以批判农民中所谓"资本主义"思想的政治运动在1957年下半年席卷整个农村，其中以打击地富、坏分子的名义，还动用了处罚手段。

8月13日，中共中央批转的《浙江省委转发杨培新同志关于仙居县群众闹事问题的报告》指出："社会主义和资本主义两条道路的矛盾，还是严重存在着并且由于自由市场的开放而增加了。""按照国家计划生产或者按照价值法则生产，按照统购价格出卖农产品或者按照自由市场出卖农产品，社内社外差别很大。因此，这一矛盾看来还是很紧张的，这是这次闹事的重要原因之一。"①

由于农村的自由市场实际起到了鼓励农民单干和躲避统购统销的作用，自然也就成为这场运动的整治对象，尤其是那些积极参与自由市场交易并且成为主体的农民、合作社和个体工商业者。例如《中央批转河北省委关于进行社会主义宣传教育的两个文件》就提出："要把统购统销政策的辩论与完成粮食征购、农产品采购、加强市场管理、反对投机活

---

① 国家农委办公厅：《农业集体化重要文件汇编（1949—1957）》上，中共中央党校出版社1982年版，第695页。

动联系起来。"① 中共中央批转的湖北省委《关于农村整风布置和当前执行情况的报告》也提出：要通过辩论解决三个比较突出的问题，即合作化问题、市场管理问题和党的领导问题。②

由于国家严厉限制进入自由市场的农副产品种类，并通过辩论的办法贯彻这些规定，而地方政府和工商行政部门在"社会主义"还是"资本主义"这种压力下，往往"宁左毋右"，使1956年下半年活跃起来的农村自由市场，到1957年8月以后就冷落凋敝了。

[原载《改革》1999年第3期]

---

① 《中共中央文件汇集（1957）》二，人民出版社1967年版，第591页。
② 《中共中央文件汇集（1957）》二，人民出版社1967年版，第603页。

中国共产党对外经济思想的一次飞跃
——中国加入 WTO 与中国共产党认识演变研究

2001年底，经过长达15年的曲折和努力，中国终于加入了世界贸易组织（WTO），这不仅对中国，对世界来说，都是一件影响深远、意义重大的事情。目前这方面的论著可谓汗牛充栋。本文则从历史和中国共产党认识演变的角度，回顾从1948年5月中国成为关贸总协定的23个原始缔约国之一，到2001年11月加入世界贸易组织这50多年里，中国与世界经济的关系发生了怎样的变化，以及这种变化对我们的启示。

一、改革开放前中国忽视关贸总协定的背景和原因

众所周知，中国是关贸总协定的创始国之一，1946—1947年，当时的中国政府参加了国际贸易组织的筹备工作。在与美国等15个国家分别进行了关税减让谈判后，1947年10月，中国作为23个发起国之一，草签了《关税与贸易总协定》。1948年4月21日，中国正式签署了《关税与贸易总协定临时适用议定书》，从而于1948年5月21日起正式成为关贸总协定的缔约国。中国成为关贸总协定原始缔约国，是在南京国民党政府发动反革命内战、积极寻求美国援助的背景之下，因此在与美国的关税减让谈判中对美国让步较大，方便了美国等西方发达国家向中国倾销商品和占领中国市场。加入关贸总协定，标志着中国经济被正式纳入了以美国为首的资本主义世界经济体系。

1949年，国民党败退台湾，10月1日，中华人民共和国成立。1950年3月6日，台湾当局以"中华民国"的名义，由其"常驻联合国代表"照会联合国秘书长，决定退出关贸总协定，这一退出于1950年5月5日生效。由于中华人民共和国成立、中国的国家政权已经更迭的既定事实，台湾当局已不能代表中国，其退出关贸总协定的行为自然是非法的，对此，中国政府从未予以承认。

但是，当时新中国政府对如何解决关贸总协定一事没有及时反应，除新中国政府把主要精力用于巩固新生政权，并且随后爆发朝鲜战争，西方对中国实行了经济封锁外，更深刻的原因是我们当时在对外贸易上实行了与旧中国截然不同的政策。这就是：第一，将我国的对外贸易重心由西方资本主义世界转向以苏联为首的社会主义和民主国家；第二，根据中国经济落后情况和吸取旧中国受西方国家剥削的教训，实行了严格的"统制贸易"政策。正如毛泽东在中共七届二中全会上所说的那样："人民共和国的国民经济的恢复和发展，没有对外贸易的统制政策是不可能的。……对内的节制资本和对外的统制贸易，是这个国家在经济斗争中的两个基本政策，谁要是忽视或轻视了这一点，谁就将犯绝大的错误。"[①] 而朝鲜战争爆发后西方对我国的经济封锁和苏联扩大对我国的援助，又进一步证明了上述政策是正确的。

新中国在对外贸易方面之所以要采取"统制贸易"政策，是与一百多年来与西方资本主义国家通过贸易来压迫和剥削中国的历史分不开的。从1840年的鸦片战争到1949年新中国成立以前的一百余年间，中国正是以挨打、屈辱、不断失去主权和独立、人为刀俎我为鱼肉的方式对外开放的。从对外贸易方面来看，在自由贸易的口号下，中国完全处于不利地位。这主要表现在：

第一，对外贸易被帝国主义和官僚买办资产阶级控制和垄断。帝国主义列强于1843年取得了协定关税特权，从1845年起又霸占了中国海关的行政管理权，英国和美国帝国主义分子相继窃踞总税务司职位，中国大门的钥匙落到帝国主义手中，为它们的经济侵略大开方便之门。

---

① 《毛泽东选集》第4卷，人民出版社1991年版，第1433页。

第二，进出口商品结构完全适应帝国主义掠夺资源、倾销商品的需要。出口商品主要是生丝、茶叶、桐油、猪鬃、大豆、花生、锑、钨等工业原料和农副产品。进口商品除1913年前鸦片居首位外，主要是棉织品、毛织品、煤油、汽油、香烟、洋酒、食品罐头、糖果、化妆品、玻璃丝袜等消费品和奢侈品。据统计，1873—1947年，每年进口的机器设备从没有超过进口总额的10%。洋纱、洋布、洋油等充斥中国市场，严重打击了民族经济的发展。

第三，对外贸易长期入超和不等价交换。帝国主义对中国倾销商品，使中国对外贸易自1877—1949年73年间，年年入超，总额达64亿美元，造成金银大量外流，财政经济陷入困境，加以历届反动政府以出卖主权乞借外债，从而加深了对帝国主义的屈从和依赖。①

因此，在新中国成立后，中国政府不仅改造了海关，将大门钥匙掌握在中国人民手里，而且实行了"统制贸易"制度，即实行进出口许可证制，并通过关税、汇率等杠杆来贯彻国家的工业化政策。

由于当时我国政府对台湾当局宣布退关未作出反应，也没有对中国与关贸总协定的关系发表看法，因此台湾当局退关后不久，与中国进行过关税减让谈判的缔约方中有12个国家撤回了对中国所作出的关税减让，中国与关贸总协定的联系中断。

1971年，联合国大会通过了恢复中华人民共和国在联合国合法席位的2758号决议，关贸总协定全体缔约国重新审议了1965年通过的接纳台湾为关贸总协定观察员的决定，主动撤销了台湾当局的"观察员"资格，承认只有中华人民共和国才能在关贸总协定代表中国。

中国之所以没有重视关贸总协定，是与这个时期我们对外贸作用的认识不足和对外贸易在国民经济中的地位不断下降有很大关系的。长期以来，受国际环境制约和苏联社会主义经济理论的影响，我们把对外贸易看作社会主义扩大再生产的补充手段，将其局限于互通有无、调剂余缺，实行了一条进口替代发展战略，从而影响了充分利用国际分工和交换，即充分利用国外资源和国外市场来加快国内经济发展。1953—1978

---

① 当代中国丛书编委会：《当代中国的对外贸易》上，当代中国出版社1992年版，第5页。

年，中国出口额占世界出口总额的比重，由1.23%下降至0.75%，在世界上所占位次，由第17位后移到第32位。①

对于改革开放以前中国与世界经济的关系，1963年周恩来的一番讲话颇能准确地代表那个时期党的一贯思想。1963年12月，周恩来在同英国记者格林的电视谈话中指出："我们一贯执行自力更生的建设方针。这个方针的含义是：依靠本国人民的劳动和智慧，充分利用本国的资源，来发展本国的经济；同时，在平等互利的基础上同世界各国发展贸易，互通有无。"② 在理论界，1978年以前，我们基本上是否定李嘉图的"比较成本"理论的。

这里需要指出的是，改革开放以前我国经济对外依存度的降低，还与我们对国际形势的判断有很大关系。两次世界大战和战后几乎没有停止地区冲突，似乎验证了列宁关于帝国主义的论述，而从朝鲜战争到越南战争，从中印边境冲突到中苏边境冲突，再加上台湾问题的牵制，也使我国长期处于备战状态，这都进一步使我国不愿将经济过多地依赖于国际贸易。

二、中国提出"复关"的背景和决策

1978年中共十一届三中全会以后，中国进入了改革开放的新时期。1980年8月，中国政府派代表出席国际贸易组织临时会议，并参与了关贸总协定总干事的选举；此后，中国政府又几次派员参加了关贸总协定的商业纺织品委员会主持的国际纺织品贸易协议的会议，并且在会议期间就中国恢复关贸总协定缔约国地位问题与有关方面进行了讨论。这是自1950年5月台湾国民党政府宣布退出关贸总协定后，我们与关贸总协定接触的开始。1982年9月，中国政府正式提出申请，要求获得关贸总协定观察员的资格，并在当年11月获得批准。1986年7月，中国正式提出恢复关贸总协定缔约国地位的申请。

---

① 沈觉人主编：《当代中国对外贸易》，当代中国出版社1992年版，第39页。
② 当代中国丛书编委会：《当代中国的对外贸易》上，当代中国出版社1992年版，第32页。

中国对关贸总协定态度的变化，除关贸总协定自身作用的变化外，主要是中国共产党的对社会主义的本质、世界形势以及中外经济关系的认识发生了根本性的变化。

第一，经过"文革"10年的耽误，我们发现中国与世界发达国家的差距不是缩小而是拉大了。1978年10月22—29日，邓小平访问日本期间，参观了一些现代化的大工厂。通过比较，他对中日之间经济和技术的巨大落差留下了深刻的印象。在日产汽车公司参观时，当了解到该厂平均每个工人一年能生产44辆汽车，而我国最先进的长春汽车厂平均每个工人一年只能生产1辆汽车时，他感慨地说：我懂得什么是现代化了。11月份，已经74岁高龄的邓小平不顾劳累，从日本回来后又出访了泰国、马来西亚和新加坡。

周边国家的发展给小平同志留下了深刻的印象。在此之前，小平同志就说过：现在东方有四个小老虎：一个是南朝鲜，一个是台湾，一个是香港，一个是新加坡。它们的经济发展很快，对外贸易增长很快。它们都能把经济发展得那么快，我们难道就不能吗？我们的脑子里还都是些老东西，不会研究现在的问题，不从现在的实际出发来提出问题，解决问题。这样天天讲四个现代化，讲来讲去都会是空的。[①]

与小平同志迫切地了解外部世界的发展变化的同时，一批代表团也走出国门。1978年4月，由国家计委和外经贸部有关领导组成的港澳经济贸易考察团，对香港、澳门进行了一个多月的实地调查研究。5月31日，考察团回到北京。考察团的报告和汇报引起很大的反响，使中央领导感到了中国与世界的差距和港澳台发展对内地造成的压力。随后，由当时分管经济工作的副总理谷牧率领的西欧五国考察团也出发了。这是新中国成立后中国首次向发达资本主义国家派出的国家级政府经济代表团。从5月2日到6月6日，代表团先后访问了法国、西德、瑞士、比利时、丹麦五国的15个城市。一个多月的访问，使代表团成员眼界大开，所见所闻深深震撼了每一个人的心。

第二，对社会主义的本质认识发生了重大变化。中共十一届三中全会前

---

① 中共中央文献研究室编：《邓小平思想年谱》，中央文献出版社1998年版，第67页。

后，邓小平总结新中国成立以来的经验教训，特别是"文革"期间"四人帮"的破坏，多次强调社会主义最根本的任务是发展社会生产力。1977年12月26日，邓小平在会见澳大利亚共产党（马列）主席希尔和夫人乔伊斯时说：怎样才能体现列宁讲的社会主义的优越性，什么叫优越性？不劳动、不读书叫优越性吗？人民生活水平不是改善而是后退叫优越性吗？如果这叫社会主义优越性，这样的社会主义我们也可以不要。①1978年9月16日，邓小平在听取吉林省委汇报工作时指出："按照历史唯物主义的观点来讲，正确的政治领导的成果，归根结底要表现在社会生产力的发展上，人民物质文化生活的改善上。如果在一个很长的历史时期内，社会主义国家生产力发展的速度比资本主义国家慢，还谈什么优越性？"②

1980年4月，邓小平在会见赞比亚总统卡翁达时说："不解放思想不行，甚至包括什么叫社会主义这个问题也要解放思想。经济长期处于停滞状态总不能叫社会主义。人民生活长期停止在很低的水平总不能叫社会主义。"同年5月，在会见几内亚总统杜尔时，邓小平又说："社会主义是一个很好的名词，但是如果搞不好，不能正确理解，不能采取正确的政策，那就体现不出社会主义的本质。""根据我们自己的经验，讲社会主义，首先就要使生产力发展，这是主要的。只有这样，才能表明社会主义的优越性。社会主义经济政策对不对，归根到底要看生产力是否发展，人民收入是否增加。这是压倒一切的标准。空讲社会主义不行，人民不相信。"③

邓小平对社会主义本质的反思和重新界定，为打破长期形成的在利用外国资金和市场方面的禁锢，提供了最有力的武器，使一切"左"的阻碍对外开放的论点都失去了合理性。当然，这也得益于当时全党和全国人民对"文革"错误的反思这个大背景。

第三，对国际形势和战争问题的认识也发生了变化。仅有对社会主义本质的重新认识，对开放来说还是不够的。还有一个如何认识国际形

---

① 中共中央文献研究室编：《邓小平思想年谱》，中央文献出版社1998年版，第51页。
② 《邓小平文选》第2卷，人民出版社1994年版，第128页。
③ 《邓小平文选》第2卷，人民出版社1994年版，第312—314页。

势的问题。从列宁1917年创建了第一个社会主义国家起,战争的阴霾就笼罩在社会主义国家的头上。中华人民共和国成立以后,中国也面临战争的威胁:朝鲜战争、越南战争、中印边界自卫反击战、中苏边界战争,以及美国长期驻兵台湾、日本、韩国,20世纪60年代以后苏联屯兵中苏、中蒙边境。可以说,从50年代初到70年代,中国长期处于战争的威胁下。当然,这也与我们自己的某些"左"的错误政策有关系。实际上,从60年代以后,随着社会主义阵营的破裂,民族解放和国家独立运动的兴起,第三世界的力量越来越强大,以欧洲为代表的和平力量也越来越大,世界性的战争爆发的可能性不是越来越大,而是越来越小。1972年尼克松访华打破了长达20多年的西方对我国的敌视和封锁,1975年越南战争的结束,也说明中国的国际环境正在向好的方向转变。总之,能否正确认识这种国际形势的变化,改变从列宁、斯大林时期就形成的战争不可避免的结论,积极发展与西方发达国家的经济关系,利用国际市场和国际资源来加快发展,是马克思主义能否与时俱进的关键所在。正是在这个问题上,邓小平等再次作出了重大判断,提出了和平和发展是当今世界主题的观点。

1985年邓小平回忆说:"粉碎'四人帮'以后,特别是党的十一届三中全会以后,我们对国际形势的判断有变化,对外政策也有变化,这是两个重要的转变"。

"第一个转变,是对战争与和平的认识。过去我们的观点一直是战争不可避免,而且迫在眉睫。我们好多的决策,包括一、二、三线的建设布局,'山、散、洞'的方针在内,都是从这个观点出发的。这几年我们仔细观察了形势,……由此得出结论,在较长时间内不发生大规模的世界战争是有可能的,维护世界和平是有希望的。根据对世界大势的这些分析,以及对我们周围环境的分析,我们改变了原来认为战争的危险很迫近的看法。第二个转变,是我们的对外政策。"[1]

正是根据上述对国际形势的判断,认识到和平和发展是世界主流,认识到与资本主义长期共存、共同发展将是一个相当长的历史时期,这

---

[1] 《邓小平文选》第3卷,人民出版社1993年版,第126—127页。

才随着国内的"拨乱反正"和经济体制改革的进行,使对外开放成为我国社会和经济发展两大重要推动力之一。1979年在广东、福建建立经济特区后,沿海地区利用外资取得了明显的成效。1987年12月,中共中央提出了沿海地区经济发展战略,即积极参加国际交换和竞争,加速发展外向型经济;积极扩大劳动密集型产品和劳动与技术密集型产品的出口,实行原材料和销售市场"两头在外";加强沿海与内地的横向经济联系,带动整个国民经济的发展。1988年,沿海地区的"两头在外"的加工贸易出口额达到129亿美元,占当年全国出口总额406.4亿美元的31.7%。[①]

从1978年至1986年,中国进出口总额从206.4亿美元增长到738.5亿美元。正是在上述背景下,中国提出了恢复在关贸总协定中合法地位的要求。

三、从加入WTO看中国共产党对外经济思想的飞跃和成熟

2001年中国加入世界贸易组织,这是继1971年我国恢复联合国合法席位后又一个里程碑式的重大事件,是中国对外经济关系的转折点。从长达15年的谈判过程和这件事的意义来看,说明执政的中国共产党对中外经济关系的认识和把握能力,实现了一次质的飞跃。这主要表现在以下几个方面:

第一,解决了社会主义国家经济现代化与资本主义世界的关系,或者说社会主义经济建设离不开与资本主义国家的经济交往和互利。生活于19世纪的马克思和恩格斯没有预见到社会主义首先在不发达的国家建立,并且将与发达的资本主义国家长期和平并存;而列宁和斯大林虽然解决了社会主义革命可以在经济落后的一国或数国首先胜利的问题,列宁提出了利用外国资金、技术和管理来发展自己的新经济政策,斯大林提出了两个世界市场的理论,但是他们也没有预见到二战后社会主义国家可以与发达资本主义国家长期和平共处,甚至共同促进世界经济发展

---

① 沈觉人主编:《当代中国对外贸易》,当代中国出版社1992年版,第41页。

的问题。

作为中国共产党第一代领导集体的代表毛泽东，受环境和认识的局限，虽然看到了中国落后于西方，提出了"自力更生为主、争取外援为辅"的正确方针，主张学习和引进西方发达国家的科学技术，但是这种学习和技术引进受到了两个认识的局限：一是作为单一公有制的社会主义国家，基本关闭了直接利用外资的大门，到晚年甚至拒绝间接利用外资，例如他在20世纪60年代就多次说不要借外债。[①]二是认为战争不可避免，并对世界资本主义的生命力估计不足，缺乏社会主义将与资本主义长期共存、可以互利和共同促进世界进步的思想。

改革开放以后，中国共产党在新的历史条件下，突破了上述两个局限，顺应世界和平发展主题和经济全球化的趋势，走上了充分利用国外资源和国外市场来发展自己的道路。邓小平早在1979年10月就说："我认为，现在研究财经问题，有一个立足点要放在充分利用、善于利用外资上，不利用太可惜了。"[②]1984年，邓小平又说："经验证明，关起门来搞建设是不能成功的，中国的发展离不开世界。当然，像中国这样大的国家搞建设，不靠自己不行，主要靠自己，这叫做自力更生。但是，在坚持自力更生的基础上，还需要对外开放，吸收外国的资金和技术来帮助我们发展。这种帮助不是单方面的。中国取得了国际的特别是发达国家的资金和技术，中国对国际的经济也会做出较多的贡献。"[③]

第二，从自己和别的国家和地区的发展经验中，认识到充分利用外国资源和市场对中国发展的重要意义。近代以来，中国经济上落后于西方资本主义国家是一个不争的事实，但是对中国自然资源禀赋的认识，特别是人均资源的匮乏程度，并不是很清楚的。我们过去多从传统农业看人口，总量上看自然资源，因而得出中国"人口众多、资源丰富"的乐观结论。新中国成立以后，中国共产党始终致力于中国经济的现代化，在1978年以前的20多年里，受当时国际环境所限，我们曾经认为完全依靠自己的力量也可以赶上世界发达国家。但是改革开放前后的经验教

[①] 顾龙生：《毛泽东经济年谱》，中共中央党校出版社1993年版，第598、604、640、648页。
[②] 《邓小平文选》第2卷，人民出版社1994年版，第199页。
[③] 《邓小平文选》第3卷，人民出版社1993年版，第78—79页。

训证明，由于我们人口多底子薄，经济落后，不借助国外的资金、市场和技术，是很难实现高速发展的。

另外，在中华人民共和国成立以前的 100 多年里，中国是被迫卷入资本主义世界市场的，对外贸易和外资进入中国，给中国人民带来的是压迫和剥削。因此，中国共产党对资本主义世界市场的认识，主要是看到其不利于经济落后国家；对外国资本输出的认识，主要是看到其剥削作用。因此新中国成立以后，我们对外实行的是既不受别人剥削，也不剥削别人的"进口替代"和"对外援助"政策，至于外国投资和投资到外国，则几乎不可能。因此改革开放以前的几十年里，资金短缺成为制约经济发展和制度变迁的主要原因。

如前所述，1978 年邓小平等党和国家领导人出国访问的结果，是看到了中国的落后和资金的匮乏，正如邓小平所说："我们派了不少人出去看看，使更多的人知道世界是什么面貌。关起门来，故步自封，夜郎自大，是发达不起来的。"[①] 因此，中共十一届三中全会上专门印发了《苏联在二、三十年代是怎样利用外国资金和技术发展经济的》《香港、新加坡、南朝鲜、台湾的经济是怎样迅速发展起来的》《战后日本、西德、法国经济是怎样迅速发展起来的》等参考资料。会议讨论并原则同意的《一九七九、一九八〇两年经济计划的安排（草稿）》中提出的经济工作必须实行的三个转变之一，就是"从那种不同资本主义国家进行经济技术交流的闭关自守或半闭关自守状态，转为积极地引进国外先进技术，利用国外资金，大胆地进入国际市场。"[②] 1981 年 11 月，五届人大四次会议的政府工作报告首次提出要充分利用国内和国外两种资源和两个市场来加快中国发展。此后，理论界围绕"比较成本"和"国际分工"理论展开了热烈讨论。1984 年，邓小平又指出："三十几年的经验教训告诉我们，关起门来搞建设是不行的，发展不起来。""社会主义的经济基础很大，吸收几百亿、上千亿外资，冲击不了这个基础。吸收外国资金肯定可以作为我国社会主义建设的重要补充，今天看来可以说是不可缺少

---

① 《邓小平文选》第 2 卷，人民出版社 1994 年版，第 132 页。
② 《党的文献》1988 年第 6 期。

的补充。"①

总之，中共十一届三中全会以后，中共中央通过总结中外经验教训和科学分析国内外形势，从中国人口多、底子薄的基本国情出发，开始把对外开放作为基本国策，把充分利用国际市场、充分利用外国资源作为中国发展的基本方针。

1998年12月，江泽民在纪念中共十一届三中全会召开20周年大会上总结说："历史的事实已充分说明，中国的发展离不开世界，关起门来搞建设是不能成功的。实行对外开放，是符合当今时代特征和世界经济技术发展规律要求的、加快我国现代化建设的必然选择，是我们必须长期坚持的一项基本国策。在我们这样一个人口众多的发展中的社会主义大国，任何时候都不能依靠别人搞建设，必须始终把独立自主、自力更生作为自己发展的根本基点，必须把立足国内、扩大国内需求作为经济发展的长期战略方针，同时又必须打开大门搞建设，必须大胆吸收和利用国外的资金、先进技术和一切进步的东西，……把利用国内资源、开拓国内市场同利用国外资源、开拓国际市场结合起来，把对内搞活和对外开放结合起来，这样就能不断地为我国社会主义现代化建设提供强大的动力。"②

总之，中国为"复关"和"入世"所进行的长达15年的谈判及其结果，充分反映出中国共产党在处理独立自主、自力更生与对外开放、实现"两个利用"关系的成熟程度：我们既坚定不移地对外开放，任何因素都不能改变我们的信念和立场，但是我们的对外开放又是完全独立自主的，不以牺牲中国人民的根本利益和发展机会为代价，实行权利和义务相统一，平等互利，共同促进世界经济的发展，改善国际经济环境。

［原载《中共党史研究》2003年第1期］

---

① 《邓小平文选》第3卷，人民出版社1993年版，第64—65页。
② 《十五大以来重要文献选编》上，人民出版社2000年版，第684页。

后 记

此文集有幸列入当代中国研究所主持、当代中国出版社出版的"中华人民共和国史研究文库"。我从1977年考入北京师范大学历史系学习历史，到1981年考入中国人民大学中共党史系学习中共党史，至今已经40余年。1984年从中国人民大学硕士毕业后即到中国社会科学院经济研究所从事中国现代经济史研究，也已经35年了，以后虽然在2008年从经济研究所调到当代中国研究所，但是仍然没有改变自己的研究方向，只是研究视野更宽、研究领域更广了。从我在北京师范大学历史系学习时确定自己今后的研究方向为中国现代史以来（也不知道那时候为什么就一心想做学问，大概是受改革开放初期举国上下都尊重知识、尊重学问的风气影响），我始终认为要做好中国现代经济史的研究，首先要学习和研究中国共产党的历史，要学习和研究经济发展的历史，没有这两个方面的学术积累，对复杂多变的中国现代史的整体把握和理解就难以准确、全面，就容易陷入"只见树木，不见森林"或"盲人摸象"的困境，就谈不上发挥好历史研究的"资政育人"功能，甚至会"误国误民"，不少历史虚无主义论著就是这样。这些年来，无论是求学还是工作，我基本上是按照这个方向去努力的。

中国现代史不仅是中华民族5000年历史上变化最急剧、最深刻的时期，从全球史观来看，也是世界历史上如此多的人口、如此短的时间里变动最大的大国，而且这个巨大的变化还在进行中，因为我们正处于其中，也许30年后可以基本稳定了。要认清和科学解释这个变化，确实非常不容易，许多历史研究者将中华人民共和国史研究视为畏途，不愿去研究，但是又有学者，特别是人民群众非常关注这个学科，因为它的吸引力、诱惑力、影响力太大，与自己个人的经历和感受太密切了，对很多问题需要"解疑释惑"，因此我也常常感到责任重大，能力有限，"乱花渐欲迷人眼"，"不识庐山真面目"。

  这本文集是我从已经发表、但是感到还没有过时的论文中选辑而成，其间得到杨梦颖同学的热情帮助，在此对她表示感谢。同时，我也借此机会，对多年来一起从事中共党史、中华人民共和国史和经济史的领导、同事、朋友以及学生们给予我的帮助，表示衷心感谢！我们一路走来，留下了很多温馨美好的回忆，这个缘分值得欣慰和珍惜。

武　力

2020 年 2 月 27 日